COLLECTION MICHEL LÉVY

LES

GUÊPES

## ŒUVRES COMPLÈTES
# D'ALPHONSE KARR
#### PUBLIÉES DANS LA COLLECTION MICHEL LÉVY

| | |
|---|---|
| AGATHE ET CÉCILE................................... | 1 vol. |
| LE CHEMIN LE PLUS COURT......................... | 1 — |
| CLOTILDE............................................... | 1 — |
| CLOVIS GOSSELIN..................................... | 1 — |
| CONTES ET NOUVELLES............................... | 1 — |
| DEVANT LES TISONS.................................. | 1 — |
| LA FAMILLE ALAIN.................................... | 1 — |
| LES FEMMES........................................... | 1 — |
| ENCORE LES FEMMES................................. | 1 — |
| FEU BRESSIER......................................... | 1 — |
| LES FLEURS............................................ | 1 — |
| GENEVIÈVE............................................. | 1 — |
| LES GUÊPES........................................... | 6 — |
| HORTENSE.............................................. | 1 — |
| MENUS PROPOS....................................... | 1 — |
| MIDI A QUATORZE HEURES.......................... | 1 — |
| LA PÊCHE EN EAU DOUCE ET EN EAU SALÉE...... | 1 — |
| LA PÉNÉLOPE NORMANDE............................ | 1 — |
| UNE POIGNÉE DE VÉRITÉS........................... | 1 — |
| PROMENADES AUTOUR DE MON JARDIN............ | 1 — |
| RAOUL.................................................. | 1 — |
| ROSES NOIRES ET ROSES BLEUES.................. | 1 — |
| LES SOIRÉES DE SAINTE-ADRESSE................. | 1 — |
| SOUS LES ORANGERS................................. | 1 — |
| SOUS LES TILLEULS.................................. | 1 — |
| TROIS CENTS PAGES.................................. | 1 — |
| VOYAGE AUTOUR DE MON JARDIN................... | 1 — |

## ŒUVRES NOUVELLES D'ALPHONSE KARR
### Format grand in-18

| | |
|---|---|
| DE LOIN ET DE PRÈS (2e édition).................... | 1 — |
| EN FUMANT (3e édition).............................. | 1 — |
| LETTRES ÉCRITES DE MON JARDIN................. | 1 — |
| SUR LA PLAGE (2e édition).......................... | 1 — |

Clichy.Impr. M. LOIGNON, PAUL DUPONT (C ), rue du Bac-d'Asnières, 12.

# LES GUÊPES

PAR

ALPHONSE KARR

— DEUXIÈME SÉRIE —

NOUVELLE ÉDITION

PARIS
MICHEL LÉVY FRÈRES, ÉDITEURS
RUE VIVIENNE, 2 BIS, ET BOULEVARD DES ITALIENS 15
A LA LIBRAIRIE NOUVELLE
—
1869
Droits de reproduction et de traduction réservés

# LES
# GUÊPES

Août 1840.

Les tailleurs abandonnent Paris. — Les feuilles de vigne. — Une fourmi aux guêpes. — On prend l'auteur en flagrant délit d'ignorance. — Il se défend assez mal. — M. Orfila. — Les banquets. — M. Desmortiers. — M. Plougoulm. — Situation impossible du gouvernement de Juillet. — Le peuple veut se représenter lui-même. — M. de Rémusat. — Danton. — Les cordonniers. — Les boulangers. — M. Arnal. — M. Bouffé. — M. Rubini. — M. Samson. — M. Simon. — M. Alcide Tousez. — M. Mathieu de la Redorte et le coiffeur Armand. — La presse vertueuse et la presse corrompue. — M. Thiers. — Le duc d'Orléans. — M. E. Leroy. — Le cheval de Tata. — Un bourreau. — M. Baudin. — M. Mackau. — Le Mapah. — M. V. Hugo. — M. Jules Sandeau. — Les bains de Dieppe. — Mme *** et la douane. — M. Coraly prévu par Racine. — M. Conte. — M. Cousin et M. Molé. — Une fournée. — Mademoiselle Taglioni et M. V. de Lapelouze. — Coups de bourse. M. de Pontois. — Plusieurs noms barbares. — M. de Woulvère. — M. de Ségur. — Naïveté des journaux ministériels. — Un ministre vertueux et parlementaire. — Chagrins d'icelui. — M. Chambolle s'en va t-en guerre. — MM. Jay et de Lapelouze le suivent. — Situation. — *Am Rauchen.*

1ᵉʳ JUILLET. — Les maîtres tailleurs ayant voulu exiger de leurs ouvriers qu'ils eussent des livrets comme en ont ceux des autres états, — ceux-ci ont abandonné Paris, et vivent dans les guinguettes qui entourent la ville. — Si l'on ne réussit pas promptement à mettre d'accord les ouvriers et les maîtres, il est difficile de prévoir ce que deviendra Paris. — Plusieurs de nos élégants, plutôt que de montrer des gilets déjà vieux d'un mois, — se renferment chez eux et font semblant d'être à la campagne. Paris deviendra sauvage ; — ses habitants seront obligés avant peu d'en revenir à l'ancienne feuille de vigne ou de figuier.

Cela me fait songer aux bizarres transformations qu'a subies ce vêtement de nos premiers pères. — La mariage est, dit-on, d'institution divine ; mais, quand Dieu l'a institué, la parure d'une femme n'avait rien de ruineux. — Elle pouvait changer de toilette quatre fois par jour sans inconvénients pour la fortune de son mari. — Mais aujourd'hui — que les feuilles de vigne ont des *volants*, et qu'il en faut douze aunes pour qu'une femme soit mise décemment, beaucoup de gens restent célibataires par économie.

Voyez, en effet, cette jeune femme sortir de chez elle, — et comptez quelle armée innombrable a dû s'occuper de préparer pour elle les divers ajustements qui ont remplacé la feuille de figuier de la Bible.

Par où commencerai-je, — mon Dieu ! je vais prendre pour exemple, — madame, la plus petite peut-être des choses qui composent votre parure, ce soulier si étroit et si cambré.

Eh bien ! madame, — avant que vous ayez des souliers, il a fallu un herbager et des gens pour élever l'animal dont la peau forme cette mince semelle, — un boucher pour tuer l'animal, — un mégissier, — un chamoiseur, — un tanneur, — un corroyeur, — avec leurs divers ouvriers, — pour donner à la peau les diverses préparations qu'elle a à subir.

Pour la soie dont est fait ce joli soulier, — après qu'on a nourri et élevé les vers, — opération pour laquelle il faut planter, cultiver, effeuiller les mûriers ; — puis, qu'on a étouffé les chrysalides dans les cocons, etc., etc., — c'est-à-dire, après qu'une quinzaine d'ouvriers différents s'en sont occupés, — il reste encore à filer la soie, — la dévider, — la passer au moulin, — la blanchir et la teindre. — Alors, seulement, on la porte aux métiers ; — une fois l'étoffe fabriquée, elle passe encore par une foule de mains avant d'arriver à celles de votre cordonnier ; — là, il faut un coupeur, — une couseuse, — une brodeuse, etc., et, si j'ajoute tous les ouvriers qui, sans appartenir à la fabrication du soulier, ont cependant eu à faire des travaux sans lesquels le soulier n'eût pu exister, tels que ceux qui ont fabriqué les outils des différents ouvriers désignés, — ce ne serait pas trop de compter que deux cents personnes se sont occupées de votre chaussure.

Quand je vous aurai dit — qu'une épingle à subi dix-huit opérations différentes, dont aucune ne peut se faire par moins de deux personnes, et plusieurs en exigent un plus grand nombre, sans compter toutes celles qui ont été nécessaires pour l'extraction du minerai et pour sa transformation en cuivre ;

Si je vous parle de ces perles qui pendent à vos oreilles et qu'il a fallu chercher dans les gouffres de la mer ;

Vous aurez tort de vous étonner si je vous affirme, — vous faisant grâce de calculs dont je ne vous donne que le résultat, — que vous n'oseriez mettre le pied dehors sans que six mille hommes se soient occupés de vous faire une feuille de vigne convenable.

2. — Voici la lettre que je reçois, — relativement au volume du mois dernier :

« Monsieur, où diable avez-vous découvert que les *lauriers-roses* produisent de l'*acide prussique?*

« Ah ! vous confondez une *apocynée* avec une *rosacée*, — vous !

« Vous mériteriez, vous et vos guêpes, un déjeuner de véritable *acide prussique*.  UNE FOURMI. »

Voici ce que je réponds à la fourmi:

« Fourmi, vous avez raison et j'ai tort, — le *laurier-rose*, auquel les botanistes n'accordent pas d'être un laurier, — mais un *nérium*, ne contient pas d'*acide prussique* ou *hydrocyanique*.

« Mais — il contient un principe délétère tellement subtil, que ses émanations seules, au rapport de quelques auteurs, ont suffi pour causer la mort.

« Un homme, pour avoir mangé d'un rôti cuit au moyen d'une broche faite avec le bois de *nérium*, — devint fou, eut une syncope et mourut. » (LIBANTIUS, *Comment. de venenis.*)

« M. Orfila, dans sa *toxicologie*, met le laurier-rose au nombre des poisons narcotico-âcres, — et il avoue avoir tué beaucoup de chiens avec l'extrait et avec la poudre de cet arbrisseau ; — je ne pense pas que ce principe ait reçu de nom.

« Ainsi donc, fourmi, — mon erreur, que je reconnais humblement, repose sur le mot, — et mes guêpes n'en ont pas moins, selon mes ordres, — puisé dans la fleur du laurier-rose de quoi rendre leurs piqûres suffisamment désagréables. Recevez, fourmi, mes remercîments et mes compliments empressés. »

3. — J'ai souvent ri des gueuletons patriotiques ; — mais, si j'étais à la place des gouvernants, — ou de ceux qui veulent ou peuvent le devenir, — ou de ceux qui attendent quelque chose d'eux, je prendrais peut-être plus au sérieux les banquets qui ont eu lieu au boulevard Montparnasse et à Belleville ces jours-ci. — La carte pourrait en être chère.

Sous la Restauration, le parti libéral, grotesquement uni au parti bonapartiste, passa quinze ans à dire au *peuple* qu'il *était esclave*, — qu'il *gémissait* dans *les fers*. — Chaque fois qu'il faisait trop chaud ou qu'il faisait trop froid, — on lui disait : c'est la faute du gouvernement ; les melons sont chers, c'est la faute du gouvernement ; — il pleut, c'est la faute du gouvernement ; — il ne pleuvait pas du temps de l'empereur.

Le *peuple souverain* voulut enfin reconquérir *ses droits*, ne fût-ce que pour les connaître. — Les faiseurs de phrases lui crièrent : *Peuple français, peuple de braves, en avant, marchons!* — et ils le laissèrent marcher tout seul, — les ruisseaux coulèrent rouges, — beaucoup de braves gens se firent tuer. — On renvoya Charles X, — on mit Louis-Philippe sur le trône, — et les avocats remplacèrent les seigneurs. — Hélas ! ne pouvait-on donc remplacer les *gentilshommes* que par des hommes si vilains !

Pour ce qui est d'autres changements, il n'en fut pas question. — Il ne s'était pas écoulé six mois que la décoration de Juillet, que le bout de ruban, — que quelques-uns avaient payé d'un bras ou d'une jambe, — était de mauvaise compagnie ; — au bout d'un an, il servait, dans les émeutes et dans les foules, à désigner aux agents de police et à la force armée ceux qu'on devait arrêter de préférence.

Tout montra jusqu'à l'évidence qu'on n'avait dit tant de mal de l'ancienne royauté — que pour y faire brèche, — comme à une ville dont on veut s'emparer ; — mais, la ville prise, on se hâta de rebâtir les murailles endommagées et de s'y fortifier ; — ceux qui s'étaient partagé le butin, — et c'étaient en général ceux qui avaient pris le moins de part au combat, — traitèrent les autres précisément comme ils avaient été traités eux-mêmes par le pouvoir de la Restauration : — les autres répétèrent contre leurs alliés de la veille tout ce qu'ils avaient dit ensemble contre le pouvoir déchu. — Le pays fut divisé en deux camps comme auparavant, — je ne tiens pas compte des subdivisions, et les partis qui n'étaient pas du pouvoir répétèrent au peuple, — qu'il était *esclave*, qu'il gémissait dans les *fers*, — etc., etc. ; — ce que le peuple écoute et croit tout aussi bien que la première fois. — D'autres faiseurs de phrases entonnèrent : — *Peuple français, peuple de braves,* — *en avant, marchons !* — et le laissèrent marcher seul, absolument comme les autres. — Il y eut encore du sang de répandu, — le parti populaire, vaincu à plusieurs reprises, — fut traité comme manger eux-mêmes, au lieu de boire et de manger par procuration.

M. de Rémusat — s'est opposé à la continuation des banquets, — c'était son devoir ; — car, si le gouvernement de Juillet n'était pas le gouvernement de Juillet, — personne n'oserait, — je pense, — lui demander d'autoriser des réunions dont le but avoué est son renversement, — et la propagation de doctrines telles que l'*abolition de la propriété*, etc., etc. (Voir ce que nous avons dit — du gouvernement sauvage dans le volume de janvier.)

Il y a eu un banquet à trois francs par tête, — et un banquet à deux francs. — On parlait mal au second des convives du premier, — auxquels — je rappellerai que Danton fut principalement condamné pour une carte de restaurateur excédant vingt-deux francs.

🐝 4. — Les cordonniers suivent l'exemple des tailleurs, et se retirent sur le Mont-Aventin.

Je ne sais plus dans quelle ville les boulangers ont refusé de continuer à travailler.

Tout le monde s'occupe de politique, — tout le monde veut être gouvernement, — excepté cependant les quelques-uns dont c'est l'état et le devoir ; — mais à quelles oreilles est-ce que je dis cela ? — Bon Dieu ! que ce désaccord entre les maîtres et les ouvriers, — ce besoin d'une nouvelle organisation du travail est une question *politique* ; — mille fois, — cent mille fois plus importante — que les misérables questions de ministères — qui occupent, divisent ou réunissent la Chambre des députés. Il faut le dire, — il y a au moins dans le saint-simonisme et le fouriérisme, — au milieu de rêveries et de saugrenuités, des tentatives et des efforts pour arriver à un but de réorganisation sociale.

🐝 5. — Dernièrement, — M. Arnal, acteur comique du théâtre du *Vaudeville*, — dédia à M. Bouffé, comédien du *Gym-*

l'eussent été les vainqueurs de Juillet s'ils n'eussent pas été les plus forts ; — car je ne sais si je commets ici un crime de lèse-quelqu'un ou de lèse-quelque chose ; — je ne sais aucun moyen raisonnable de nier ceci, — que la Révolution de juillet est une émeute réussie, — comme l'émeute du 6 juin est une révolution manquée.

Aujourd'hui le pouvoir défend les principes que défendait la Restauration ; — ses ennemis l'attaquent avec les armes qui renversèrent la légitimité. — Si ce n'étaient quelques noms changés par-ci par-là, — je ne vois pas que la situation soit différente en rien — de celle où on serait si Charles X, au lieu de mourir, était rentré en France.

Seulement de ceci je ne tire pas, comme beaucoup d'autres, la conclusion que la chose est à recommencer, — je maintiens au contraire que, si on la recommençait, il en serait absolument de même, ou peut-être pire. — Que ceux qui disent aujourd'hui ce que disait sous la Restauration le pouvoir actuel — feraient, en cas de succès, précisément ce qu'il fait aujourd'hui. — Que tout changement par la force n'est jamais un assez grand bien pour ne pas être un grand mal : — voyez aujourd'hui, — voici M. Barrot aux affaires, — les radicaux ne veulent plus de M. Barrot. — Que les radicaux arrivent aux affaires, — les communistes n'attendent pas même si longtemps pour se séparer d'eux — et, quoique je ne devine guère au delà des communistes, — je suis convaincu — que, s'ils arrivaient à leur tour, — il se trouverait un parti pour lequel ils seraient des aristocrates et des liberticides.

Certes, la position des hommes qui ont pris le pouvoir en juillet 1830 était difficile ; — ils avaient érigé la force en droit. — Si aujourd'hui — ils ne peuvent arrêter leurs principes d'alors, — ils seront renversés, — et ils ne peuvent lutter contre ces principes — que par d'autres principes qui les condamnent pour avoir renversé leurs prédécesseurs ; — car voilà ce que disent leurs ennemis : — si le peuple en sa qualité de *peuple souverain*, a eu le droit de mettre — M. Dupin (remarquez bien, ô messieurs Plougoulm et Desmortiers, que je dis M. Dupin) à la place de M. Trois-Étoiles, — il a parfaitement le droit de mettre aujourd'hui M. n'importe qui à la place de M. Dupin.

Mais s'il n'a pas le droit de mettre M. n'importe qui à la place de M. Dupin, — il n'avait pas le droit de mettre M. Dupin à la place de M. Trois-Étoiles.

Donc M. Dupin ne peut être qu'à la condition de n'être plus.

Diable!

Ce que je dis là a pour but de montrer tout ce qu'on a déjà fait de chemin sur la pente rapide de l'absurde; — ce ne doit pas être, selon moi, une raison pour continuer. — La force n'est pas un droit, elle est la négation de tout droit, — comme le droit est la négation de la force. — Il y a bien d'autres révolutions à faire que les révolutions de rues, — et des révolutions plus grandes et plus belles. — Il en faut partout, excepté peut-être là où on en veut faire; — il en faut dans l'éducation, dans le travail, — dans les impôts, — dans l'administration, — dans l'industrie.

Mais — ceux-là (et je m'adresse aux hommes de tous les partis), — ceux-là surtout les retardent, qui, sous prétexte du *progrès* et du *bien public*, se disputent ignoblement — les lambeaux de tout ce qui se paye et de tout ce qui se vend.

Toujours est-il, pour en revenir aux banquets, que ces braves gens, voyant que leurs représentants ne s'occupent à la Chambre : — les plus forts que de leur ambition ou de leur avidité personnelle, les plus niais que de l'avidité et de l'ambition des autres; — le tout entremêlé — de gueuletons et de dîners, — où l'on choque les *verres pleins contre les mots vides*; ont avisé que, — pour cela du moins, ils n'avaient pas besoin de représentants, — et que rien ne les empêchait de boire et de *nase*, un poëme en vers. Dans ce poëme, M. Arnal se plaignait du peu de considération qu'ont encore les comédiens dans la société, — et il demandait sérieusement, — en attaquant un *odieux préjugé*, —

Vernet, Bouffé, Samson — ont-ils la croix ?

La mesure du vers, ou celle de sa modestie, l'empêchèrent de mettre, « *et Arnal.* »

Comme l'état de M. Arnal est de faire rire, — je trouvai son vers assez heureux, et j'en ris un moment, sans y attacher d'importance. — Le gouvernement, à ce qu'il paraît, se préoccupa davantage du vers de M. Arnal, et se demanda pourquoi quelques comédiens n'avaient pas la croix. On l'avait bien donnée, il est vrai, à M. Simon, premier *diable vert* de l'Opéra, — mais c'était plutôt comme garde national zélé — que comme *diable vert* qu'il avait obtenu cette distinction. — On songea alors à donner la croix à M. Rubini, chanteur du Théâtre-Italien.

Napoléon la refusa à Talma, — et eut raison. — Il serait charmant, en effet, de voir sur un journal : — Le chevalier de la Légion d'honneur Alcide Tousez — a fait pouffer de rire — dans le rôle de \*\*\*. Le chevalier de la Légion d'honneur Arnal a été assailli de pommes cuites.

Allons donc, — messieurs les comédiens, — vous gagnez, dans une année, plus d'argent que n'en gagnent dans toute leur vie une foule de gens savants, distingués, laborieux. — Un ténor a de bien plus forts appointements qu'un ministre, — une danseuse qu'un général en chef. — Il n'est pas un comique un peu bien placé qui, en exagérant, trois fois par semaine, les infirmités que la nature peut lui avoir données, — ne réunisse ses trente mille francs au bout de l'année. — Allons, messieurs, — laissez donc la considération aux pauvres diables. — Nous vivons d'ailleurs à une époque où on n'y tient guère, et où vous pourrez leur acheter toute leur considération pour le quart de vos appointements.

M. Alphonse Royer, — littérateur distingué, — qui désirait la croix depuis longtemps, sans avoir pu l'obtenir, est allé se faire Turc, — et prendre à Constantinople une fort belle position.

6. — M. Mathieu de la Redorte, — ambassadeur d'Espagne, — est parti depuis plusieurs jours. — On allait voir, chez le coiffeur Armand, — douze perruques à la Louis XIV, commandées pour ses gens. — Il emmène des voitures et des livrées extraordinaires.

7. — Le public a, — entre autres choses, — ceci de ravissant — que, s'il adopte souvent une idée, — sans trop savoir pourquoi, — il se donne ensuite bien garde d'en changer. — Ainsi, vous n'empêcherez jamais d'appeler journaux *ministériels* — la *Presse* et le *Journal des Débats*, qui font à M. Thiers, c'est-à-dire au pouvoir actuel, une opposition violente et systématique ; — ni journaux de l'*opposition*, — le *Courrier Français*, le *Constitutionnel*, — le *Messager*, le *Siècle*, qui appartiennent au ministère.

On a beaucoup ri, hier, au *Café de Paris*, en voyant entrer à la fois deux journalistes fort connus, — l'un, que l'on donne pour type du journalisme corrompu, — est un jeune homme qui venait bourgeoisement dîner en tête-à-tête avec sa femme, — l'autre, — journaliste *vertueux*, — amenait une danseuse célèbre par sa maigreur.

8 — M. Thiers s'est tellement enthousiasmé du cheval que lui avait prêté M. Ernest Leroy pour la revue, — qu'il a beaucoup pressé celui-ci de le lui vendre. M. Leroy s'y est refusé, parce que ce cheval est un présent du duc d'Orléans. — M. Thiers s'est adressé alors au prince royal, qui a dit à M. Leroy : « Vous me ferez plaisir, en cédant le cheval de *Tata* à M. le président du conseil. »

M. Leroy — ne voulait pas d'abord en accepter le prix, — mais M. Thiers, l'ayant fait *estimer*, lui a envoyé huit mille francs.

Le cheval de *Tata* — n'est certes pas un bon cheval, — mais il a beaucoup d'apparence; — il vaut, du reste, infiniment mieux aujourd'hui qu'à l'époque où le duc d'Orléans l'a donné à M. E. Leroy.

Depuis ce moment — M. Thiers monte à cheval tous les jours, — il s'est installé à Auteuil, — et on le rencontre dans le bois de Boulogne, — suivi d'un domestique à cheval, porteur d'un rouleau de papiers. — M. Thiers travaille à cheval — absolument comme M. Lejars du Cirque-Olympique.

9. — Une place de bourreau est vacante; — quarante demandes ont été adressées, — sept sont apostillées par des députés; — les sept candidats bourreaux sont électeurs. Il est facile de se représenter comment cela s'est fait.

— Monsieur, — je vous demanderai votre voix.

— Volontiers, — monsieur, — mais j'aurai besoin de votre appui.

— Monsieur, — il vous est acquis.

— Monsieur, — la place de bourreau est vacante à ***.

— Monsieur, — vous voudriez qu'elle ne fût pas donnée, — vous êtes, comme moi, pour l'abolition de la peine de mort, — vous....

— Pas du tout, — monsieur, — je voudrais être bourreau.

— Monsieur, — je me ferai un vrai plaisir....

— Ayez donc la bonté d'apostiller cette petite pétition que j'adresse au ministre.

— Volontiers, — monsieur.

« Je certifie que N..., excellent père de famille, — garde national irréprochable, — a tout ce qu'il faut pour faire un bourreau très-distingué; — je serai personnellement heureux de voir tomber sur lui le choix de M. le ministre; — je crois qu'il s'en montrera digne à tous égards, — et que le gouvernement n'aura qu'à se féliciter de son utile concours. »

10. — L'amiral Baudin était arrivé à Cherbourg et avait passé la revue de ses équipages — lorsqu'il a annoncé tout à coup qu'il ne partait pas, — et est retourné à Paris. — Au moment où l'amiral reçut sa mission, — il confia à M. Thiers que M. *Mollien*, consul de France à la Havane, lui était désagréable — et que sa destitution lui ferait plaisir. — M. Thiers répondit : « Nous verrons ça. »

Une fois à Cherbourg, M. Baudin écrivit à M. Thiers qu'il ne mettrait pas à la voile avant que la chose fût faite ; — la réponse de M. Thiers fut ambiguë, et M. Baudin retourna à Paris.

Si on ne peut approuver M. Baudin — d'avoir demandé la destitution de M. Mollien comme faisant partie de l'expédition, M. Thiers est sans excuse de ne s'être pas expliqué catégoriquement, et de n'avoir pas refusé formellement ce qu'il ne voulait pas faire. — De ce jour, l'amiral Baudin n'a plus été un bon amiral, et M. Mackau, envoyé à sa place, a passé homme de génie, pour son avancement, — du moins dans les journaux du ministère. — Au résumé, avec toutes ses finesses et toute son habileté, — M. Thiers n'arrive jamais qu'à priver le pays de ce qu'il a de meilleur.

11. — Un monsieur, auquel ses parents ont probablement négligé de donner un état, — s'est récemment établi Dieu, — il prétend que le véritable Dieu doit être à la fois homme et femme, — c'est-à-dire *père* et *mère*, et il s'intitule *Mapah*, nom formé des premières syllabes des deux mots *maman* et *papa*. Il y a deux ans, les femmes libres adressèrent à la Chambre des députés une pétition tendant à ce que le roi Louis-Philippe fût appelé à l'avenir roi des Français et des Françaises. — On prononça l'ordre du jour, — parce qu'on objecta — que les Françaises étaient comprises dans les Français, — et que rien n'empêcherait, si on accédait à cette première demande, d'être bientôt obligé d'appeler le roi — roi des Français, des Françaises et des chapeliers, etc., etc. Le Mapah a accompli ce vœu des femmes libres.

Je n'ai jamais vu ce nouveau Dieu ; — mais il m'a parlé comme l'autre parla à saint Jean dans le désert. — La parole du Mapah — coûte trois sous de port. — Il m'a envoyé quatre pages sur Napoléon et sur Waterloo ; — je pense que Dieu parlait hébreu à son peuple, — le langage du Mapah est de l'hébreu pour moi.

Il a écrit également à M. V. Hugo, — et lui a proposé d'être sous-Dieu ou Saint-Esprit, — M. Hugo a refusé. — Il paraît qu'il aime mieux être académicien. — On ne saurait trop porter à la connaissance du public de semblables traits de désintéressement.

Le Mapah date *ses évangiles* de *son grabat*, — décidément le métier est mauvais, le royaume des cieux n'est pas de ce monde, — et j'admire peut-être trop le désintéressement de M. Hugo.

Le Dieu, m'assure-t-on, daigne se manifester dans divers estaminets, — où il fait la Pâque et communie sous les espèces des échaudés et de la bière ; sa foudre se compose d'un rotin, et il s'encense lui-même au moyen d'une pipe culottée. — Il rencontra, un jour, dans un café, M. *Jules Sandeau*, auquel il dit : « Levez-vous et suivez-moi. » — M. Sandeau se leva et s'en alla aussi vite qu'il put aller.

12-13. — ÉTRETAT. Je me suis mis à l'eau hier, — et je me suis dirigé vers la ligne d'un beau bleu sombre que forme la mer à l'horizon, — j'ai rencontré une barque de pêcheur, elle était — montée par mon ami Samson ; — je l'ai hélé.

— Tiens !

— Monsieur Alphonse ! — Eh bien ! comment que ça va ?

— Bien, mon ami Samson, — et vous ? — Avez-vous du genièvre à bord ? — il y a longtemps que je suis à l'eau, et cela ne me ferait pas de mal.

— Non, mais voici deux beaux homards que je vous donnerai pour votre dîner.

Et Samson me montra des homards bleus étendant leurs

voir tout ce qu'il y a de commun et de mauvais goût dans les coulisses de la vie humaine, — combien peu il y a de gens qui aient quelque respect pour eux-mêmes, — et qui gardent quelque dignité quand ils sont seuls. — Il semble que, pour la plupart, les bonnes manières et la distinction soient un rôle fatigant dont on ne saurait trop vite se débarrasser ; il semble voir des chiens savants retomber sur leurs quatre pattes aussitôt que leur maître détourne la tête. — Il y a une foule de gens qui, sitôt qu'ils se croient seuls, n'ont rien de plus pressé que de mettre un bonnet de coton et de ne plus se laver les mains.

On n'aime pas à entendre cette jeune femme ne trouver rien de mieux à dire à l'autre, à propos de son mariage récent, que ceci : — « *N'ayez pas de diamants, — cela fait trop de peine de les perdre.* » Que dirait-elle donc de plus s'il s'agissait de la perte d'un enfant ?

J'ai fait, à ce sujet, depuis longtemps, une remarque affligeante : c'est qu'il y a beaucoup de femmes avares. — Qu'un domestique maladroit laisse tomber du plateau qu'il porte quelques gouttes d'eau sucrée sur leur robe, — c'est un désespoir qu'on ne prend pas la peine de cacher ; — qu'une porcelaine un peu précieuse soit brisée par hasard, que de cris ! — que de plaintes ! — que de gémissements ! — Une bague tombe, — on interrompt la contredanse : — il faut tout déranger pour la retrouver. — Et cette histoire avec M. Clavet !

Non, je n'appelle pas vierge une jeune fille
Qui donne des cheveux à son petit cousin,
Ou qui, chaque matin, se rencontre et babille
Avec un écolier dans le fond du jardin.
Je n'appelle pas vierge une fille qui donne
Un coup d'œil au miroir sitôt que quelqu'un sonne.

Pour celui-ci, d'abord, pour la première fois,
   Elle voulut être belle et parée.

grosses pattes et ne saisissant que l'air avec leurs pinces formidables.

— Merci, — mon ami Samson, — mais pour le moment j'aimerais mieux du genièvre.

— Eh bien! — allez-vous-en encore au large, — tournez la porte d'aval — et vous rencontrerez Valin, le garde-pêche, — il a de l'eau-de-vie.

— Au revoir, — mon ami Samson.

— Au revoir, — monsieur Alphonse.

14. — Madame ***, l'une des sorcières de Macbeth — à laquelle on avait écrit après l'affaire de Strasbourg : — « Prends ton nez de sept lieues et va-t'en. » — Madame *** vient d'essuyer un petit désagrément de douane. — Les préposés, trompés par son aspect militaire et ses moustaches, — n'ont jamais voulu croire que ce fût une femme, — ils ont soutenu que c'était un homme déguisé, et que sa prétendue gorge devait se composer uniquement de dentelles et autres marchandises prohibées. — Ils ont voulu la déshabiller; — madame *** a réclamé le droit d'être fouillée par une personne de son sexe, comme il est d'usage pour les femmes; — mais la femme préposée partageant l'erreur des douaniers, a refusé longtemps de déshabiller ce *monsieur*, et ne s'est décidée qu'à grand'peine.

15. — Je vous vois bien, Padocke — vous bourdonnez depuis un quart d'heure autour de ma tête, — mais je ne vous écoute pas. — Vous avez, dites-vous, d'excellentes choses à raconter, — j'en suis désolé; mais votre arrêt est porté sans appel, — vous ne reparaîtrez qu'au mois de septembre; on voit bien, du reste, — Padocke, — que vous n'avez rien fait depuis un mois; — vous êtes horriblement engraissée, — prenez garde, — Padocke, — vous seriez la première guêpe qu'on aurait vue prendre du ventre.

Certes, Padocke, après les désagréments que vous m'avez attirés, — ce n'est pas vous que je laisserai parler sur le procès de madame Lafarge, — vous laisseriez encore échapper des choses fort risquées; aussi bien, — je ne dirai rien du fond du procès, — mais je ne puis m'empêcher de parler un peu de M⁰ Coraly, avocat et député.

J'ai lu tous les discours dans cette affaire, — et j'avouerai qu'il a laissé derrière lui l'*Intimé des Plaideurs*.

Dans l'audience du 11, — il commence comme son modèle.

### L'INTIMÉ.

> Et de l'autre côté l'éloquence éclatante
> De maître Petit-Jean m'éblouit.....

M⁰ Coraly :
« J'ai appris par l'expérience à me défier des entraînements du talent de M⁰ Bac. »

Et partout cette phrase prétentieuse, boursouflée, redondante, répétant trois fois la même chose;

Et ces fades éloges de la beauté de madame de Léotaud, — et des grâces de madame de Montcreton, — et la réponse de M⁰ Bac par les louanges des *attraits* de madame Lafarge; — cette galanterie empesée, — et cette ridicule forme de langage qui fait que M⁰ Coraly s'écrie : « On a sali *notre* vie de jeune lle. »

Comme tout cela a été prévu par Racine !

### L'INTIMÉ.

> On force une maison;
> Quelle maison? maison de *notre* propre juge;
> On brise le cellier qui *nous* sert de refuge.

Une chose triste en lisant toutes ces révélations qu'entraîne un procès du genre de celui de madame Lafarge, — c'est de

Par cet autre sa main, dans un bal, — fut serrée;
Celui-ci vit sa jambe, un certain jour qu'au bois
On montait à cheval. — Un autre eut un sourire,
Un autre s'empara, — tout en feignant de rire,
  D'une fleur morte sur son sein.
  Un autre osa baiser sa main.


Dans ces jeux *innocents*, source de tant de fièvres
  Qui troublent les jeunes sens,
Un monsieur a baisé, devant les grands parents,
Tout en baisant la joue, un peu le coin des lèvres.
On a rougi cent fois d'un mot ou d'un regard;
On a reçu des vers et rendu de la prose,
 *Et cætera*. — Mais il est une chose,
Une seule, — il est vrai, — peut-être par hasard,
Que l'on a su garder, — soit par la maladresse
  Ou l'ignorance du cousin,
  Ou la, — dirai-je, — la sagesse
  D'une mère au coup d'œil certain.
C'est encore une chose et rare et difficile!
Et c'est ce qu'on appelle une vierge! — on l'habille
Tout de blanc, — et l'époux se rengorge au matin!


16. — Je découvre que je passe définitivement à l'état de *canard*. — On appelle *canard* en librairie les nouvelles que les crieurs vendent dans les rues, — ou les anecdotes un peu hasardées que publient les journaux, — on est arrivé par *catachrèse* à donner le nom de canard à celui qui est le sujet de l'anecdote. J'ai compté cette semaine quatre canards dont je suis le héros, — en y comprenant les détails donnés sur un naufrage que je suis censé avoir fait à *Étretat* avec *Gatayes*, qui n'a pas quitté Paris.

17. — Dans un numéro du mois de décembre, j'ai raconté toute la vie de M. Rossi, — les grands journaux, les journaux sérieux, — les journaux qui savent tout, — ont, depuis

six mois, largement puisé à cette source sans la désigner jamais, — chaque fois qu'il a été question de M. Rossi.

On vient de le nommer conseiller au conseil royal de l'instruction publique, — et on a fait grand bruit de la démission qu'il a donnée d'une de ses places, — le hasard fait que c'est précisément la moins rétribuée que M. Rossi a abandonnée.

Ainsi, en quittant la chaire d'économie politique qui lui rapportait cinq mille francs, — il a conservé les douze mille francs qu'il reçoit du ministère des affaires étrangères, — les douze mille de l'École de droit.

Les douze mille du ministère de l'intérieur pour la *Revue des deux Mondes*, dont il fait la chronique politique. — Cette chronique, qui n'a aucun mérite d'aucun genre, était beaucoup plus spirituelle quand elle était faite par des Français.

18. — Il y a deux ans et demi, M. Cousin n'était pas ministre de l'instruction publique, — il faisait à la Chambre haute — une opposition tracassière. — Un jour il avait entrepris de faire réciter à M. Molé une sorte de catéchisme ridicule.

— Monsieur le ministre, disait M. Cousin, que feriez-vous s'il arrivait telle chose? que feriez-vous si don Carlos était triomphant, si le colosse du Nord venait à mourir, si la reine d'Angleterre engraissait?

« Hélas! monsieur, ne répondait pas M. Molé, nous avons déjà assez de peine à savoir bien précisément ce que nous faisons, sans encore dire ce que nous ferons. »

— Monsieur, répondait M. Molé, il m'est impossible d'improviser ici un programme complet d'une politique que les événements doivent nécessairement modifier, etc., etc.

Nous ne suivrons pas ces deux messieurs dans le dialogue, nous remarquerons seulement que le professeur Villemain venait de temps en temps en aide au professeur Cousin, — et lui donnait le temps de reprendre haleine. — M. Molé tenait bon, et l'avantage semblait devoir lui rester, lorsque le professeur Cousin imagina un de ces arguments qui bouleversent l'armée de syllogismes la mieux disciplinée.

— Monsieur, dit le professeur Cousin à M. Molé, je vous donne un démenti.

On comprend de quel étonnement, de quelle stupeur, puis ensuite de quelle indignation fut saisie la Chambre dite aristocratique. La plupart des pairs sont des hommes bien élevés, — peu accoutumés à ces façons de Trissotin, à ces interjections de garçon de classe.

M. Pasquier, quand le premier tumulte fut apaisé, — dit au professeur Jean-Vadius Cousin : « Monsieur, je vous fais observer que les paroles dont vous venez de vous servir sortent des convenances parlementaires. »

Et de toutes les convenances possibles, aurait dû ajouter M. Pasquier; mais les membres de la Chambre haute sont des gens comme il faut, qui n'ont pas voulu dire dans une assemblée législative, dont toutes les paroles sont imprimées au *Moniteur* et lues dans toute l'Europe : « Monsieur, vous êtes un manant. »

19. La Chambre des pairs, en rejetant ou en modifiant les lois tardivement présentées par le ministère, — a montré clairement qu'elle n'entendait pas se laisser ainsi abaisser et amoindrir. — M. Thiers a senti le besoin de s'y créer un parti sérieux et il pense à une nouvelle et prochaine fournée. — Le roi n'a pas caché qu'il serait très-difficile sur les noms qu'on lui présenterait. M. Thiers manque de gens suffisamment convenables dans ses relations personnelles; — c'est M. de Rémusat, homme du monde et homme d'esprit, — qui a été nommé *recruteur*. — Voici quelques-uns des noms déjà raccolés : — M. *de Tracy*, — M. *de Lasteyrie*, — le comte *Paul de Ségur*, — l'infortuné *Flourens*, — le général *Lamoricière* — et le général *Duvivier*. — Quelques personnes parlent de M. *Dosne*; — ce M. *Dosne* ne serait-il pas le même M. *Dosne* qui dut à la bienveillance de la duchesse d'Angoulême une charge gratuite d'agent de change ?

Le moment et le prétexte seraient l'arrivée des *cendres* et on mettrait en tête de la liste : — MM. Gourgaud, — Bertrand — et Lascase.

Dans les familles que voit M. de Rémusat, — on s'efforce de trouver des formules de refus polies ; — beaucoup allèguent le mauvais état de leur santé, — quelques-uns demeurent bien loin du Luxembourg, — d'autres redoutent les plâtres neufs, — etc., etc., etc. Le topique violent que veut appliquer à la Chambre des pairs M. le président du conseil — est généralement d'un effet extrêmement passager ; — les nouveaux pairs ne tardent guère à comprendre les devoirs et les nécessités de leur position, — comme fit M. de Boissy après qu'il eut été nommé par le ministère du 12 mai.

M. de Villèle redoutait beaucoup cet expédient et ne s'y détermina qu'à la fin. « Chaque pair que je fais, — disait-il, — commence par mettre deux boules noires contre moi. »

20. Deux femmes accusées d'assassinat ont été toutes deux condamnées : — la mère, comme auteur du crime, aux travaux forcés à perpétuité, — et la fille complice, — vu des circonstances atténuantes, sera à vingt ans de la même peine. — Or, la mère a près de quatre-vingts ans, et il est certain que la fille passera aux travaux forcés trois fois autant de temps que la mère.

21. — Un des *canards* faits sur mon compte — annonce que je suis *très-laid ;* — cette assertion peut jeter dans les esprits des impressions illimitées. — Sans nier la chose au fond, je serai forcé, un de ces jours, d'en fixer positivement les bornes par un bon portrait légalisé, — aussi bien on en a lithographié un que l'on vend ou que l'on ne vend pas derrière certains vitrages ; — portrait qui me donne l'air d'un criminel écoutant si le jury admet les *atténuantes*. Si j'étais procureur du roi, — je ne suis pas bien sûr que je ne me ferais pas arrêter sur le seul aspect de mon portrait ; — je ne sais si c'est à cause de ce portrait

que MM. *Desmortiers* et *Hély-d'Oissel*, son substitut, ont cru devoir ajouter à mon nom, inscrit au parquet pour quelques condamnations relatives à la garde nationale: « NE MÉRITE AUCUNE INDULGENCE. »

Vraiment, messieurs, je ne sais si vous en méritez beaucoup; — mais je sais que vous en auriez diantrement besoin, — ce que je me propose de développer convenablement en temps et lieux, — patience, — messieurs, — vous voyez que j'ai aussi une police bien faite. — J'aurais, du reste, mauvaise grâce à me plaindre de toutes ces plaisanteries.

Des ennemis de M. de Lamartine s'amusent à envoyer aux divers journaux de Paris — des vers qu'il est censé, pendant le cours de son voyage, — ici, avoir mis sur un album, — là, avoir improvisé dans un banquet, etc., etc. — Ces vers sont, comme vous pouvez le penser, fort indignes de leur auteur prétendu, — et donnent à l'honorable député un certain air troubadour, — qui n'est ni de mode, ni de bon goût, et ne va nullement avec ses façons d'être, qui sont pleines de dignité et de distinction.

Les journaux, — pendant les vacances des Chambres, poussent au degré le plus criminel l'avidité de la *copie* gratuite. — Je ne pourrais pas citer trois journalistes — qui, un soir qu'il leur manquerait vingt lignes, jetteraient au feu sans hésiter vingt lignes qu'on leur enverrait de dénonciations contre leur meilleur ami. Aussi, saisissent-ils avec un empressement féroce tout ce qu'on leur transmet sur ce pauvre M. de Lamartine. — Le plus mauvais tour qu'on lui ait joué en ce sens est de lui avoir prêté, ces jours-ci, le discours le plus biscornu qui ait jamais été fait. — La scène se passe à *Bagnères*, on chante au poëte une centaine de vers, *improvisés* par MM. *Soutras* et *Soubies*. — M. de Lamartine répond :

« Dans l'hommage que vous rendez à la poésie, en ma personne, vous avez employé les deux plus belles langues que Dieu ait données aux hommes, la langue musicale et la langue des vers.

Vous ne me laissez pour répondre que *celle* de mon émotion et de ma reconnaissance. »

Cela rappelle parfaitement cette phrase célèbre: « *De bonne heure surtout ; le mien est de te voir.* »

« Vous voulez que je vous laisse un souvenir, fait-on ajouter à M. de Lamartine... Je vous laisse celui de votre générosité. »

Ce n'est pas ruineux, — et je recommande aux poëtes, en général, ce genre de présent.

23. — Voici qu'il arrive à M. Thiers un des plus terribles désappointements que jamais ait subis un ministre constitutionnel. — On sait que le côté ou le prétexte politique de son entrée aux affaires est l'alliance de la France avec l'Angleterre; — pendant que M. Thiers et les journaux qui lui sont dévoués faisaient grands bruits des toasts portés par M. Guizot, pendant qu'on faisait chaque jour de nouveaux éloges de cette *terre classique de l'industrie*, de ce *berceau des gouvernements constitutionnels*, — l'Angleterre, cette même Angleterre ! la Prusse, l'Autriche et la Russie, — ont signé, avec l'envoyé de la Porte-Ottomane, — une convention contre *Méhémet-Ali*, et accessoirement contre la France, soigneusement exclue de cette quadruple alliance.

Tout le monde connaît la correspondance ministérielle de la rue Jean-Jacques-Rousseau, — dont l'*officine* est située porte à porte avec l'administration des postes. — M. de l'R., directeur de cette correspondance, est un homme très-intelligent et très-entendu, qui profite de tous les moyens possibles pour accélérer le transport de ses *nouvelles*. On a vu pendant quelque temps un magnifique pigeonnier sur le faîte de sa maison, — servant d'asile à ses voyageurs. Mais, ces jours derniers, M. Conte, administrateur général des postes, l'a fait sommer judiciairement — d'avoir, aux termes de certains vieux règlements de police oubliés, à détruire son pigeonnier, et à plumer et manger ses pigeons, — le choix de la sauce étant abandonné au condamné. Ce prétexte était quelques avanies faites par les pigeons aux voitures de l'administration ; — mais la véritable raison est l'horreur qu'éprouve M. Conte pour toute concurrence dans le transport des *lettres et dépêches*.

M. de l'R. — a donné, ce matin, la volée à ses soixante pigeons, — qui se sont dirigés vers différents pays, — portant sous l'aile gauche un billet ainsi conçu :

« Monsieur, M. Conte, directeur général de l'administration des postes, a fait rendre une sentence de bannissement contre nos voyageurs. — Pendant quelque temps, vous recevrez ma correspondance par la voie ordinaire et peu accélérée des malles-postes ; mais encore quelques jours, et nous serons en mesure de prouver à M. *Conte* que tous les *trébuchets* du monde sont impuissants contre les pattus d'Anvers.       » De l'R. »

«*P. S.* — La rente a baissé de deux francs quarante centimes à Tortoni. »

Le fait est vrai : la rente a baissé énormément. — On assure que M. *Thiers*, qui jouait alors la baisse, — probablement dans la prévision et la confiance qu'il ne pourrait tarder à faire quelque haute bévue, aurait trouvé immédiatement sa fiche de consolation. — Les journaux ministériels, alors, — anciens organes du vieux libéralisme, — qui avaient eu tant de mal à glorifier l'Angleterre, — se sont sentis à l'aise quand le maître leur a permis de l'appeler comme autrefois : *Perfide Albion* et *Carthage des temps modernes*. — Le *Constitutionnel* — a mis de côté, d'une façon tout à fait crâne, son vénérable et proverbial bonnet de coton. M. *Chambolle*, — rédacteur en chef du *Siècle*, a pris son air le plus martial, — et a entonné le chant de guerre. — Il a appelé la France aux armes, — et, si on ne l'avait arrêté, je crois qu'il partait tout seul. — M. Chambolle plaisante peu avec les *puissances étrangères*, — et je leur conseille de se bien tenir, si elles ne veulent avoir affaire à lui. — « On veut humilier la France, — s'écrie M. Chambolle, — c'était bon sous les ministres pusillanimes qui nous ont précédés, — mais, à présent, nous avons M. Thiers ! »

Le *Siècle* a trente mille sept cents abonnés, — ce qui suppose un peu plus de quatre cent mille lecteurs. — Je me trompe fort, ou il y a, aujourd'hui et jours suivants, en France, quatre cent mille personnes qui riront aux éclats en voyant M. Thiers métamorphosé en foudre de guerre par le zèle exalté de M. Chambolle.

En tous cas, voilà les *puissances* averties, elles s'arrangeront comme elles pourront. — Gare M. Thiers ! gare M. Chambolle !
— On parle d'assembler les Chambres; je ne sais, cette fois, quelle attitude prendront les avocats qui sont censés représenter la France, — mais je n'ai pas oublié — la haine qu'ils ont toujours témoignée contre les illustrations militaires, et les avanies qu'ils ont faites, chaque fois qu'ils en ont trouvé l'occasion, à tout ce qu'il y a de noble et de grand en France. — Je m'en rappelle un exemple entre mille; il y a deux ans et demi, après la prise de Constantine, — le gouvernement demandait une pension de douze mille francs pour la veuve du général *Damrémont*, tué sur le champ de bataille ; — les avocats ont chicané, lésiné et réduit la pension à six mille francs.

Le lendemain, on en demanda une de trois mille francs pour la veuve du colonel Combes.

Le colonel Combes, à la tête de la deuxième colonne, avait décidé la prise de Constantine; la ville était prise, il était revenu annoncer la victoire au duc de Nemours. — Seulement alors on s'était aperçu qu'il était blessé à mort.

Une longue discussion eut lieu à la Chambre, et les avocats s'élevèrent à un remarquable degré de honteuse chicane.

On demande si la mort du colonel pouvait être considérée comme service extraordinaire, ou si c'était simplement une affaire ordinaire, l'exécution d'une consigne. Quelques avocats, et, il faut le dire, M. le général Doguereau, soutinrent cette bizarre interprétation. — M. le général Doguereau termina par cette remarquable naïveté :

« J'admire autant que qui que ce soit les paroles prononcées par le colonel Combes mourant ; mais ceux qui ont été tués auraient pu en dire autant si la mort ne leur avait pas coupé la parole. »

On regretta que M. Doguereau n'eût pas ajouté que Combes, un quart d'heure avant sa mort, était encore en vie.

Cependant, on vote par assis et levé.

« Il est accordé, à titre de récompense nationale, une pension de trois mille francs à la veuve du colonel *Combes*, tué sur la brèche de Constantine. »

L'article fut adopté à une majorité de plus de soixante voix ; les avocats avaient eu un peu de vergogne ; ils n'avaient pu, sans rougir, voter contre la pension, mais, à une seconde épreuve, au scrutin secret, les avocats, plus libres, — firent rejeter la pension ; — plus de soixante membres de la Chambre — qui s'étaient levés pour la pension, — votèrent contre au scrutin secret.

94. — J'ai reçu, de *Montreuil*, une lettre d'un monsieur fort indigné des paroles légères que je me suis permises sur *son endroit;* — la langue de Montreuil est trop différente de celle qu'on parle en France — pour que je puisse en citer des fragments. — J'ai reçu du poëte Antony Deschamps des vers qui m'ont fait le plus grand plaisir. — M. Viennet, dans une lettre écrite à divers journaux, — se plaint des *Guêpes*. — M. Viennet a tort ; — j'ai mes torts, — je ne frappe pas sur ceux des autres ; d'ailleurs, je n'ai jamais eu occasion de parler de M. Viennet qu'une fois — et c'était dans une circonstance où je devais le faire avec éloges. — Les élèves m'arrivent en foule pour les leçons de trompe. — J'ai rencontré un démonstrateur de figures de cire qui faisait voir — *le notaire Peytel et son complice, M. de Balzac;* — on n'a pas tardé à ordonner à ce brave homme de

suspendre son exhibition ; — il était fort irrité contre le brillant auteur de tant de beaux romans et disait : « C'est bien petit de la part de M. de Balzac de m'avoir fait défendre de montrer *Peytel;* — Peytel a été guillotiné, — j'ai le droit de le montrer ; — M. de Balzac a tort, — je n'ai pas autant d'esprit que lui, mais je n'ai pas fait *Vautrin.* »

25. — Les anniversaires de la Révolution de juillet deviennent de plus en plus embarrassants ; — le convoi des victimes — et la translation de leurs restes sous la colonne de la place de la Bastille — n'ont excité ni grande émotion ni grand enthousiasme. — Il y avait, dans cette cérémonie, un aspect profondément philosophique peu propre à irriter les passions de la foule. — Les rapports municipaux avaient constaté que, dans les tombes creusées à la hâte, au mois de juillet 1830, — on avait enfoui à la fois et les morts du peuple et ceux de l'armée, — et quelques-uns des gens qui étaient chez eux morts de peur ou de toute autre maladie non politique. Il était impossible de discerner les ossements, — et il a fallu mettre dans les mêmes cercueils et sous la même colonne — amis et ennemis, — ouvriers et soldats, — tous *également victimes* des passions et de l'avidité de gens qui se portent bien aujourd'hui ; — tous tués pour des intérêts qui n'étaient pas les leurs ; — tous pêle-mêle — confondus dans la même mort, — dans le même silence, — dans le même néant, — dans la même tombe.

La musique faite par M. Berlioz pour la cérémonie funèbre a eu un grand succès. — La marche funèbre, d'une facture large et simple ; — l'hymne d'adieu, — remplie de mélancolique mélodie. L'apothéose est surtout un magnifique morceau plein d'une verve entraînante — et d'un rhythme admirable. — Un officier de la garde nationale étant tombé de cheval, — les personnes qui étaient auprès de lui ont eu peur ; — cette peur gagnant de proche en proche, — sans porter avec elle sa cause, — a occasionné un grand désordre de la Bastille à la Madeleine ;

— une partie de la garde nationale a été mise en déroute.

26. — La fête a été commune : — c'est toujours la même fête qu'on donne au peuple, — sous tous les gouvernements, — et en commémoration de n'importe quoi. — La joute à la lance, sur la rivière, a manqué. — Tous les autres exercices ont été supprimés ; — aussi serait-il impossible de trouver, sur la Seine, cinq mariniers bons nageurs. — Le feu d'artifice a été d'une grande magnificence.

27. — M. Thiers a du malheur : — ce n'est pas assez de sa responsabilité de président du conseil, — il faut que tout ce qui arrive de fâcheux, en ce moment, tombe précisément sur le ministre des affaires étrangères. — A Londres, pendant une visite du duc de Nemours, — il arrive ce que vous savez : — la France est exclue de la quadruple alliance. — A Vienne, M. de Saint-Aulaire, — averti que M. de Metternich lui préparait l'avanie de l'excepter seul des invitations faites aux ambassadeurs, — fait semblant d'avoir oublié sa tabatière à Paris, — et laisse là-bas son secrétaire d'ambassade. M. de Langsdorf, — ignorant l'étiquette, — remet son chapeau sur sa tête, après avoir salué — M. Mensdorf ; — est-ce bien Mensdorf que ce monsieur s'appelle ? — Mensdorf, Langsdorf, — des noms de cette dureté devraient bien s'arranger pour qu'il ne leur arrivât rien qui force à parler d'eux ; M. Mensdorf — jette à terre le chapeau de M. Lansdorf. — A Constantinople, M. de Pontois donne des lettres de recommandation — à un jeune homme qui va contribuer à l'insurrection de Syrie. — En Prusse, — M Philippe de Ségur, envoyé extraordinaire de France, et M. Bresson arrivent trop tard au palais où ils ont été invités par le roi ; — le comte de Ségur veut s'excuser ; — Sa Majesté répond en souriant : *Les représentants de la France n'arrivent jamais trop tard en Allemagne.*

*N. B.* Les journaux du ministère ont pris cela pour une

phrase bienveillante, — et racontent tous l'incident avec un petit air de triomphe — on ne saurait plus bouffon.

Voici la situation dans laquelle je laisse les choses en m'en retournant à Étretat :

M. Thiers — est entré aux affaires, sous prétexte de cabinet parlementaire et vertueux ; — à le considérer comme vertueux, je crois la lecture des derniers volumes des *Guêpes* assez édifiante et instructive ; — à le considérer comme parlementaire, — M. Thiers, partisan effréné de l'intervention et de l'alliance anglaise, — est sur le point de mettre la France en guerre avec toute l'Europe, en commençant par l'Angleterre, — pour défendre la non-intervention.

La rente a baissé de six francs.

M. *Chambolle*, du *Siècle;* M. *Jay,* du *Constitutionnel;* et M. *de Lapelouze*, du *Courrier français*, se sont levés comme un seul homme, — brandissent leurs plumes, — les mettent à leurs chapeaux en guise de plumet — et défient les ennemis de la France. — Mort et furie ! — Sabre et poignard ! — Damnation !

---

Septembre 1840.

Prohibition de l'amour. — Le pain et les boulangers. — Injustices de la justice.— La paix et la guerre.— La feuille de chou de M. Villemain.— Le roi sans-culotte. — M. Cousin. — M. de Sainte-Beuve. — La pauvreté est le plus grand des crimes. — Les circonstances atténuantes et le jury. — La morale du théâtre. — M. Scribe. · La distribution des prix à la Sorbonne. — L'éducation en France. — Naïvetés de M. Cousin.— M. Aug. Nisard. — Ce que M. Thiers laisse au roi. — M. Hugo — Monseigneur Affre. — M. Roosman. — M. Gerain. — Les voleurs avec ou sans effraction. — Le roi et les douaniers. — Un chiffre à deux fins. — Comme quoi c'est une dot d'être le gendre d'un homme vertueux. — M. Renauld de Barbarin, — M. Gisquet et ses Mémoires. — M. de

SEPTEMBRE 1840. 29

Montalivet. — M. de Lamartine. — M. Étienne. — La Bourse. —
M. Dosne. — M. Thiers. — La vérité sur la Bourse. — Une petite querelle aux femmes. — Un malheur arrivé à M. Chambolle. — Aphorisme.
— Coquetterie des *Débats*. — Mot de M. Thiers. — La curée au chenil.

AOUT. — 1er. — Un tribunal vient de rendre un jugement par lequel un pauvre diable a été condamné « pour excitation à la débauche, dans son propre intérêt, d'une personne au-dessous de vingt et un ans. » — Mais, — mon Dieu ! — ce crime est ce qu'on a appelé si longtemps et jusqu'ici d'une foule de noms plus doux et plus innocents, tels que « faire la cour » — « aimer » — « séduire. »

Au-dessous de vingt et un ans ! diable ! — quels sont les demi-siècles qui ont ainsi influencé la justice — pour se réserver, sous la protection des lois, toutes les *excitations à la débauche* qui se pourront faire dans leur belle patrie ?

Les femmes n'oseront plus se rajeunir ; — celles qui encourront la suspicion de n'avoir pas vingt et un ans seront évitées avec horreur par tout bon citoyen, ami des lois et peu ambitieux des travaux forcés ; — et, comme il n'est ni poli ni bien reçu de demander l'âge des femmes, — et que d'ailleurs on pourrait être trompé, il sera prudent de ne s'enflammer qu'après la constatation de quelque signe évident de décrépitude chez l'objet aimé.

2. — Il n'est que trop vrai que les hommes en général n'arrivent jamais à trouver ce qui est vrai, simple et juste — qu'après avoir épuisé auparavant ce qui est faux, tourmenté et absurde.

On oblige le boulanger, qui vend un pain d'un certain poids, et en reçoit le prix proportionnel, à livrer un pain conforme au poids convenu et payé. Les boulangers cependant encourent chaque jour des amendes et des notes infamantes pour contraventions à ces ordonnances. Ils prétendent que la réduction que souffre le pain pendant la cuisson ne peut être ni prévue ni appréciée d'avance, que la forme du pain, la chaleur du four et une foule d'autres raisons amènent des variations à l'infini.

Que fait l'autorité? — On consulte des chimistes. — Les chimistes font des expériences, — ne sont pas d'accord entre eux, — et finissent par l'être avec les boulangers, en cela qu'ils renoncent à établir combien un pain perd de son poids pendant la cuisson.

Puis on laisse les choses sur le même pied, et on continue à condamner à cinq francs d'amende les boulangers dont les pains n'ont pas précisément un ou deux kilogrammes.

Or, il faut cependant se décider. — Si c'est sciemment que le boulanger vend à faux poids, il est dérisoire de le condamner à cinq francs d'amende quand le malheureux qui volerait dans sa boutique un pain d'un sou en brisant une vitre expierait son crime par les travaux forcés. — La peine infligée au boulanger qui vole le pain du pauvre doit être au moins égale à la peine du pauvre qui vole le pain du boulanger.

Si c'est involontairement que le boulanger ne donne pas le poids convenu à ses pains, — la peine de cinq francs d'amende doit être supprimée.

Il n'y a rien de si facile à arranger que tout cela. Permettez aux boulangers de faire des pains de la forme et du poids qu'il leur plaira, — et de les vendre pour leur poids, quel qu'il soit; — et dans le tarif comparatif des farines et de celui du pain qui se publie tous les quinze jours, ne fixez plus le prix du pain de quatre livres et du pain de deux livres, — mais seulement le prix de la livre de pain.

Que le pain se vende au poids, et seulement au poids; qu'on n'aille plus demander au boulanger un pain de quatre livres, mais quatre livres de pain, — comme on fait chez le boucher, chez l'épicier, etc., — et toutes les difficultés disparaissent.

Cela est simple, clair, sans objection ; ce qui n'empêche pas que je serai bien étonné si on profite de l'avis (1).

3. — Un pauvre saltimbanque, roué de coups par un brutal, porte plainte et fait venir son adversaire devant le tribunal de police correctionnelle. Le pauvre diable est encore tout éclopé. — Plusieurs témoins déposent des faits. — L'agresseur est condamné à... quinze francs d'amende. « Pour qui sont les quinze francs ? — Parbleu, pour le plaignant, direz-vous, c'est une faible indemnité pour les coups... — Vous n'y êtes pas le moins du monde. Les quinze francs d'amende sont pour l'État. — Et le saltimbanque ? — Le saltimbanque n'a rien. — Pourquoi cela ? — Je vais vous le dire : c'est que le saltimbanque est trop pauvre pour s'être *porté partie civile*, c'est-à-dire pour avoir fait l'avance de certains frais. — C'est-à-dire qu'on ne lui donne pas l'argent précisément à cause du besoin plus grand qu'il en a ? — C'est cela même. »

4. — Le ministère a divisé ses journaux en deux camps : les uns plaident pour la paix, — les autres pour la guerre. En général, les journaux du matin, — M. Chambolle en tête, sont plus belliqueux ; — ceux du soir sont plus pacifiques ; — peut-être ont-ils peur des ténèbres et des revenants ? — Les journaux, en très-petit nombre, qui sont restés dans l'opposition, annoncent tous les matins aux puissances contre lesquelles la France est presque en guerre, — la force et la faiblesse de l'armée de terre et de mer ; — quels sont les points fortifiés, — et quels sont les points qui ne le sont pas ; — le tout enjolivé de dissertations sur la supériorité de l'Angleterre sur la France, etc., etc.

5. — M. Villemain, l'ex-ministre de l'instruction publique, va, deux fois par semaine, passer la journée à Nanterre chez son ami, M. de Pongerville — M. de Pongerville est un

---

(1) On en a profité depuis.

homme d'un esprit facile et conciliant, qui est fort bien avec le monde entier, et qui n'a qu'un regret, c'est de ne pouvoir étendre davantage le cercle de sa bienveillance. — M. Villemain a été vu plusieurs fois se promenant dans le jardin, non pas avec une feuille de vigne, — mais avec une feuille de chou dont il se couvre le visage pour se préserver du contact du soleil ; — d'autres disent que c'est pour préserver le soleil de l'aspect de son visage.

6. — Le roi Louis-Philippe, fort brave de sa personne, quand il ne s'agit que de lui, — ainsi qu'on ne lui en a fait donner que trop de preuves depuis dix ans, — passe pour beaucoup moins résolu en politique, — et sa prudence a souvent été qualifiée de diverses manières fâcheuses. Cette fois, cependant, il s'est montré fort irrité contre les envoyés des puissances coalisées qu'il a reçus, — et il est allé jusqu'à dire : « Si je ne trouve pas d'autres moyens pour rendre à la France toute son énergie contre l'Europe, — j'irai jusqu'à mettre le bonnet rouge. »

PARENTHÈSE. — A ce propos, le mois dernier, — en faisant l'énumération des os qui avaient partagé indûment les honneurs rendus aux héros de Juillet, — j'ai oublié plusieurs momies avancées, enlevées du Musée Charles X. Les pharaons ne s'attendaient guère à être mis au nombre des héros morts pour la Charte.

7. — Comme j'allais me mettre à écrire, — je suis dérangé par le bruit que fait une mouche qui frappe avec fureur de sa petite tête, contre les vitraux de ma porte. — J'ouvre et je vois Padocke.

— Maître, — me dit-elle, — M. de Sainte-Beuve a été récompensé de sa démarche près de vous et de sa dénonciation contre moi : — par une ordonnance du 8 août, c'est-à-dire d'avant-hier, il vient d'être nommé conservateur à la bibliothèque Mazarine, en remplacement de M. Naudet.

— Eh bien! Padocke?

— Eh bien! maître?

— C'est une justice rendue à M. de Sainte-Beuve, qui est un homme d'un grand talent. Si cette place avait dépendu de moi, je la lui aurais volontiers donnée pour le plaisir qu'il m'a fait d'entrer chez moi, et je suis enchanté qu'il lui arrive quelque chose d'heureux.

— Mais...

— Mais quoi?

— Pourquoi ne lui a-t-on pas rendu cette justice plus tôt?

— Parce que, Padocke, la place n'était pas vacante.

— Mais...

— Encore?

— Oui..... depuis que M. de Sainte-Beuve est un homme d'un grand talent, et depuis que M. Cousin est ministre, — ce qui est plus récent et durera moins longtemps, — il y a eu des places vacantes à diverses bibliothèques et on les a données à des bureaucrates.

— Que voulez-vous que j'y fasse, Padocke?

8. — Je lis sur un journal des tribunaux : « La Cour » rejette le pourvoi en cassation de Françoise Lebrun, — con» damnée à quinze ans de travaux forcés pour crime d'infanti» cide, — *pour défaut de consignation d'amende.* »

Pourquoi ont été instituées les cours de cassation? Pour casser un jugement mal rendu; — pour annuler une peine mal appliquée; — en un mot, pour contrôler l'exercice de la justice, diminuer les chances d'erreurs, et donner quelques garanties de plus aux accusés. — Or, dans cette circonstance, — et j'en ai vu des exemples nombreux, la Cour déclare que Françoise Lebrun est bien jugée, — non parce que la procédure a été régulière, ou parce que la peine a été appliquée justement et conformément à la loi, — mais parce qu'elle n'a pas consigné une amende. C'est-à-dire qu'il y a, comme du pain, de la justice de première et de seconde qualité; que les juges sont comme les barbiers qui *repassent*, c'est-à-dire rasent une seconde fois ceux qui payent plus cher. C'est-à-dire que Françoise Lebrun est assez bien jugée pour une pauvre femme; — qu'elle a eu de justice ce qu'on peut en avoir pour rien. — C'est-à-dire que, sans argent, dans le sanctuaire de la justice, comme aux spectacles forains, ceux qui ne payent pas n'ont droit qu'à la parade et *aux bagatelles de la porte.*

Si on a institué les tribunaux de cassation, — si on casse souvent les jugements de tribunaux de première instance, c'est que ces derniers peuvent se tromper et se trompent; — c'est qu'il est possible que l'accusé soit injustement condamné; — c'est que Françoise Lebrun n'est peut-être pas criminelle; — c'est que, si elle avait pu consigner l'amende en question, le jugement qui la condamne aurait peut-être été cassé, et elle acquittée par un autre jugement. — Le résumé de ceci est que Françoise Lebrun n'a pas le moyen de ne pas avoir tué son enfant; — qu'elle n'a pas le moyen de ne pas aller aux travaux forcés; — que, sans les *circonstances atténuantes*, qui sont d'invention moderne, — elle eût été condamnée à mort, — et qu'elle n'aurait pas eu le moyen de ne pas être guillotinée.

Ο μυθος δηλοι οτι... — Cela prouve qu'il y a un crime plus grand que l'assassinat, le vol et le parricide; — un crime plus grand que tous les autres réunis, — un crime qui ne trouve ni grâce ni indulgence : — c'est la pauvreté.

C'est plus sauvage que les sauvages.

9. — Encore la justice! encore les circonstances atténuantes. Dans le Gard, une domestique empoisonne *trois fois* sa maîtresse; le jury la déclare coupable d'empoisonnement, MAIS *avec des circonstances atténuantes.* — En effet, pour avoir besoin de l'empoisonner trois fois, il fallait qu'elle l'empoisonnât bien peu à chaque fois.

*Rosalie Hébert* empoisonne son mari et l'avoue. — Le jury

du Calvados trouve une excuse dans sa jeunesse, — là où j'aurais trouvé un crime de plus ; car dans la jeunesse tout est noble et grand, et l'amour absorbe toute la puissance, qui plus tard sera divisée entre toutes les autres passions ; — elle est déclarée coupable, MAIS avec des circonstances atténuantes.

Nicolas Roulender, à Montpellier, — viole sa fille, — vit publiquement avec elle. Déféré aux tribunaux, il est condamné, MAIS avec des circonstances atténuantes. — Je voudrais bien que le plus fort des jurés de Montpellier m'expliquât ce qu'il fallait que fît Roulender pour qu'il n'y eût pas dans son crime de *circonstances atténuantes*.

— Le 18 août, le jury de Saône-et-Loire admet des circonstances atténuantes en faveur de Nicolas Mauguin, parricide et fratricide. — Ces bons négociants du jury pardonneraient volontiers le treizième crime à celui qui en commettrait douze à la fois.

10. — Il y a de singulières mœurs au théâtre ; l'amour n'ose s'y montrer qu'en ayant le mariage pour but. — Qu'un jeune homme et une jeune fille s'aiment, se le disent, se laissent entraîner, — on criera à l'immoralité. — Il n'en est pas de même s'il s'agit d'inceste ou d'adultère, — la chose paraît toute simple et on n'y trouve pas le plus petit mot à redire ; — voir *Œdipe*, — *Phèdre*, — *Clytemnestre*, etc.

Ces idées me sont suggérées par la reprise de la *Neige*, de M. *Scribe*. Dans cette pièce, le roi a surpris les amours de sa fille et du page Eginhard ; s'il ne les mariait pas à la fin, la pièce serait réputée immorale. — Mais M. *Scribe*, qui connaît son public, a ajouté ceci à la légende : — à savoir que le père jette *plaisamment* dans l'esprit de sa fille et de son gendre l'idée qu'ils sont frère et sœur, et par conséquent incestueux. Personne n'a songé à trouver cela odieux et révoltant qu'un père salisse ainsi la pensée de sa fille.

11. — LES PRIX DE LA SORBONNE ET L'ÉDUCATION EN

FRANCE. — Il y a, en France, beaucoup de bonnes gens qui croient que l'on change quelque chose ; — voyez cependant, — ô bonnes gens, — les professeurs et les avocats que vous avez mis à la tête du pays, — n'ont-ils pas rempli les robes et les simarres de leurs prédécesseurs d'autant de morgue pour le moins qu'elles en ont jamais contenu ? — Il faut le dire, en France, on n'est républicain que par amour pour l'aristocratie. L'égalité n'est pas un état auquel on veut arriver, mais par lequel on espère arriver à autre chose. Nous avons vu M. Cousin trôner à la Sorbonne pour la distribution des prix, précisément comme M. d'Hermopolis, — avec moins de bonne grâce seulement et de dignité.

Je ne vous parlerai pas du thème lu par M. Auguste Nisard, — ni des gens qui secouent la tête avec de petits mouvements d'approbation, pour se donner des airs de comprendre le discours latin : j'arrive tout de suite au discours de M. Cousin.

Le ministre de l'instruction publique — a commencé par émettre des idées de la force et de la nouveauté de celles-ci : — « *Le collége est l'image anticipée de la vie. Les luttes dont vous sortez sont l'apprentissage de celles qui vous attendent, etc.* ; » puis, faisant un retour sur lui-même, il a développé cette pensée, — que le meilleur gouvernement possible est celui où M. Cousin est ministre de l'instruction publique ; — il n'a même pas caché que la chose devait s'arrêter à ce point culminant, — que les laborieux enfantements du passé, les efforts, les luttes, avaient enfin obtenu un résultat assez satisfaisant pour que l'humanité fît, comme Dieu après le septième jour : — *Et elle vit que tout était bien, et elle se reposa le septième jour.*

« Il vous a été donné de voir la France libre et prospère, à l'ombre de cette admirable forme de gouvernement ; cette monarchie constitutionnelle, rêvée jadis par quelques beaux génies, invoquée par les sages, annoncée par Montesquieu, conquise enfin par tant de souffrances et de glorieux travaux, et dernier terme de nos longues vicissitudes ! Aimez donc le siècle, aimez le pays qui vous font ces avantages ! ».

Suivez encore ce bon M. Cousin :

« Et nous devons remercier la divine Providence d'avoir comme choisi notre âge pour y rendre plus que jamais manifeste la loi sublime qui, selon d'antiques paroles, attache par des nœuds d'airain et de diamant la peine à ce qui est mal, la récompense à ce qui est bien. »

Quelle touchante naïveté ! — Il est possible qu'à d'autres époques les récompenses dues au mérite aient quelquefois été un peu détournées de leur but ; — mais, pour cette fois, *la Providence a choisi* le moment où M. Cousin est ministre pour montrer la justice des récompenses.

Ceci n'est que ridicule, — passons. Mais voici qui est plus grave : — M. Cousin, après avoir fait cette découverte un peu hardie, que *le collège est l'image de la vie*, — ajoute que l'éducation universitaire *conduit à tout*. C'est un mensonge ridicule que les générations se lèguent les unes aux autres, — mais qui n'a jamais été si mensonge et si ridicule qu'aujourd'hui.

En effet, — quand l'éducation était un privilège, on ne mettait au collège que les jeunes gens destinés à l'église, au barreau, aux lettres et aux douces oisivetés du monde et de la fortune.

Les autres classes de la société se contentaient d'une éducation spéciale, appropriée à l'état qu'elles devaient avoir dans la vie.

Mais, aujourd'hui que tout le monde va au collège, — je ne sais rien d'aussi fou que cette éducation entièrement et exclusivement littéraire à laquelle on astreint la jeunesse pendant dix ans. Je dirai donc contre le système d'éducation actuel :

1° On n'y apprend pas ce qu'on est censé y apprendre ; — prenons pour exemple une classe composée de soixante élèves. Il y en a tout au plus dix qui, en sortant du collège, savent passablement le latin et un peu moins bien le grec ; — pour les autres, et la mémoire de chacun suffit pour démontrer que je n'exagère pas, — voici comment se passe le temps de leurs études :

1re année. — *Sixième :* On s'amuse pendant les classes — à attacher des bouts de papier à l'abdomen des mouches que l'on regarde ensuite voler — pendant les récréations. Sous le nom de *pensums*, on copie cent fois, deux cents fois, trois cent fois le *Récit de Théramène*, — pour les maîtres sévères, — et *la Cigale ayant chanté tout l'été*, dont les vers sont si courts, pour les maîtres plus indulgents.

*Cinquième.* — Des bonshommes, attachés par un fil à des boulettes de papier mâché, sont collés au plafond de la classe ; — au printemps, on lâche des hannetons. — On copie toujours le *Récit de Théramène* et *la Cigale et la Fourmi*.

*Quatrième.* — On commence à *filer* régulièrement, — c'est-à-dire — à aller se promener dans les passages ou à la glacière, l'hiver ; — l'été à Montmartre ou à l'école de natation, pendant les heures des classes. On continue à copier le *Récit de Théramène* et *la Cigale et la Fourmi*, pendant les récréations.

*Troisième.* — On ne veut plus porter de casquette, on a un chapeau et des bottes, et on cache les livres dans son chapeau et dans ses poches. — On lit la *Pucelle* de Voltaire et les *Épîtres* de Parny ; — toujours le *Récit de Théramène* et *la Cigale et la Fourmi.*

*Seconde.* — On joue au billard, — on va au café, — on lit des romans et les journaux ; — on écrit aux filles de boutique du voisinage, pendant les classes. — On met des éperons à ses bottes, le dimanche ou quand on file. — Le *Récit de Théramène* et *la Cigale et la Fourmi.*

*Rhétorique.* — Suite de la seconde. — Le *Récit de Théramène* et *la Cigale et la Fourmi.*

Six ans à copier le récit de *Théramène* et *la Cigale et la Fourmi !* c'est beaucoup ; et, je le répète, ne croyez pas que j'exagère rien. — Et une preuve qu'aucun professeur ne niera,

— c'est que, si on prend le dernier élève de la classe de rhétorique, il ne sera pas le premier de la classe de sixième. — Démentez-moi, monsieur Nisard, si ce que je vous dis là n'est pas vrai. — Et regardez autour de vous, dans la société, combien y a-t-il d'hommes qui sachent bien le latin?

2º Après avoir démontré qu'on n'apprend pas au collége ce qu'on est censé y apprendre, — j'ajouterai que, l'eût-on appris, — ce serait, pour quarante sur soixante, une éducation nuisible, ou au moins inutile.

Les professions libérales devraient être réservées aux intelligences de quelque supériorité qui peuvent les faire marcher en avant, et non livrées à la foule qui les encombre et les obstrue. Ce n'est pas ainsi que l'on fait; — mais néanmoins, — sur soixante jeunes gens, — en prenant par portions égales pour toutes professions industrielles, pour les sciences, pour les arts, etc., — il ne doit y avoir sur les soixante qu'un écrivain tout au plus, — un peintre, — un médecin, — un avocat, — un professeur. En effet, ce n'est, pour l'écrivain, quand ils seront dans la société, que cinquante-neuf lecteurs; — pour le médecin et l'avocat, que cinquante-neuf clients qui n'ont pas toujours des maladies ou des procès, etc.

Eh bien! toute l'éducation est faite au point de vue de l'écrivain. Les cinquante-neuf autres lui sont sacrifiés à des degrés différents : — l'avocat moins que le médecin, — le médecin moins que le peintre, — le peintre moins que le ferblantier.

Je ne prétends pas pour cela que l'éducation de l'écrivain soit bien complète; — car il n'y apprendra que le latin et le grec, — et sortira du collége très-ignorant de la littérature française.

En sortant du collége, à l'exception de l'écrivain, — jusqu'à un certain point, — tous les autres ont à faire leur éducation réelle.

Ainsi, — le résumé de l'instruction de collége est que, pour dix sur soixante, — elle est utile, mais incomplète;

Que les cinquante autres sont censés y apprendre des choses qu'ils n'apprennent pas, et qui ne leur serviraient à rien s'ils les apprenaient.

Et si je répète ici les paroles de M. Cousin :

« Si parmi vous il est un jeune homme qui se soit élevé peu à peu au-dessus de ses condisciples par la seule puissance du travail, n'ayant d'autre appui que sa bonne conscience, d'autre fortune que les couronnes qu'il va recevoir, que ce jeune homme ne perde point courage à l'entrée des voies diverses de la vie. »

C'est pour en tirer des conclusions contraires à celles qu'en tire le ministre de l'instruction publique, — et je dirai à ce jeune homme : Qu'il ne perde pas courage, car il en aura besoin. Non, — en ce temps-ci on n'arrive pas à tout par la *seule puissance* du travail et de la *bonne conscience ;* — pourquoi tromper ces jeunes gens que vous laissez aller ? vous le savez mieux que personne, — monsieur Cousin, — tout ce qu'il faut d'intrigues, — d'alliances contre sa conscience, de concessions contre ses principes, — d'humilité avec les uns, et de boursouflure avec les autres ; — vous pourriez leur dire qu'il faut baiser la botte de l'empereur de Russie en 1815, — et cirer les souliers de M. Thiers en 1840 ; — pourquoi les tromper, — monsieur Cousin ?

Et je sais un homme qui, lui, n'arrivera à rien, parce qu'il n'a rien fait et ne fera rien de tout cela, — parce qu'il s'est fait une fortune de sa modération et de son dédain ; — un homme auquel on avait dit aussi, — dans vos colléges, — quand vous étiez professeur, — monsieur Cousin : « Travaillez, cela mène à tout. » Il a travaillé, vous trouveriez son nom dans les annales des concours généraux ; il était un des élèves les plus *forts* de l'université, — et un jour on l'a lâché, — comme vous en avez lâché un grand nombre hier, — et on lui a dit, — comme vous avez dit hier : « Allez et ne craignez rien. »

Il y a encore, au haut de la rue Rochechouart, une maison

où était une pension. — Il fut bien heureux d'entrer là *pour sa nourriture* — et quelle nourriture ! et d'y travailler dix-huit heures par jour, chez un homme qui lui donnait pour logement un chenil sans vitres l'hiver, — et le forçait de boire du vin blanc le matin, — lui qui avait le vin en horreur. — Il dut se trouver heureux de supporter les caprices de cet homme, qui, tous les dimanches, après un dîner meilleur, voulait absolument l'emmener prendre la Belgique, et finissait par se mettre tout seul en route, jusqu'au prochain corps de garde, d'où on le ramenait chez lui.

— Les élèves ont demandé la *Marseillaise*, et applaudi vivement M. Hugo, qui venait voir couronner un de ses charmants enfants. — M. Thiers, pour avoir l'air de laisser quelque chose à la majesté royale, n'en a pas pris la politesse, qui consiste dans l'exactitude ; — il est arrivé que le discours était commencé. C'était le seul moyen, pour le petit homme, de n'être pas inaperçu. A l'entrée de M. Cousin, l'orchestre, je ne sais pourquoi, — a joué une marche funèbre ; — il est vrai que, dans son discours, il devait proclamer une liberté d'enseignement qui, si elle était accordée de bonne foi, ne tarderait pas à tuer et à enterrer l'université. — Monseigneur Affre, archevêque de Paris, coiffé à la Louis XIII, a l'air d'un jeune homme de trente ans.

12. — Des voleurs ont tenté un vol avec effraction à la caisse de ces bons messieurs Roosman et Gerain, au ministère des fonds secrets ; — ils n'ont rien trouvé. — Je n'écrirai pas ici ce qu'ils ont écrit à la craie sur les murs, en l'honneur des *dévouements* et des *désintéressements* qui les avaient prévenus.

13. — Le roi, voulant aller à Boulogne sur le *Véloce*, a été obligé, par le gros temps, de relâcher à Calais. — Arrivé enfin à Boulogne, — il a donné beaucoup de croix d'honneur, — et a appelé les douaniers ses chers camarades.

— Le retour de l'ambassade de Perse — a causé une grande joie dans les coulisses de l'Opéra. — Plusieurs des jeunes envoyés ont reçu, assure-t-on, en présent, des sabres et des décorations — *enrichies* de strass.

14. — On faisait beaucoup de bruit des mémoires que va publier M. Gisquet. En effet, M. Gisquet, âme damnée de M. Thiers, pouvait faire de singulières révélations. On a intrigué, on a promis de réintégrer le gendre de M. Gisquet dans sa recette générale, et M. Gisquet a fini contre M. de Montalivet ce qu'il avait commencé contre M. Thiers.

15. — M. Renaud de Barbarin, gendre du vertueux M. Valentin de la Pelouze, vient d'être brutalement nommé conseiller à la cour des comptes.

16. — M. de Lamartine a écrit dans le *Journal de Mâcon* et dans la *Presse* une longue lettre sur les affaires d'Orient. — Dans beaucoup d'endroits, cette lettre n'est pas digne de M. de Lamartine ; mais elle est fort supérieure, en tous points, aux bavardages quotidiens qui commencent les journaux chaque matin. — Les gens vulgaires et les sots ont beaucoup crié contre cette lettre ; — ils ne voudront jamais admettre que l'esprit et le talent ne sont pas une infériorité, — qu'un grand poëte est au-dessus et non pas au-dessous de la politique, — et que les hommes d'esprit ne sont pas pour cela plus bêtes que les autres.

Le *Constitutionnel*, devenu pair de France pour avoir fait des paroles d'opéra-comique, ne se peut taire sur les prétentions de M. de Lamartine.

M***, qui n'avait pas lu la lettre, a été disant partout : « Oh ! bah ! *c'est trop dans les nuages !* » On a dit : « Ce pauvre M***, les nuages commencent si bas pour lui ! »

Les élèves de Rome ont envoyé une foule de choses ; — l'un, entre autres, un projet de mairie pour le dixième arrondissement. — Envoyez donc des gens à Rome !

J'ai voyagé une fois avec un peintre ; — nous avions fait deux cents lieues, quand, un matin, je le surpris dessinant la voiture qui nous avait emmenés de Paris.

—Les gens vulgaires me reprochent ma sévérité à l'égard des femmes ; — les autres comprennent que je les aime et que ma sévérité n'est que de l'avarice. — Je suis comme Apollon, qui sent la nymphe se métamorphoser en arbre entre ses bras, — je crains toujours que les femmes ne s'avisent de se changer en quelque chose d'autre. — Si une jolie femme comprenait bien qu'elle a plus de charmes encore parce qu'elle est femme que parce qu'elle est jolie ! — Puis-je ne pas faire un bruit horrible quand je suis forcé d'apprendre que les femmes les plus comme il faut passent quelquefois dans la matinée par les mains de quatre hommes qui ne sont ni des maris, ni des amants ;

Que le matin elles livrent leurs pieds à un M. Pau, — qui les prend nus dans ses mains, et leur récite des vers d'Horace ;

Qu'ensuite un M. Thomassin, qui paraît être le Humann des femmes, leur prend mesure d'un pantalon ;

Qu'un M***, je ne sais pas son nom, — je sais seulement que c'est un Polonais... (cassez quelque chose et ajoutez ski), vient leur essayer un corset ;

Qu'un *Frédéric* quelconque vient les coiffer.

Mais je crierai de ma voix la plus forte et la plus retentissante, — mais je dirai que c'est infâme ; — que, si elles attachent si peu de prix à elles-mêmes,—nous ne pourrons nous en attacher aucun.

Je leur dirai que, pour un homme qui les aime, — elles n'ont pas un cheveu qui ne soit un trésor, et qu'elles n'ont pas le droit d'être si prodigues d'elles-mêmes. — C'est donc bien ennuyeux le ciel, qu'on a tant de peine à empêcher les dieux de venir barboter dans la fange des rues.

17. — *Sur la Bourse et sur ce qui s'y passe.* Il y a une maison de jeu appelée la Bourse, qui rapporte douze millions

chaque année au gouvernement. — Le gouvernement nomme lui-même les croupiers, auxquels il donne le titre d'agents de change, — exige d'eux des cautionnements, — et fait mettre, comme je viens de vous le dire, douze millions aux flambeaux.

La Bourse n'a été construite et instituée que pour y faire, à l'abri de la pluie, des paris sur les fonds secrets.

Il est arrivé, le mois dernier, ce qui arrive tous les mois; — il y a eu des différences à payer; les uns ont gagné, les autres ont perdu. — Mais il est arrivé aussi que des gens qui avaient perdu ou qui n'avaient pas joué croyaient avoir des droits à être de moitié dans le jeu des gagnants, qui, disait-on, n'avaient gagné que par la communication opportune et prématurée des nouvelles du ministère. — Un cri d'indignation s'est élevé du sein des journaux; on a hautement désigné M. Dosne, beau-père du président du conseil, comme ayant fait de gros bénéfices. — M. Chambolle s'est plaint vivement dans le salon de M. Thiers; — on allait jusqu'à désigner celui des embranchements des galeries des Panoramas où se tenait M. Dosne, et d'où il envoyait ses émissaires aux agents de change.

Il y a, dans le jeu que l'on prête à M. Dosne, une particularité assez curieuse. M. de Talleyrand, ministre sous l'Empire, fut accusé de gains énormes faits à la Bourse: — l'empereur le fit venir et lui en fit de vifs reproches. « Sire, reprit M. de Talleyrand, qui avait toujours joué la hausse, je ne joue pas à la Bourse, je ne fais que parier pour Votre Majesté. »

M. Dosne a fait tout le contraire; — il a joué la baisse, et conséquemment parié contre son gendre.

— Les gens les plus forts du parti de M. Molé ont exploité la circonstance, et ont tellement harcelé M. Thiers, qu'il a fini par donner dans le piége où est tombé M. Gisquet, lors de son fameux procès. — M. Thiers a ordonné une enquête pour savoir ceux qui avaient répandu de fausses nouvelles, aux termes de cinq ou six lois contemporaines du *maximum* et de la *loi des suspects*, — et qui, si elles étaient suivies, entraîneraient tout simplement la fermeture et la démolition de la Bourse ; — attendu qu'elles proscrivent l'agiotage et non certaines irrégularités dans l'agiotage. — Or, elles sont périmées par cela seul que le gouvernement actuel est fondé sur le crédit, et a lui-même institué les jeux de Bourse.

Il est bon d'expliquer la vérité sur tout ceci. L'enquête est une mystification : parce que celui qui a donné une nouvelle l'a toujours reçue d'un autre, — et celui qui a confié une nouvelle fausse peut l'avoir crue vraie. D'ailleurs, je me sens ému de peu de pitié et de sympathie pour des gaillards qui jouent leur fortune sur des nouvelles de la force de celles-ci, qui ont *réellement* circulé à la Bourse.

*Première nouvelle.* « Le Taurus a été passé. — Vraiment? — Oui, mais on n'a pu trouver de gué, et on a jeté dessus un pont de bateaux. »

*N. B.* Il peut y avoir parmi mes lectrices une femme qui ait oublié que le Taurus est une montagne. — Je demande pardon aux autres de le rappeler.

*Deuxième nouvelle.* « Eh bien! on a pris Candie. — Ah! et qui? — Les Anglais. — Ah bien! ça va faire une fameuse baisse. — Eh! non, ce sont les Français qui ont pris Candie. — C'est égal, ça va faire une fameuse baisse. »

Quand on jette ces grands cris à propos de la Bourse, — le lecteur tranquille des carrés de papier, organes de l'opinion publique, — se représente toujours d'innocents rentiers, des agneaux de rentiers, qui, effrayés par une nouvelle qui les alarme sur l'existence ou sur la solvabilité du gouvernement, se hâtent de vendre leurs rentes pour le prix qu'ils en trouvent, au bénéfice des gens plus habiles qui ont propagé les nouvelles. Je saisis cette occasion de leur dire qu'il n'est rien de tout cela. On ne vend pas et on n'achète pas réellement de rentes à la Bourse. — On parie sur la hausse ou sur la baisse. — A la fin du mois, le vendeur ne livre pas de rentes à l'acheteur; celui des deux qui s'est trompé paye à l'autre la différence qui existe entre le prix auquel il a acheté ou vendu, et le prix auquel la rente est montée ou descendue.

Il n'y a pas à la Bourse des gens innocents qui sont volés par d'autres, il y a des joueurs qui perdent et des joueurs qui gagnent; — seulement, il y a des gens qui trichent, font sauter la coupe et retournent le roi. — Ces gens-là ne sont pas de niais colporteurs de niaises nouvelles sans autorité; ce sont des gens qui jouent contre ceux-là précisément avec de véritables nouvelles dans leur poche.

Quant aux criailleries des journaux contre la propagation des fausses nouvelles, je leur dirai qu'il n'y a pas un journal qui ne mette en circulation, chaque mois, une vingtaine de nouvelles fausses, — les uns sciemment, les autres par ignorance.

— Voir, pour compléter ceci, le numéro de mars.

18. — Il est arrivé un grand malheur à ce pauvre M. Chambolle, député et rédacteur en chef du journal le *Siècle*. Ledit M. Chambolle, dans le numéro du *Siècle* d'aujourd'hui 25 août, — numéro tiré à trente-deux mille exemplaires, — ainsi que le journal l'affirme lui-même, — M. Chambolle a imprimé que M. *de Lamartine est un niais.*

Ce pauvre M. Chambolle, — je prends la plus grande part à l'accident qui lui arrive, — et je le prie d'agréer favorablement mes compliments de condoléances.

APHORISME. — Les injures sont bien humiliantes pour celui qui les dit, quand elles ne réussissent pas à humilier celui qui les reçoit.

— M***, vêtu de noir, avec un crêpe à son chapeau, est arrêté dans la rue par un de ses amis. « Eh mon Dieu! qui avez-vous donc perdu? lui demande l'ami.

— Moi? je n'ai rien perdu... c'est que je suis veuf. »

19. — A propos de la guerre, M. Chambolle a rengaîné plus d'à moitié son grand sabre.

Le *Journal des Débats*, comme je l'ai annoncé, se livre à M. Thiers, après une honnête résistance. — Vieux coquet de M. Bertin.

— M. Thiers disait hier : « Je suis réellement fait pour le métier que j'exerce ; — *j'ai beaucoup de chagrins*, et cependant je dors bien, je mange beaucoup et je digère on ne peut pas mieux. »

20. — Il y a quelques années, il est venu d'Angleterre un usage ridicule qui consiste à mettre sur les lettres et sur les cartes de visite le numéro avant le nom de la rue : — cet usage subsiste encore.

Or, l'adresse qu'on met sur une lettre a pour but de faciliter au facteur de la poste, au domestique ou au commissionnaire qui en est chargé, la recherche de la personne à laquelle on écrit. — Il est évident qu'il commence par chercher la rue, qu'une fois dans la rue il cherche le numéro, — et qu'arrivé au numéro, il demande la personne.

J'ai cru ne pas devoir me soumettre à cette innovation, et conformément à l'ordre logique, — j'ai mis la rue et le numéro sur la première ligne de l'adresse et le nom au-dessous. — Cette forme d'adresse a trouvé des imitateurs et elle deviendra générale. — Tout donne à penser que je n'aurai pas mis plus de dix ans à faire cette révolution pacifique.

— Grand scandale ! — Le général Bachelu demande la dissolution d'une société qu'il a formée avec MM. Laffitte, — Arago, — et Dupont de l'Eure, — pour cause de dol et fraude ; — on va plaider.

21. — Je l'avais bien prévu, la curée a été insuffisante pour le nombre et la voracité des compagnons de chasse de M. Thiers ; — tout est dévoré, — et aux cris de joie succèdent quelques cris de colère ; — la meute est furieuse ; quelques-*uns*

commencent à tourner sur le maître des regards sanglants et irrités, — et nous ne tarderons pas à voir que plusieurs vont se ruer sur M. Thiers — et chercher en lui un appoint de curée.

— M. Thiers, toujours confiant et imperturbable, — disait hier en se rasant : « Il faut que la Providence ait bien de la confiance en moi, car, chaque fois que j'arrive au pouvoir, elle semble me réserver les affaires les plus embarrassantes. »

## Octobre 1840.

Mort de Samson. — M. Joubert. — M. Gannal veut *empailler* les *cendres* de l'empereur. — M. Ganneron économise une croix. — Une belle action. — Une vieille flatterie. — M. de Balzac et M. Roger de Beauvoir. — Madame Decaze au Luxembourg. — Contre les voyages. — Une guêpe exécutée au Jockey-Club. — Un mot de mademoiselle ***. — Les ouvriers, le gouvernement et les journaux. — A propos de l'Académie française. — M. Cousin. — M. Révoil. — Notes de quelques inspecteurs généraux sur quelques officiers. — M. Desmortiers placé sous la surveillance de Grimalkin. — Attentat contre le papier blanc. — M. Michel (de Bourges). — M. Thiers. — M. Arago. — M. Chambolle. — M. de Rémusat. — Question d'Orient. — De l'homme considéré comme engrais. — M. Delessert. — M. Méry. — Lettres anonymes. — On découvre que l'auteur des *Guêpes* est vendu à M. Thiers. — L'auteur en prison. — M. Richard. — Avis aux prisonniers. — M. Jacqueminot. — Aux amoureux de madame Laffarge. — Les jurés limousins. — M. Orfila. — M. Raspail. — Le petit Martin et M. Martinet. — On abuse de Napoléon. — Idée singulière d'un *Sportman*.

SEPTEMBRE. — 1ᵉʳ. — Voyant le triomphe des causes atténuantes, l'exécuteur des hautes œuvres, Samson, a pris le parti de mourir.

— On demande ce qu'est devenue la fameuse enquête sur les affaires de la Bourse; M. Joubert, agent de change et homme d'esprit, a résumé en un mot les explications que je vous ai données, ô mes lecteurs! sur ce qui se passe dans le susdit tripot.

— Ce ne sont pas, a-t-il dit, les nouvelles qui font les *cours*, mais les cours qui font les nouvelles.

— M. Gannal, le grand empailleur, vient de publier une brochure fort singulière. Il réclame hautement, et en termes emphatiques, le privilége d'embaumer les restes de Napoléon, — « de cet empereur qui a fait refluer des flots de gloire sur notre patrie! »

« L'empereur va se relever plus grand, plus majestueux que jamais, dit M. Gannal, il va quitter le sol aride où l'Angleterre, haineuse alors et repentante aujourd'hui, l'avait incarcéré. »

Et ce n'est pas M. Gannal qui est chargé de l'embaumer! lui « si plein de patriotisme et de vénération pour l'empereur! »

Le conseil de salubrité a pensé sans doute que ce n'était pas avec du patriotisme et de la vénération qu'on embaumait le mieux les grands hommes.

Toujours est-il que M. Gannal accuse hautement le conseil de salubrité d'avoir fait embarquer, à bord de la *Belle-Poule*, *quatre flacons de créosote, substance putréfiante, qui, destinés à embaumer les restes de Napoléon, ne sont propres qu'à les anéantir*, et que le conseil n'a fait aucune réponse, — en quoi ledit conseil a eu tort.

M. Gannal se venge de ne pouvoir embaumer l'empereur en faisant son oraison funèbre.

S'il était un homme en France qui dût être à l'abri du barbarisme des *cendres* de l'empereur, — c'était sans contredit M. Gannal, — car ce qu'il avait à dire excluait entièrement cette métaphore. — Eh bien! il a demandé à *embaumer les cendres de Napoléon*.

Cela me rappelle cet homme qui avait *empaillé la barbe d'un chef sauvage.*

2. — Dans une émeute, — je ne sais plus laquelle, —

un garde national se fracassa la main en chargeant son fusil et perdit un doigt. — M. Ganneron, colonel de la légion, alla le voir et lui fit de magnifiques promesses. — Rien ne serait au-dessus de la récompense de son courage et de sa maladresse. On lui donnerait entre autres choses la croix d'honneur comme à tout le monde, etc., etc.

Le blessé, guéri, alla voir M. Ganneron et lui parla de la croix. « La croix, dit M. Ganneron, est-ce que vous tenez beaucoup à la croix ? Que diable voulez-vous faire de la croix ? — on ne la porte plus. — Moi qui vous parle, la moitié du temps je ne la mets pas ; — ne demandez donc pas la croix. »

Notre homme se rendit aux conseils de M. Ganneron, n'osant plus montrer d'empressement pour une chose dont son protecteur faisait si peu de cas.

Un mois après, M. Ganneron, simple chevalier jusqu'alors, se faisait nommer officier de la Légion d'honneur.

3. — Voici un trait qui fait du bien au cœur : lors de l'entrée du roi à Calais, quatre matelots tombèrent à la mer ; trois furent sauvés avec une audace et un sang-froid admirables par les marins d'un autre bâtiment ; un fut noyé. Les marins se cotisèrent et donnèrent à sa veuve une somme prise sur leur modique paye.

— A Tréport, les princes voulurent pêcher ; la mer était houleuse ; le patron qui commandait la barque de pêche, prévoyant qu'on ne prendrait rien, — fit jeter des poissons dans les *applets* par les sabords du bateau.

C'est avec plaisir que j'ai vu renouveler pour des princes constitutionnels — une flatterie inventée pour Marc-Antoine le triumvir.

4. — M. de Balzac avait écrit dans le dernier numéro de sa *Revue Parisienne* : « M. *Roger de Beauvoir* ne s'appelle ni *Roger* ni *de Beauvoir*.

M. de Beauvoir fut étonné de l'attaque et en rit le premier

jour. — Il voulut prier M. de Balzac, qui a pris tant de noms, de vouloir bien lui en prêter un en échange de celui qu'il lui enlevait si brusquement. — Ses amis ne sachant plus comment le désigner, il reçut plusieurs lettres dont l'adresse portait :

« A M. Roger (si j'ose m'exprimer ainsi) de Beauvoir (si M. de Balzac veut bien le permettre). »

Dans l'intimité on l'appelait *pst.*

M. de Beauvoir est un jeune écrivain fort aimé de tout le monde et peu offensif. — On ne peut attribuer le ressentiment de l'illustre romancier qu'à un enfantillage, une complainte sur l'affaire de Peytel, qui fut dans le temps prêtée à M. de Beauvoir, à tort ou à raison, et où on trouvait ces deux vers :

> Il faut éviter, hélas !
> Balzac cherchant son Calas.

Et ceux-ci :

> Gavarni toujours peignait,
> Balzac jamais ne s'peignait.

Je profite de cette occasion pour remercier M. de Balzac de ce qu'il a bien voulu m'emprunter récemment — le format, le prix, les sommaires et le mode de publication des *Guêpes*. M. de Balzac a eu la bonté d'être si sûr que je n'avais rien à lui refuser, qu'il ne m'a rien demandé. Je ferai à ce sujet ce que fit Voiture à un autre Balzac. — Celui-ci lui fit demander quatre cents écus. — Voiture les lui envoya avec un billet ainsi conçu :

« Je soussigné reconnais devoir à M. de Balzac huit cents écus pour le plaisir qu'il me fait de m'en emprunter quatre cents. »

5. — Te rappelles-tu, Léon, nos parties de balle au Luxembourg? — ce jardin où on était si libre, — où les étudiants entraient en casquette et les grisettes en bonnet? — Je

l'ai traversé hier ; — un gardien est venu à moi, et m'a dit : « Monsieur, on ne fume pas ici ! » — Pourquoi ne fume-t-on plus au Luxembourg ? — Qui est-ce qui s'est plaint, — dans ce jardin qui appartenait aux étudiants et aux grisettes ?

Je comprends qu'on ne fume pas aux Tuileries. — mais au Luxembourg !

Voici le secret : M. et madame Decazes se sont fait au Luxembourg un petit royaume indépendant. — Le jardin est leur jardin ; — le palais est leur palais. — Madame Decazes ne veut pas qu'on fume dans *son* jardin.

Pendant ce temps-là, M. Decazes, pour qu'on le laisse tranquille dans son usurpation, flatte la manie du roi en encombrant le jardin de pierres et de maçons. — Il dérange et détruit tout ; les roses de Hardy ne savent plus où se cacher.

Pauvre jardin !

6. — Je me suis souvent élevé contre la manie des voyages. — J'ai produit à ce sujet des aphorismes fort recommandables, — entre autres ceux-ci :

« On ne voyage pas pour voyager, mais pour avoir voyagé.

« Un voyage prouve moins de désir du pays où l'on va que d'ennui du pays que l'on quitte, etc. »

Je m'amusais à feuilleter un *Album* qu'a rapporté d'Italie mon ami Auguste Decamps. — Par une idée ingénieuse, il a pris une fleur ou une plante de chaque endroit qu'il a visité. Après un examen de ces plantes, je le décourageai fort en lui disant qu'il n'y en a pas une seule qui ne vienne naturellement dans mon jardin.

Ainsi, il a trouvé :

Sur le tombeau de Virgile, — du plantain.

Dans la grotte de la Sybille, — du trèfle blanc.

Au cap Mysène, — de la sauge bleue.

Aux Champs-Elysées, — des pervenches.

A Pompéia, — maison de la Félicité, — un bouton d'or.

A Pompéia, — maison des vestales, — des pois chiches.
Au temple de Vénus, — un coquelicot.
Dans l'île d'Ischia, — du persil.
Dans le palais de Néron, — à Rome, — une ortie.
Aux bains de Caracalla, — une lentille.
Au Vatican, — une staticée.
Au jardin Quirinal, — une rose.
Aux thermes de Titus, — une pâquerette, etc, etc.

7. — Mademoiselle \*\*\*, assez belle danseuse de l'Opéra, passe pour faire de fréquentes infidélités à un ami fort riche, — mais elle a pour principe qu'une femme doit toujours nier tant qu'elle n'est pas prise sur le fait.

— Et si elle est prise sur le fait? lui demandait une camarade.

— Alors il faut encore nier.

Il y a quelques jours, le protecteur arrive violet de colère.

— Cette fois, mademoiselle, lui dit-il, vous ne le nierez pas... j'ai des preuves...

— Des preuves... des preuves, — répondit sans hésiter mademoiselle \*\*\*; — des preuves... eh bien! qu'est-ce que ça prouve?

8. — Paris est livré au trouble et à l'inquiétude. — Les ouvriers de tous les états, réunis en troupes, envahissent les ateliers et assomment ceux qui veulent continuer à travailler; — trois sergents de ville ont été tués à coups de couteau.

Il y a quelques années, les ouvriers se révoltèrent aux mines d'Anzin — parce que les propriétaires, qui faisaient des fortunes colossales, diminuaient progressivement leur salaire — et avaient fini par ne plus donner que vingt-cinq sous par jour pour un travail fatigant et dangereux.

Il y a quelques années, les ouvriers de Lyon, sans ouvrage et sans pain — se révoltèrent et mirent sur leur drapeau : — *vivre en travaillant ou mourir en combattant.*

Dans ces deux circonstances, la cause des ouvriers était juste.

litiques, les places, les rangs, les honneurs, l'industrie, la fortune ; — où les gens qui ont de la noblesse, de la probité et de la force ne trouvent plus rien qui mérite leur ambition, où les gens avides et incapables peuvent tout gagner d'un coup de dé.

Et vous voulez qu'on travaille !

Vous êtes, mes bons messieurs, comme l'élève du sorcier, — il commande aux lutins de lui apporter de l'eau, — puis quand il a assez d'eau, il veut leur dire de cesser. — Mais il ignore la formule cabalistique, et les lutins apportent de l'eau, — il en a jusqu'aux genoux : il crie, il pleure, il se plaint, et les lutins apportent toujours de l'eau, — et ils en apporteront jusqu'à ce qu'il soit noyé.

9. — Le journal le *National* a trouvé dans les émeutes des ouvriers, — dans leur aveuglement, — dans leurs exigences, — dans l'assassinat des sergents de ville, une *nouvelle preuve* du bon sens des *masses* et un argument victorieux en faveur du suffrage universel. — Il a ajouté que le gouvernement devrait *faire quelque chose* à propos des ouvriers. — Le gouvernement, qui n'est pas plus fort, ne trouve rien de mieux que de les faire arrêter et emprisonner.

L'Académie a profité de l'occasion pour mettre au concours cette question pleine d'opportunité : « Tracer l'Histoire des mathématiques, de l'astronomie et de la géographie dans l'*École d'Alexandrie.*

10. — J'ai un compte à régler avec M. Desmortiers. — Voici ce que je trouve dans une brochure imprimée déjà depuis quelque temps, — sans que ledit M. Desmortiers ait répondu au reproche grave dont il est l'objet. — Je laisse parler l'auteur de la brochure.

« Le greffe me refusant communication des pièces, à moins d'une autorisation du procureur du roi, je demande cette autorisation à M. Desmortiers, qui me l'accorde le 11 février 1840 ; mais la communication doit avoir lieu sous ses yeux. Je lui dis

Aujourd'hui les travaux publics et particuliers suffisent pour occuper tous les bras — et le prix du travail est à un taux raisonnable. — Ainsi les ouvriers ameutés ne demandent pas du pain, ne demandent pas de l'ouvrage. — Les uns demandent à diminuer la journée de travail de quelques heures ; — les autres que le tarif du travail soit égal pour tous, quelle que soit la différence de force et d'habileté ; — ceux-ci ne veulent pas qu'un ouvrier puisse gagner plus que les autres en travaillant davantage. — Ceux-là s'insurgent contre les progrès de ceux d'entre eux qui, à force d'économie et d'habileté, s'élèvent graduellement à l'état de maîtres et d'entrepreneurs ; — MM. les tailleurs ne veulent pas de livrets.

Jamais le hasard ne m'a fait rencontrer un homme ayant faim sans que je lui aie donné à manger. — Jamais un ouvrier sans ouvrage n'est venu me confier sa misère sans que je l'aie aidé et soulagé ; ouvrier que je suis moi-même, vivant comme lui de mon travail de chaque jour, — j'en atteste mes voisins et les habitants de mon quartier. Je prends donc le droit de ne pas faire de la philanthropie ampoulée et de la sensibilité emphatique, et je dis franchement que je suis peu touché en cette circonstance du sort des ouvriers. — Quand les ouvriers ont de l'ouvrage, ce n'est pas chez eux que l'on trouve la misère ; — c'est dans une classe qu'on leur apprend sottement à envier et à haïr.

Voyez l'employé : à seize ans il entre surnuméraire ; il reste au moins quatre ans sans rien gagner ; — puis il obtient une place de huit cents francs — et de six cents s'il est dans l'administration des postes, c'est-à-dire trente et un sous par jour, et on exige qu'il soit mis décemment ; — et le moins bien payé des aides maçons gagne cinquante sous.

Et je ne vous parle pas du menuisier en voitures qui, à la tâche, peut gagner neuf francs par jour, — des charrons qui gagnent sept francs, — de l'étireur de ressorts qui, *à ses pièces*, peut gagner trente francs dans une journée, etc., etc.

On écrit de longs articles dans les journaux, — on prétend que *l'étranger fomente ces troubles;* on fait surtout honneur de la chose *à l'or de la Russie.* C'est aussi bête que le *Pitt* et *Cobourg* de la Révolution de 93, que le *Voltaire* et *Rousseau* de la Restauration.

Hélas! mes bons messieurs les journaux; — hélas! mes bons messieurs du gouvernement! c'est à vous qu'en est la faute, et j'ai peu de pitié de vos anxiétés et de votre embarras. — Vous, messieurs du gouvernement, pendant quinze ans, — vous n'étiez pas alors aux affaires, — vous avez crié au peuple qu'il était souverain et maître, que tout devait se faire par lui et pour lui, que tout devait être à lui, que tous ceux qui avaient quelque chose le lui volaient; vous l'avez ainsi ameuté contre le pouvoir d'alors, — il s'est battu, il a renversé le gouvernement dont vous avez pris la place; puis vous avez dit au peuple : « Peuple, tu as conquis le droit de faire ta corvée comme tout le monde! — allons, à l'ouvrage! une demi-truellée au sas, gâchis serré. »

C'est fort bien, mais, dans le partage que vous avez exécuté des choses conquises, vous avez fait des mécontents. — Ceux-là, messieurs des journaux, ont répété contre vous ce que vous aviez dit contre vos prédécesseurs; — ils ont crié au peuple qu'il était plus souverain, plus volé, plus opprimé, plus muselé que jamais; — sauf à le renvoyer à l'ouvrage quand il vous aura renversés pour les mettre à votre place.

Vous avez tour à tour prêché le dogme absurde de l'égalité, qui consiste non à s'élever jusqu'aux autres, mais à abaisser les autres jusqu'à soi.

Et puis vous vous étonnez, — vous demandez niaisement : « Que veut la classe laborieuse? »

La classe *laborieuse* veut simplement ne *pas travailler* — comme vous, — comme tout le monde.

Vous avez supprimé les maisons de jeu, — mais vous avez fait de la France un grand tripot où tout se joue, — les affaires poque tout ce que je sais, c'est que mon dossier porte le n° 25,601. Il prend la plume, écrit, et le dossier arrive. En le déposant sur son bureau, il me dit que, si je préfère une *expédition* de l'ordonnance, on me la donnera : j'accepte cette proposition, qui me convenait mieux ; alors il met le dossier de côté, et me dit d'attendre. Il me donne une audience, et me dit ensuite que ma présence le gêne. Je me retire ; et, après quelques audiences, il me rappelle ; mais c'est pour lire sous mes yeux je ne sais quel article de je ne sais quelle loi, qui lui défend de me donner l'*expédition* qu'il venait de m'offrir. Je demande au moins communication des pièces pour prendre des notes ; mais il me répond qu'il me *l'a donnée cette communication*, et je suis forcé de m'en aller. »

A une autre fois, monsieur Desmortiers. — Vous restez sous la haute surveillance de Grimalkin.

11. — Les papetiers, jusqu'ici, n'envoyaient que du papier blanc, et je leur en savais gré. — Un M. Marion envoie du papier couvert de sa prose ; — et voici un échantillon de cette prose :

« Les succès que j'ai obtenus m'ont valu l'approbation et la clientèle du monde élégant. »

Dites-moi, — honnête M. Marion, — quel est le but de cette lettre que vous envoyez dans les maisons ? — probablement d'acquérir des clients. — Or, comme vous avez déjà le *monde élégant*, — c'est donc au monde non élégant que vous vous adressez ?

Suite de la littérature de M. Marion :

« Une lettre n'en sera que plus spirituelle pour être entourée de l'esprit d'un dessin capricieux et léger ; un billet empruntera quelque chose à la coquetterie de l'ornement, et on sera presque consolé de n'avoir pas reçu une visite en trouvant chez soi une carte brillante de recherche. Une invitation à dîner paraîtra plus agréable, grâce à la forme, et chacun préjugera de l'élégance d'un bal ou d'une soirée par l'élégance du billet qui convie à s'y rendre. »

Comment, monsieur Marion, — vous, papetier, vous ne respectez pas plus que cela le papier blanc, — vous gâtez avec de l'encre vos *charmants produits*; — il est donc décidé que dans cette manie d'écrire qui s'est emparée de tout le monde on ne trouvera bientôt plus de papier blanc, même chez les papetiers.

🐝 12. — M. Michel (de Bourges) dîne à la Châtre, et boit à la réforme électorale.

🐝 13. — On ne peut se dissimuler ceci, — c'est que nous sommes en plein gâchis. — M. Thiers avait été au pouvoir à une époque où le pouvoir était comme un cheval de manége, qui tourne de lui-même, change de pied quand il en est besoin, etc.

Il a trouvé l'allure douce, — il a voulu recommencer, et le voilà en selle; — mais cette fois, le cheval est dehors. — Il a aspiré l'air, — il a gagné à la main — et il s'est emporté; — l'écuyer présomptueux, qui a perdu les étriers, se cramponne de ses petites jambes et de ses petits bras, — empoigne la selle, — la crinière, — et le cheval va franchissant les fossés et les haies jusqu'à ce qu'il trouve un mur pour se casser la tête.

M. Thiers, troublé, étourdi, — ordonne, — signe, — bouleverse. — Tout le monde le laisse faire. — Il a renversé le ministère, ou plutôt les ministères précédents, parce qu'ils n'étaient pas assez parlementaires, — et lui décide, sans assembler les Chambres, les questions les plus graves.—Il dépense des millions sans contrôle. — Deux ou trois journaux seulement, je ne dirai pas ont gardé l'indépendance, — mais ne dépendent pas de lui.

La France est sur le point d'avoir la guerre contre toute l'Europe, — et cela, peut-être, est décidé et commencé au moment où j'écris ces lignes.

M. Thiers est maître de tout. — Son vertige semble avoir gagné tout le monde. — Deux ou trois voix étouffées crient inutilement dans le désert. — M. Thiers joue la France à pile ou face, et la pièce est en l'air.

**13.** — M. Arago dîne à Tours, et boit à la réforme électorale.

**14.** — Voici une autre chose. On parle de mobiliser la garde nationale, — c'est-à-dire que d'un mot, et parce que cela lui plaît, M. Thiers va envoyer tout le monde aux frontières, — vous arracher tous à vos affaires, — à vos plaisirs, — à vos amours, — à votre liberté.

Et on trouve cela tout simple. — Et les journaux hurleurs, — qui, à d'autres époques, — ont demandé qu'on mît tel ministre en accusation parce qu'il avait dépensé quatre mille francs sans l'autorisation des Chambres; — qui ont fait tant d'éloquence ampoulée, — tant de pathos ridicule, contre l'impôt du sel, — sont muets aujourd'hui, — pour l'impôt de la liberté, — pour l'impôt du sang.

Ah! c'est là le gouvernement constitutionnel; — c'est là le ministère parlementaire! cela ne laisse pas que d'être joli.

**15.** — M. Thiers fait tenir à ses journaux un langage demi-fanfaron, demi-conciliant.

M. Chambolle continue à s'en aller en guerre et chante, chaque matin, — à la manière des chœurs d'opéras-comiques :

Allons,
Partons,
Courons,
Volons,

sans bouger d'une semelle.

Tout en faisant siffler le grand sabre de M. Chambolle, M. Thiers fait défendre la publication de certaines tabatières qu'il trouve belliqueuses. — Un monsieur a mis en vente, chez Susse, un groupe en plâtre, plus estimable par l'idée et les sentiments que par l'exécution. — Cela représentait un voltigeur de la garde nationale, — M. Chambolle, peut-être.

Ah! — à propos, — il faut que je sache si ces grands partisans de la mobilisation de la garde nationale — sont inscrits sur les contrôles — et s'ils ne mettent pas leur bravoure à l'abri de quelque infirmité vraie ou fausse.

En face de ce voltigeur — étaient quatre têtes : — un Russe, — un Anglais, — un Prussien, — un Autrichien. Le garde national croisait la baïonnette et disait : « On ne passe pas. »

Diable! — dit M. Thiers, par l'organe de M. de Rémusat, — ceci est trop fort; — M. Chambolle ayant entonné ce matin dans le *Siècle*, — le : « Amis, secondez ma vaillance, » de *Guillaume Tell*, — ce serait par trop crâne.

On permit la vente du plâtre, mais on fit supprimer les quatre têtes coalisées et l'inscription. — Il ne resta que le voltigeur croisant la baïonnette contre un verre de Bohême qui se trouvait à côté de lui, dans l'étalage.

Hier matin, cependant, — la tartine Chambolle a été faible, et l'auteur de l'ex-groupe a obtenu d'écrire au bas de son voltigeur : *Il entend quatre voix étrangères.*

On peut voir la chose, qui est assez médiocre, chez Susse, passage des Panoramas.

16. — J'ai lu une foule de journaux de toutes couleurs, français et étrangers ; j'ai lu des memorandum ; j'ai lu des traités, j'ai lu tout ce que j'ai trouvé à lire sur cette question d'Orient, devenue si grave : tout cela, pour vous éviter la même peine, — et voici le résumé de mes observations :

La France a été invitée à plusieurs reprises à se faire représenter à la conférence tenue par les quatre puissances alliées; elle a été mise au courant de tout ce qui s'est passé. M. Thiers a cru la chose peu importante, — s'est imaginé qu'on ne passerait pas outre sans lui, — et a refusé de tenir compte des avertissements qui lui étaient donnés.

Quand ensuite le traité a été signé, plutôt que d'avouer sa légèreté et son inhabileté, — il a prétendu qu'on l'avait trahi, qu'on avait insulté la France. — C'est pour sauver, non la dignité du pays, mais la vanité de M. Thiers, que nous sommes sur le point d'avoir une guerre qui détruirait, pour un temps qu'il est impossible de prévoir, le commerce, l'industrie, la fortune publique, le crédit, — et qui pourrait avoir pour résultats une situation plus grave que nous n'en avons eu depuis trente ans.

Je sais bien que les vaudevilles et les chansons prétendent qu'un Français vaut quatre Anglais, quatre Russes, quatre Prussiens, etc.; mais il y a dans tous les pays des vaudevilles et des chansons, et on chante à Londres qu'un Anglais vaut quatre Français, quatre Allemands, etc.; à Saint-Pétersbourg, qu'un Russe vaut quatre Français, quatre Anglais, etc.; partout, comme titre de gloire, on dit :

Je suis Français,

Je suis Allemand,

Je suis Anglais, etc.

Qu'un jour de bataille le soleil sorte des nuages et fasse étinceler les piques, les casques et les cuirasses ; dans les deux camps, on dira : aux Français, c'est le soleil d'Austerlitz ; — aux Anglais, c'est le soleil de Malplaquet ; — aux Suisses, c'est le soleil de Morat, etc., etc., pendant que le soleil fait tranquillement mûrir les pommes et les moissons de tout le monde.

Si le progrès de la pensée et de la raison n'est pas une chimère, on doit être revenu, en France, de ce *chauvinisme*, et admettre qu'il y a des gens fort braves dans tous les pays.

On doit admettre que le progrès de la civilisation, tant invoqué aujourd'hui, ne doit pas être — de faire revivre quelque épreuve pâlie d'une époque passée.

La puissance réelle d'un pays n'est plus aujourd'hui dans telle ou telle étendue de terrain, — mais dans l'industrie, — dans le bien-être matériel, — dans le progrès moral. Il vaut mieux avoir dix lieues de chemin de fer chez soi — que vingt lieues de landes conquises chez les autres. — Une découverte comme celle du métier Jacquard a aujourd'hui plus d'importance réelle que la plus éclatante victoire.

Je sais également qu'il y a de fort belles chansons — qui ont pour refrain et pour but d'*engraisser les sillons avec le cadavre des ennemis.*

Mais, comme chaque pays a son patriotisme et ses chansons patriotiques, — il s'ensuit naturellement que ceux que vous appelez les ennemis vous donnent le même titre et veulent également vous employer en guise d'engrais.

On ne peut admirer le patriotisme dans un pays sans au moins le tolérer dans un autre ; — et la conséquence nécessaire est qu'il faut fumer la terre avec les cadavres de tous les hommes, ce qui produirait d'excellentes moissons qu'il ne resterait personne pour récolter.

Et que sont devenues ces délimitations de pays ? — qu'est-ce que l'industrie, — la raison, — la philosophie, si elles ne réussissent pas à les effacer ?

Vous êtes habitant de la frontière ; — vous ne pouvez tracer une ligne, si ténue qu'elle soit, qui n'appartienne pour la moitié à un pays, pour l'autre moitié à un autre. Certes, vous avez plus de ressemblance, de liens d'affection et d'intérêt avec l'ennemi qui est de l'autre côté de la ligne tirée — qu'avec votre compatriote qui est à quatre cents lieues de vous.

Cependant, sur cette ligne, il y a une touffe d'herbe, — vous en aimez la moitié. — Cette moitié fait partie d'une des belles prairies de votre belle patrie ; — l'autre moitié est une terre maudite. — Il y a un caillou sur la ligne ; — vous en prendrez la moitié pour casser la tête de l'ennemi, — l'autre moitié cassera votre tête.

Mais voici ce qu'il y a de pis. — Un traité amène la concession d'une portion de territoire. Ce qui était la patrie, — ce qui du moins en faisait partie, — ne l'est plus, vous ne l'aimez plus. Il était beau de mourir pour elle, — *agios tenatos*, — il est beau, maintenant, de tuer ceux qui la défendent et de mourir en la ravageant.

Les peuples commencent à voir clair là-dedans. On ne voudra plus guère, bientôt, pour l'ambition de quelques-uns, se battre à la manière des dogues que l'on excite l'un contre l'autre, et que l'on fait s'entre-déchirer sans leur en donner d'autre raison que xsi, xsi, — mords-le, — xsi, xsi.

Pendant que M. Thiers et M. Palmerston décident que la France et l'Angleterre vont se battre, — une corvette anglaise, *Samarang*, sauve les marins du vaisseau français la *Danaïde*, le navire français l'*Espérance* recueille les matelots de la corvette anglaise *Vénus*, en danger de périr.

Des capitalistes anglais achètent et payent des actions dans le chemin de fer de Paris à Rouen.

C'est qu'on finira par voir que nous avons tous une même terre à labourer péniblement ; — que nous avons tous à lutter contre les mêmes besoins ; — qu'il y a une grande patrie qui est la terre ; que c'est une honteuse impuissance de borner l'amour de l'humanité à des limites tracées par le cadastre ; — et que l'homme a parfaitement l'air d'un méchant animal, — qui n'a imaginé l'amour de la patrie, c'est-à-dire d'une petite partie de la terre et des hommes, que pour se mettre à son aise dans sa méchanceté, et haïr tranquillement tout le reste.

C'est assez, je pense, pour la méchanceté et la vanité humaine, de lui laisser deux cas de guerre, — à savoir : — quand le territoire est menacé ou quand l'orgueil est froissé par une réelle insulte.

Et, pour revenir de la philosophie à l'application, — nous ne sommes dans aucun de ces deux cas. — La France n'a d'autre ennemi que M. Thiers, elle n'est menacée dans sa fortune que par M. Thiers, — qui, pour cacher son outrecuidance, dépense des millions, — va dépenser des hommes, — et nous jette dans une guerre inutile et dangereuse.

La France n'est insultée que par M. Thiers, qui l'a audacieusement mystifiée ; — M. Thiers, entré aux affaires par le trouble, — n'a donné lui-même pour raison de son élévation que l'alliance anglaise et le besoin d'un ministère plus parlementaire ; — et voici qu'il nous met en guerre avec l'Angleterre, — et, se déclarant dictateur, se demande à lui-même et se vote avec empressement des sommes énormes, — refusant d'assembler les Chambres et de leur soumettre aucune des questions dont dépend en ce moment peut-être le sort de la France.

🐝 Un monsieur anonyme m'écrit que je suis *une oie*, — un autre que j'ai *les pattes graissées* par M. Thiers ; — un troisième traduit *Am Rauchen* par *à M. Rauchen,* et voudrait savoir ce que c'est que ce M. Rochin.

🐝 17. — Tout porte à croire que j'irai finir ce volume en prison. L'état-major de la garde nationale m'a enfermé, en attendant mieux, dans le *dilemme* bouffon que voici :

M. Desmortiers, qui continue à ne me juger digne d'aucune indulgence, a pris la peine d'écrire lui-même au maréchal Gérard pour demander instamment mon incarcération : ce cher M. Desmortiers ne peut plus vivre comme cela, il faut que la société soit vengée.

M. Jacqueminot, pour le maréchal, accorde l'incarcération et me fait arrêter.

J'exhibe alors une promesse du maréchal de me remettre les peines que j'ai encourues, si je présente une demande signée des officiers de ma compagnie.

Les officiers de ma compagnie ne signeront ma demande qu'après que j'aurai monté une garde.

Mon sergent-major ne peut me commander que pour le 9 octobre.

Donc la promesse du maréchal renferme nécessairement un délai jusqu'au 9 octobre, jour où je pourrai avoir rempli les conditions qu'il m'impose.

Il n'est donc pas tout à fait loyal ni logique de m'arrêter le

24 septembre pour n'*avoir* pas monté une garde le 9 *octobre suivant et prochain.*

Voilà deux jours que j'essaye inutilement de faire comprendre cela à ces messieurs ; — comme je m'ennuierai moins en prison que je ne m'ennuie à causer avec eux, — je renonce à les persuader, — je refuse l'indulgence du pouvoir, — et je me conduis moi-même dans les cachots.

Je suis allé à l'état-major pour demander un ordre d'écrou, sans lequel on ne me recevrait pas en prison.

J'ai trouvé là un monsieur grisonnant qu'à son importance je suppose un employé subalterne.

— Monsieur, lui ai-je dit, — je vous apporte ma tête; — je vais aller au quai d'Austerlitz, — voulez-vous avoir la bonté de me dire combien je dois y passer de temps?

— Mais pas mal, monsieur.

— Oserai-je vous prier, monsieur, de développer un peu cette réponse concise, et de me dire à combien de jours de prison je suis condamné?

— On vous le dira *là-bas.*

— Il me serait fort utile de le savoir ici, — pour arranger mes affaires et savoir ce que je dois emporter.

— On vous le dira *là-bas.*

— Ai-je un mois?

— Soyez tranquille, vous en avez assez.

— Il n'y a donc plus d'amnistie?

— Non, monsieur, il n'y en a pas eu depuis la mort du maréchal Lobau.

— Ah! si je tuais le maréchal Gérard?

— Monsieur, *je pense* que vous plaisantez.

— Vous ne voulez pas me dire le total de *mes prisons?*

— Je ne le **dois** pas.

18. — Vendredi.
*De mon cachot.*

Le matin, j'ai invité à un déjeuner mon frère Eugène, Léon Gatayes — et quelques-uns de nos amis. J'avouerai que je ne leur ai pas trouvé une tristesse convenable. Sur l'observation que j'en ai faite, — l'un ma répondu, — nous nous consolons.

> Il faut bien pardonner un peu à la douleur ;
> Eh ! qui s'amusera, — si ce n'est le malheur !

A cinq heures, le déjeuner fini, on m'a conduit à la prison, — c'est-à-dire beaucoup plus loin que le Jardin des Plantes. — Les cruels ont voulu ajouter aux angoisses de la prison les tortures de l'exil ! — C'est un commencement de mobilisation.

Mes amis m'ont embrassé, et le geôlier m'a *bouclé* dans cette affreuse chambre chocolat et nankin dont je vous ai déjà parlé.

— Me voici donc séparé de la société, — destiné à donner un exemple à mes concitoyens.

*Discite justitiam* (le conseil de discipline) *moniti et non temnere divos* (votre sergent major).

Le jour baisse : — j'ai voulu me mettre à la fenêtre, je me suis frappé la tête contre des barreaux de fer, — je ne vois qu'un grand mur et la cime de deux arbres.

Mais voici la nuit, — de petits génies, des gnomes invisibles, viennent enlever aux choses de la terre les couleurs qu'ils leur ont prêtées pendant le jour ; ils vont les serrer au ciel, où ils remontent sur les derniers rayons du soleil qui disparaît ; ils enlèvent d'abord le bleu. — Regardez autour de vous, — vous voyez encore sur le mur cette giroflée sauvage dont les fleurs tardives sont jaunes, — et ce drapeau, dont une partie est rouge ; — mais ce qui était bleu tout à l'heure n'a plus de couleur ; — après le bleu, ils emportent le vert, — puis le rouge ; — le jaune et le blanc restent les derniers.

On nous enlève nos bougies à dix heures : — j'en ai demandé la raison à M. Richard, notre geôlier ; — il m'a répondu par cette phrase rassurante : « La maison est toute en bois et si vieille, que, si le feu prenait, je n'aurais peut-être pas le temps de vous ouvrir les portes. »

Or cette cause n'est qu'un prétexte, — et le couvre-feu une des mille taquineries infligées aux criminels, — attendu qu'on nous laisse des briquets et que l'on peut fumer toute la nuit, si l'on veut.

J'ai renouvelé une question que j'avais faite à une visite précédente, et j'ai obtenu la même réponse.

— Comment chauffe-t-on ici ?
— Avec des calorifères.
— Y fait-on du feu ?
— Non, monsieur.

Quelque froid qu'il fasse on ne fait point de feu avant le 16 octobre. Les poêles sont démontés.

Tout dans la prison affiche une énorme prétention à l'*égalité*.

L'égalité, ce rêve d'envieux réalisé par des imbéciles au profit des culs-de-jatte intrigants.

Après avoir longtemps cherché, j'ai découvert que le moyen d'arriver au plus haut degré de l'inégalité est cet absurde système d'égalité qui bouleverse tout depuis tant d'années, et je le prouve.

Pour le même crime on doit chercher non pas le même moyen de punition, mais un degré égal de punition.

Ici, pour l'égalité, les chambres sont de la même grandeur.

— On ne reçoit par jour qu'une ration de vin fixe et la même pour tous ; — on ne peut avoir de feu que le même jour et à un degré égal. — etc., etc.

J'ai, dans un *cachot* voisin, un homme qui d'ordinaire ne sort jamais de chez lui, — un autre a l'habitude et conséquemment le besoin de boire une bouteille de vin à chaque repas ; — un autre se couche à la nuit et aime dormir quatorze heures ; moi je demeure dans un jardin, — j'ai toujours vécu au grand air et à la mer, — je suis donc plus puni que le premier.

Je ne bois pas de vin, — le second est plus puni que moi.

Je dors peu — et j'aime veiller, — lire ou rêvasser la nuit ; je serais donc traité bien plus sévèrement que le troisième si je n'avais pas su éluder le couvre-feu.

Et pour cette égalité de chauffage — il faudrait que tous eussent une égale sensibilité au froid. — J'ouvre mes fenêtres aujourd'hui, et mon ami le poëte Méry mourrait littéralement de froid, lui qui à Paris sortait avec trois manteaux, et n'ose plus revenir ici par crainte et par souvenir du froid qu'il y fait.

A l'imitation de divers prisonniers célèbres, — j'ai cherché une araignée pour l'instruire ; — j'en ai trouvé une petite noire, mais elle montre peu d'aptitude.

Nous restons dix-neuf heures *bouclés*, — à midi nous pouvons circuler dans une cour et dans un *promenoir* où nous avons le droit de lire une ordonnance affichée sur les murs, laquelle porte qu'on ne nous enfermera qu'à neuf heures, — ce qui n'empêche pas qu'on nous fait remonter et qu'on nous enferme à cinq heures.

Nous ne pouvons recevoir personne dans nos chambres, — nos visiteurs ne sont admis que dans un parloir où on raccommode du linge et où on peigne des enfants. Il faut causer à l'oreille de ses amis, auxquels il n'est pas permis de pénétrer dans la cour. C'est sans doute pour les empêcher de respirer le même air que les criminels qu'on nous oblige à les recevoir dans un endroit où il n'y a pas d'air.

On m'appelle, — Vingt-trois, d'après le numéro de ma chambre.

La cantinière *porte* un violent coup sur l'œil.

— Le restaurant de la prison est un homme fort zélé pour l'institution de la garde nationale, qui croit ne pouvoir trop dépouiller de leur argent les récalcitrants. L'autorité a eu soin de lui imposer un tarif, — ce qui ne l'empêche pas de me vendre sur le pied de cinq francs la livre — la bougie, qui coûte, je crois, quarante sous. — Je garde une carte fort curieuse par le mépris du tarif. — J'en citerai seulement deux exemples :

Le tarif porte : — gigot, soixante centimes.

Ma carte : gigot, un franc cinquante centimes.

Supposez une portion double, — cela fait un franc vingt centimes.

Supposez-la triple, — ce serait un franc quatre-vingts centimes.

Il faut donc supposer, pour se mettre d'accord avec le tarif, que j'ai eu deux portions et demie.

Côtelettes sur le tarif, trente centimes.

— sur ma carte, soixante-dix centimes.

Combien ai-je eu de côtelettes ? — Il faut que j'en aie eu deux et un tiers, — etc., etc., etc.

Ceci est grave, parce qu'on est condamné au restaurant en même temps qu'à la prison.

Si un malheureux n'a pas d'argent, — on lui donne des aliments ; — mais alors on le purge pendant tout le temps de sa détention, — attendu qu'on ne lui donne que de la soupe aux herbes.

Aujourd'hui, c'est le cantinier qui est avarié ; — il a le nez excorié.

— J'ai fait venir un jeu de boules qui nous est d'une grande utilité. — Je le lègue aux prisonniers qui me succéderont. — Je les prie de le réclamer s'il ne se trouvait plus dans la cour.

🐜 19. — Madame Lafarge vient d'être, par le jury, déclarée coupable d'empoisonnement sur la personne de son mari, — avec *circonstances atténuantes*.

Si madame Lafarge est coupable, et si MM. les jurés limousins ont la conviction de la culpabilité, — où sont les *circonstances atténuantes?*

Si ce verdict est le résultat d'un doute — les jurés devaient absoudre : — dans les deux cas, ils ont manqué à leur devoir.

Je ne dirai pas ici mon opinion sur cette affaire : — quelque faible que soit son poids, je ne voudrais pas mettre ce poids, fût-ce celui d'un grain d'orge, dans un des plateaux de la balance jusqu'à ce que l'affaire soit terminée. Madame Lafarge a interjeté appel.

Toujours est-il que dans ces débats, à propos d'un crime sur lequel on n'a encore rien décidé, — il s'est révélé bien des choses sur bien des personnes, — ce qui me remet en la mémoire une grande vérité que me disait un jour un philosophe allemand, un de mes amis.

— Je divise le monde en deux classes, — me disait-il :
Ceux qui sont pendus,
Et ceux qui devraient l'être.

Je ne suis pas obligé de cacher à la science qu'elle a joué un rôle bien médiocre dans cette affaire. Et le génie, à la fois terrible et grotesque d'Hoffmann, n'aurait jamais osé inventer ce qui s'est passé pendant ces incroyables débats.

On a déterré un homme, — un cadavre déjà si décomposé qu'on n'a pu en prendre quelques morceaux qu'avec une cuiller. — Les chimistes discutaient sur les parties préférables. — Prenez un peu de foie, — un peu d'estomac, — bien ! Encore un peu de foie, — c'est bien !

Ils s'en vont dans une cour, — une cour sur laquelle s'ouvrent les fenêtres du palais de justice ; — ils font cuire ce qu'ils ont apporté, bientôt une odeur horrible se répand dans l'auditoire ; — les juges, les avocats, l'accusée, les témoins sont suffoqués. — Qu'est-ce ? c'est l'odeur de M. Lafarge qu'on fait cuire. — L'avocat général seul *ne sent rien*. — Pour un avocat général, c'est encore fade ; il faut que ce soit plus *relevé* pour frapper son odorat.

Pendant ce temps, les chimistes surveillent leur infernale

cuisine : — Est-ce assez cuit? — Non, pas encore, — encore un bouillon. — Qu'est-ce auprès de cela que les sorcières de Macbeth?

C'est fini, — ils apportent le produit de leur expérience; — ils n'ont pas trouvé d'arsenic. — Il n'y a pas de crime, donc pas de coupable. — Mais on fait venir M. Orfila, — on lui donne des morceaux de Lafarge qu'on lui a gardés. — A son tour il fait l'affreuse cuisine ; — il souffle le feu, — il fait cuire sa part du cadavre, — il rapporte de l'arsenic. — Lafarge est mort empoisonné.

Et, après de si épouvantables opérations, il reste dans la plupart des esprits la même incertitude qu'auparavant; surtout lorsque M. Raspail arrive à son tour déclarer que l'arsenic trouvé par M. Orfila n'est pas de l'arsenic, — ou que c'est de l'arsenic qu'on trouve dans tout. — Il offre d'en trouver dans un vieux fauteuil de l'audience ; — dans M. Orfila lui-même, s'il veut se soumettre à une cuisson convenable, — plus que M. Orfila n'en a trouvé dans le corps de Lafarge.

On a dû s'étonner, pendant le cours des débats, de voir tous les journaux professer unanimement l'opinion de l'innocence de madame Lafarge. On n'est pas accoutumé à leur voir un accord si touchant. Ceci est un mystère que je puis expliquer dès aujourd'hui.

Les différentes feuilles se sont cotisées, et, pour le prix de soixante-quinze francs chacune, elles ont entretenu à Tulle un seul et même sténographe, qui leur a imposé à toutes ses impressions et ses opinions, et ses façons d'entendre et ses façons de parler, etc.

— Il me reste à dire sur cette affaire deux mots à quelques messieurs :

*Aux amoureux de madame Lafarge.* — Il est fort à la mode parmi certains jeunes gens de professer une grande admiration, — que dis-je? une adoration — pour madame Lafarge. — Ce n'est qu'éloges sur son esprit, — sur sa figure, — sur sa modestie, — sur ses talents, et on finit par ces mots : — *C'est égal, c'est une femme bien supérieure.* — *Voilà une femme.*

Tout ceci, je me hâte de le dire, n'est qu'une ridicule affectation, — une jactance bouffonne, — semblable à celle de ces pauvres poëtes, amants insuffisants d'une grisette, — qui demandent dans leurs vers de brunes Andalouses et des combats de taureaux ; — pauvres diables qui cacheraient le cordon rouge de leur montre s'ils rencontraient par hasard une vieille vache qu'on mènerait à l'abattoir.

Car si on prenait ces choses au sérieux, — si on pensait que ces paroles sont l'expression d'un sentiment vrai, — il faudrai croire à toute une génération misérablement frappée de cette sorte d'impuissance qui faisait au marquis de Sade ne trouver de plaisir dans les bras d'une femme qu'autant qu'il pouvait assaisonner ses caresses de quelques coups de couteau.

Il y a un reproche qu'il faut faire à la jeunesse de ce temps-ci, — c'est de ne pas être jeune, — ou tout au moins de cacher, — comme choses honteuses, tout ce qu'elle a de jeune, c'est-à-dire de grand, de noble, de pur et d'élevé.

Malheureusement ces honteux paradoxes sont pris au sérieux par quelques-uns de ceux qui les font et par beaucoup de femmes qui les entendent faire ; — et comment feraient-elles autrement, elles ne voient d'éloges, — de fleurs — d'amour que pour des sauteuses décolletées par en haut jusqu'à la ceinture ; — et par en bas jusqu'à la ceinture ; — ceinture dont la largeur vous dit tout ce que d'elles leur amant ne partage pas avec le public.

Certes, à l'Opéra, toutes ces femmes charmantes qui remplissent les loges et qui savent bien qu'elles sont plus belles, plus distinguées que ces acrobates, — doivent se demander souvent : « Qu'ont-elles de plus que nous ? »

Ces mêmes femmes et d'autres encore, — en anges timides du foyer, — voyant tant d'éloges, tant d'admiration pour l'esprit de madame Lafarge, — ont dû se dire : « Mais il y a mille femmes qui ont cet esprit et qui en ont davantage, — qu'a-t-elle de plus que nous? »

Faut-il donc être danseuse — ou accusée d'empoisonnement pour attirer l'attention, — pour être admirée, — pour être aimée? — Ne reste-t-il donc aucune récompense pour les vertus cachées qui parfument la vie intérieure? — Faut-il donc mieux remplir le monde de bruit et de scandale, — que remplir la maison — de paix, de joie et d'amour.

20. — Les *forts détachés*, qui ont fait pousser tant de clameurs lorsqu'il fut, il y a quelques années, question de les élever, — n'éprouvent pas aujourd'hui la moindre objection — par l'adresse qu'a eue M. Thiers d'accaparer presque tous les journaux.

A ce propos, — voici un exemple qui vient à l'appui de ce que je vous ai déjà dit sur le temps qu'il faut *au public* pour changer une opinion faite, pour qu'il découvre que *son* journal s'est *donné* au ministère. Ici, dans cette prison où j'écris, — mon geôlier me disait, il y a une heure, en parlant du *Siècle* et du *Courrier Français* qu'il *prête* aux détenus : « Je ne les prends qu'au jour le jour, parce qu'on peut un de ces jours me défendre d'avoir dans une maison du gouvernement des journaux comme ça. »

A ceux qui, à propos des fortifications de Paris, disent : « Mais ce sont les forts détachés? » on répond : « Oui, mais avec une muraille d'enceinte. »

Et à ce sujet on abuse de Napoléon. — Les uns disent : « Napoléon voulait qu'on fortifiât Paris; » les autres : — « Napoléon s'est toujours montré contraire aux fortifications de Paris. »

Je ne sais pas un sujet pour lequel on ne mette un peu Napoléon en avant. — Il y avait l'autre jour dans un journal, — Napoléon disait : « L'ouvrier est la force de la France. »

Quelle que soit l'opinion qu'on ait sur ces fortifications, je comprendrais qu'on les décidât sans les Chambres, — si cela pouvait se faire en trois mois, — parce qu'alors un mois de perdu est fort grave. — Mais les quelques jours dont on retarderait le commencement d'un travail de six ou sept ans — ne sont pas une excuse suffisante pour agir sans les Chambres, auxquelles on laissera à décider sur les pétitions de Louis XVII qui se pourraient présenter.

21. — Il devait y avoir conseil dans la journée. — M. Thiers, qui comptait faire adopter au roi le projet de fortification, — en avait envoyé la mention au *Siècle*. Mais le conseil n'eut pas lieu, et le petit Martin courut retirer la note.

M. Chambolle était à sa *villa*. — M. Martinet, qui surveille chaque soir la mise en page du journal, ne voulait pas prendre sur lui de remettre la note. — Ce n'est qu'après deux heures de dialogue qu'il s'y décida.

Cette publication prématurée eût paru peu convenable au château et pouvait être fatale à M. Thiers.

Je saisis cette occasion d'apprendre à M. Martinet tout ce qu'il a eu dans les mains et tout ce qu'il a été pour la France pendant deux heures.

22. — M. Raspail, homme savant et pour lequel, sans le connaître, j'avais une prédilection particulière, vient d'écrire dans les journaux une lettre extrêmement bizarre, — on y trouve surtout deux choses.

On l'emmène à Tulle pour contrôler le rapport de M. Orfila, — et on lui demande :

— Croyez-vous que le résidu obtenu soit de l'arsenic?

Il répond :

— Madame Lafarge cherche à plaire à tous et jamais à effacer personne.

Elle est d'une force supérieure sur le piano ; douée d'un beau timbre de voix, elle chante avec une rare méthode ; elle explique et traduit Goëthe à livre ouvert; possède plusieurs langues, improvise les vers italiens avec autant de grâce et de pureté de style que les vers français.

Puis il accuse tranquillement M. Orfila d'avoir lui-même sciemment mis de l'arsenic dans le corps de M. Lafarge.

La première des deux assertions explique la seconde.

— C'est de l'enthousiasme poussé à la frénésie.

23. — Un de nos sportsman, qui a un goût particulier pour voir tomber les gens, — a imaginé ce procédé :

Il fait paraître un cheval monté par un groom de treize ans, — et défie un écuyer habile de monter l'animal ;

L'écuyer accepte le défi ; — le cheval devient furieux, oppose les plus terribles défenses — et se roule par terre avec son cavalier.

— Des pointes d'acier sont cachées dans la selle du cheval ; il n'est préservé de leur atteinte que par des obstacles qui résistent aux trente kilos que pèse le groom et qui cèdent à un poids de cent soixante livres.

POST-SCRIPTUM. — Les hostilités ont commencé en Orient. — Beyrouth a été bombardée. — M. Thiers voit qu'il faut tomber, il veut rester, en tombant, un embarras pour ses successeurs, qui, eux, désireraient qu'il tînt encore un peu. Il va proposer au roi de telles choses, qu'il faudra les lui refuser, — et qu'il paraîtra aux Chambres avec le prestige d'un ministre démissionnaire ayant quitté volontairement une position où on ne lui permettait pas de venger la dignité de la France.

— On sait comment cela prêtera à la phrase et tout le parti qu'il en pourra tirer pour harceler ses vainqueurs.

Pour le moment, le gouvernement représentatif est aboli, et M. Thiers est dictateur : dictature sous laquelle on se livre aux marchés les plus scandaleux. Beaucoup de gens, qui crient bien haut à la dignité de la France, ne voient dans la guerre qu'un prétexte à fournitures.

On vient d'apporter à Rouen le corps d'un homme empoisonné, dit-on, par sa femme. — MM. les chimistes de Rouen vont faire, à leur tour, l'horrible cuisine qu'ont faite MM. les chimistes de Tulle. — Sous prétexte d'avoir été empoisonnés, les morts vont empoisonner toute la France.

🐝 Plusieurs citoyens, — se grisant des paroles de M. Thiers, se sont exaltés en faveur de l'*enceinte continue* avec l'enthousiasme qu'ils avaient contre la même chose, quand cela s'appelait *forts détachés*. Ces citoyens ne veulent pas confier à des ouvriers mercenaires le soin d'élever les murailles qui doivent nous enfermer. Chacun, selon le vœu de ces citoyens, mettra la main au plâtre. — Ils demandent que nous allions tous construire les fortifications à la manière du ver à soie, qui fabrique lui-même la coque qui lui sert de prison. Leur seul regret est de ne pouvoir, comme lui, tirer d'eux-mêmes les pierres et le bois, — et de ne pouvoir se changer en moellons et en solives.

🐝 M. Arago dîne à Perpignan.

🐝 ÉPILOGUE. Pour cette fois, mes Guêpes, envolez-vous à travers les barreaux de ma prison.

🐝 En terminant mon douzième volume, je répète avec confiance ce que j'ai dit en commençant le premier : « Ces petits livres contiennent l'expression franche et inexorable de ma pensée sur les hommes et sur les choses en dehors de toute idée d'ambition, de toute influence de parti. »

Mon indépendance n'est pas une de ces vertus chagrines et envieuses — qui, dans leur haine contre le vice, ont toujours l'air de crier au voleur.

Ce n'est pas même une vertu, c'est une condition de mon tempérament. A une époque de ma vie, je me suis senti ambitieux parce qu'il y avait un front pour lequel je voulais des couronnes, — de petits pieds sous lesquels je voulais étendre les tapis les plus précieux, — une existence que je voulais entourer de toutes les joies, de tous les orgueils, de tous les luxes de la terre.

Mais un jour mon rêve s'est évanoui, et je suis resté seul : —

cependant je me sentais fort et courageux ; — j'ai cherché quelle route je devais suivre et où je voulais arriver, et alors j'ai vu les routes de la vie, embarrassées de ronces et d'épines, — conduisant péniblement à des buts que je ne désirais pas.

J'ai vu des luttes acharnées de toute la vie pour s'arracher des choses dont je n'avais pas besoin.

J'ai vu dans ces luttes certaines choses, qui avaient quelque grandeur et quelque prestige — entre les mains avides qui les tiraillaient, — tomber dans la boue et dans le sang, brisées en éclats — comme une glace de Venise dont on fait, en la cassant, des miroirs à deux sous.

J'ai évité ces chemins et je ne me suis pas mêlé à ces luttes, et j'ai découvert en moi que le ciel m'avait richement partagé, — car j'avais une fortune toute faite et une liberté assurée dans l'absence des désirs et dans la modération des besoins.

Ainsi aujourd'hui, — au milieu de ce tumulte, — où tous se ruent les uns sur les autres pour s'arracher l'argent et le pouvoir, et quel pouvoir ! — je ne vois rien dans le butin qu'auront les vainqueurs qui vaille à mes yeux les magnificences gratuites dont se pare l'automne ; — les courtines de pourpre qu'étend la vigne sur les murailles de mon jardin, — le bruit du vent dans les feuilles jaunies des bois, — et les rêveries, — les pensées, — douces fleurs d'hiver qui vont éclore à la chaleur du foyer rallumé.

Dans ces combats, je ne vois aucun triomphe qui flatterait mon orgueil autant que mes luttes avec la mer en colère sur la plage d'Étretat.

Ainsi, — seul aujourd'hui, — quand les poëtes eux-mêmes considèrent leur renommée comme un moyen et non comme un but, — seul je suis resté poëte, — noblement paresseux et pauvre, — libre et dédaigneux, — et j'entends le tumulte de ces temps-ci comme un homme qui, renfermé près d'un feu pétillant, entend battre sur ses vitres une pluie glacée, — j'assiste aux mêlées furieuses de l'ambition et de l'avarice, — comme si je voyais des sauvages se battre avec acharnement pour des colliers de verre et des plumes rouges, dont je ne fais aucun cas.

Les splendeurs de la nature, — les causeries de l'amitié, — les rêveries de l'amour et ces fêtes de pensée que le poëte se donne à lui-même remplissent suffisamment ma vie, — et je n'y veux admettre rien autre chose. Mon âme s'est placée dans une sphère élevée d'où je ne la laisserai pas descendre.

Il est des instants cependant où les sots font tant de bruit, qu'ils finissent par m'importuner et que je sens le besoin de leur dire qu'ils sont des sots, et de troubler leur triomphe, et je me suis creusé dans ces petits livres un trou où je puis dire une fois par mois : — « Midas, le roi Midas, a des oreilles d'âne. »

Certes un homme qui s'avise de dire aux hommes et aux choses. « Vous ne me tromperez pas, et voilà ce que vous êtes; » cet homme devait être considéré comme un ennemi public, — aussi, tout d'abord, — injures et menaces anonymes, — coups d'épée par devant, coups de couteau par derrière, on a tout essayé; — on m'a fait passer pour un homme méchant et dangereux, parce que je ne veux pas dépenser la bonté, qui est une noble et sainte chose, en menue monnaie de bonhomie et de faiblesse, — comme les femmes qui dépensent l'amour en coquetterie, qui est le billon de l'amour.

J'ai pour moi, il est vrai, les gens d'esprit, — de bon sens et de bonne foi. — Qu'est-ce? mon Dieu, — contre l'armée innombrable des imbéciles, des sots et des intrigants? — Mais j'aime mieux être vaincu avec les premiers que vainqueur avec les seconds, et je continuerai ma route, — semblable à Gédéon, qui ne voulut garder que les braves avec lui.

Novembre 1840.

Les *Guêpes.* — Un tombeau. — La justice. — Ugolin, Agamemnon, Jephté et M. Alphonse Karr. — Le nouveau ministère. — M. Soult. — M. Martin (du Nord). — M. Guizot. — M. Duchâtel. — M. Cunin-Gridaine — M. Teste. — M. Villemain. — M. Duperré. — M. Humann. — L'auteur se livre à un légitime sentiment d'orgueil. — Départ de M. Thiers — Madame Dosne. — M. Dosne. — M. Roussin. — M. de Cubières, — M. Pelet (de la Lozère). — M. Vivien. — Lettres de grâce. — M. Marrast. — M. Buloz. — M. de Rambuteau. — M. de Bondy. — M. Jaubert. — M. Lavenay. — M. de Rémusat. — M. Delavergne. — Le sergent de ville Petit. — Le garde municipal Lafontaine. — Darmès. — Mademoiselle Albertine et Fénélon. — M. Célestin Nanteuil. — M. Giraud. — M. Gouin et les falaises du Havre. — M. de Mornay. — La prison de Chartres. — Nouvel usage du poivre. — La *Marseillaise.* — La guerre. — Un réfractaire. — M. Chalander. — Les soldats de plomb. — Un bal au profit des pauvres. — Les fortifications de Paris. — Les pistolets du grand homme. — M. Mathieu de la Redorte. — M. Boilay. — M. et madame Jacques Coste. — M. et madame Léon Faucher. — M. et madame Léon Pillet. — Madame la comtesse de Flahaut. — Madame la comtesse d'Argout. — On continue à demander ce qu'est devenue la fameuse enquête sur les affaires de la Bourse. — M. Dosne se livre à de nouveaux exercices. — M. de Balzac. — Une gageure proposée au préfet de police. — M. Berlioz. — M. Barbier. — M. L. de Vailly. — M. de Vigny. — M. Armand Bertin. — M. Habeneck. — Le *Journal des Débats* porte bonheur. — Richesses des pauvres. — Subvention que je reçois. — On demande l'adresse des oreilles de M. E. Bouchereau.

Quand je voulus publier les *Guêpes,* — je chargeai un monsieur de faire imprimer mes petits volumes et de les vendre; c'est ce qu'on appelle prendre un éditeur. — Le monsieur me fit signer un papier, par lequel je m'engageais à lui laisser imprimer et vendre les *Guêpes* pendant un an; — je ne vous raconterai pas tous les ennuis que me donna ledit monsieur; toujours est-il que l'année finit, — et que j'annonçai l'intention de continuer sans lui.

Ce monsieur prétendit alors — que la promesse que j'avais

faite de lui laisser vendre mon ouvrage pendant un an — m obligeait à le lui laisser vendre pendant deux, — et il me fit un procès.

Le monsieur n'a pas, dit-on, chez lui, une chaise, — une paire de souliers, — une botte d'allumettes, qui n'ait donné lieu à un procès. On désigna des arbitres ; — et on nous fit expliquer nos prétentions. — Pour ma part, je parlai au moins pendant deux heures ; chose que je ne pardonnerai de ma vie à ceux qui me l'ont fait faire.

Le monsieur parla aussi beaucoup. Après quoi les juges arbitres décidèrent, à la majorité de deux contre un, après une longue discussion : 1° Qu'une année se composait de douze mois, en ne me cachant pas que c'était là une question embrouillée, — et que je devais me réjouir qu'elle eût été ainsi décidée ;

2° Que le titre des *Guêpes* ayant été, de l'aveu du monsieur, — imaginé, — apporté et écrit par moi, — ne m'appartenait pas plus qu'à ce monsieur, qui ne l'avait ni écrit, ni apporté, ni imaginé, et que, par conséquent, je n'avais pas le droit de m'en servir.

En quoi ils se montrèrent moins sages que Salomon ; — car ils tuèrent l'enfant, ainsi que le demandait la fausse mère.

Cette seconde décision me parut moins claire que la première, — et je leur demandai humblement si j'avais encore le droit de m'appeler Alphonse Karr ; — à quoi il me fut répondu que j'en avais encore le droit.

Je leur témoignai de mon mieux ma profonde reconnaissance, et je me retirai.

Hier notre ami B... nous a donné un remarquable dîner de condoléance ; — c'était un dîner funèbre à l'imitation des anciens, — un magnifique convoi de quatorze couverts. On a servi un tombeau de nougat, surmonté d'une énorme guêpe. — La pauvre bête ! — j'ai reconnu Padocke, — était étendue sur le dos, — les ailes froissées, — les pattes roides. — Une balance, qui fut jugée par les convives être celle de la justice, — l'écrasait de son *fléau*. On m'invita à briser le nougat, — ce que je fis en détournant la tête; — jusque-là, je n'étais semblable qu'à Agamemnon ou à Jepthé qui sacrifièrent leurs filles;—mais bientôt je dévorai ma part de l'infortunée Padocke, — et je fus comparé à Ugolin, qui mangea ses enfants pour leur conserver un père.

Du nougat en morceaux sortit le *dernier* volume des *Guêpes*. — On en lut le *dernier* chapitre à haute voix, en forme d'oraison funèbre, — et on fit de fréquentes libations avec le meilleur vin du Rhin que j'aie bu de ma vie : — « Nous *appelâmes* par trois fois les *Guêpes* et nous leur *dîmes* adieu. »

Ainsi donc mes *Guêpes* sont un ouvrage terminé par autorité de justice,—et je n'écrirai plus rien sous ce titre.—Mes *Guêpes* sont mortes, — je vous laisse le soin de leur épitaphe, seulement j'imiterai la femme de ce marchand enterré au Père-Lachaise, et je graverai sur le marbre : « LEUR PÈRE INCONSOLABLE CONTINUE LE MÊME COMMERCE RUE NEUVE-VIVIENNE, 46. »

Je commence aujourd'hui un autre ouvrage en treize volumes. — Douze de ces volumes formeront l'histoire anecdotique des sottises de l'année. — Le treizième sera un roman. — Vous trouverez le détail de tout ceci sur la couverture.

Mes amis m'ont envoyé de tous côtés des titres pour remplacer celui qui m'est interdit.

— Les Frelons.
— Les Bêtes à bon Dieu.
— *Les Guêtres.*
— Les Mois.
— Les Vers-luisants.
— Les Moustiques.
— Les Cousins.

Je n'ai choisi aucun de ces titres, et, à l'imitation de Shakspeare, qui appelle une de ses comédies — *Comme il vous plaira*,

J'ai décidé que je ne donnerais pas de titre à mes treize petits volumes.

— Je n'ai pas le droit de les appeler les *Guêpes;*

— Je ne les appelle pas les *Guêpes;* — je vous prends tous à témoin que je ne les appelle pas les *Guêpes.*

Mais vous, mes chers lecteurs, vous êtes libres de les appeler comme vous voudrez.

NOVEMBRE. — *Départ de M. Thiers.* — Vous n'êtes pas sans avoir quelque ami qui, lorsqu'il vous arrive quelque chose de funeste, — accourt d'aussi loin qu'il se trouve pour vous dire : « Je vous l'avais bien dit ! » — et, d'un air si triomphant, qu'il est évident qu'il ne voudrait, pour aucune chose au monde, que le malheur qui vous arrive ne fût pas arrivé.

J'ai beaucoup de peine à ne pas triompher un peu ici de la réalisation textuelle de mes prévisions sur le départ de M. Thiers, et sur la manière dont ce départ devait s'effectuer. — Je vous renvoie simplement, pour les détails de ce qui s'est passé ce mois-ci, — au récit que j'en ai fait d'avance le mois précédent dans le dernier volume des *Guêpes.* — M. Thiers, — dit Mirabeau-Mouche, dit Mars I$^{er}$, — sort du ministère et de la position impossible qu'il s'était laissé faire, sous prétexte d'honneur et de dignité nationale ; — c'est un thème tout fait pour les discours qu'il va débiter à la Chambre des députés.

Quatre des collègues de M. Thiers ne partageaient déjà plus son avis dans le conseil : c'étaient M. de Cubières, — M. Roussin, — M. Pelet de la Lozère et même M. Cousin.

M. Pelet de la Lozère surtout, qui est fort riche et qui offrait la plus grande responsabilité pécuniaire, ne voyait pas sans inquiétude les allures d'un président du conseil — qui venait s'asseoir à son bureau, — donnait des ordres, — prenait l'argent sans explications et mettait dans son budget une confusion effroyable.

Alors commença la distribution des croix d'honneur.

M. Jaubert, qui ne pardonnera jamais ni à M. Thiers ni à la croix — d'avoir été décoré malgré lui, — l'a donnée aux jeunes mineurs de son cabinet. — Le seul dont je sache le nom s'appelle M. Lavenay et je ne le connais pas.

M. Gouin — en a fait autant ; M. de Rémusat, entre autres, a, dans l'espace de cinq mois, nommé M. Delavergne, son secrétaire particulier, — maître des requêtes, grand officier de l'ordre de Charles III — et chevalier de la Légion d'honneur.

Le nombre des croix distribuées par M. Thiers est fabuleux. — Au 22 février, il avait nommé chevaliers de la Légion d'honneur les employés des jeux ; cette fois il a donné la croix à tous ses jeunes gens : — MM. Boilay, du *Constitutionnel ;* — un monyme du *Courrier français ;* quelques jeunes gens du Club-Jockey, qui lui apprenaient à monter à cheval, — et divers journalistes pour lesquels c'était un encouragement et une récompense pour les articles contre le roi qu'ils faisaient la veille et le lendemain du serment qu'ils prêtaient à Louis-Philippe.

M. le comte Walewski a été également décoré.

Madame Dosne a continué pendant quelque temps à tenir sa cour à la Tuilerie : c'était une imitation libre de la cour de Charles V à Bourges. — Elle avait reçu l'ordre de la modération pendant la crise ; — mais, la chose terminée, elle a repris possession de l'hôtel Saint-Georges. — Alors elle a annoncé qu'elle allait recommencer son pamphlet contre la famille royale : — et, en effet, c'était merveille, le dernier jeudi du mois, de l'entendre semer des anecdotes, — et, pour échauffer les députés arrivant, — leur réciter les articles du *National* du matin ; — contester le mérite militaire du maréchal Soult ; — expliquer comme quoi il a perdu la bataille de Toulouse, — et, à tel point, que M. de Mornay, gendre du maréchal, s'est cru obligé de se retirer.

Ce jour-là, — il y avait beaucoup d'hommes politiques ; — tous les ministres démissionnaires n'y étaient pas.

La réunion était remarquable par l'absence des femmes, — il n'y en avait qu'une demi-douzaine : madame Jacques Coste, — madame Léon Faucher, — madame Léon Pillet, — madame de Flahaut — et madame d'Argout.

🐝 On a envoyé au beau-père Dosne un avis par le télégraphe pour qu'il eût à revenir jouer à la hausse, — que ne pouvait pas manquer d'amener la retraite de son gendre, — comme il avait joué à la baisse pendant son inquiétante administration.

🐝 Une *dame* d'Auteuil faisait le tour de son salon, — comme fait la reine aux Tuileries, — adressant ou plutôt jetant un mot à chaque personne ; — elle arriva à un de ses anciens familiers, et lui dit avec son air le plus protecteur : « Et vous, monsieur, vous voilà donc fixé à Paris? » — Le monsieur, indigné, — répondit d'abord un « *Oui, madame*, » très-respectueux ; — mais, voyant qu'on ne le regardait pas, — il ajouta à demi-voix :

« Ah çà ! Sophie, — est-ce que tu te... de moi, avec tes grands airs ? »

🐝 Il est singulier de voir à combien de gens il faut appliquer ces paroles de l'Ecriture : — *Aures habent et non audient, oculos habent et non videbunt;* « ils ont des oreilles et ils n'entendront pas, ils ont des yeux et ils ne verront pas. » La plupart des gens veulent absolument prendre l'obstination que l'on met à chanter la *Marseillaise* dans les rues pour une manifestation belliqueuse du *peuple français* et pour un cri de guerre contre l'Angleterre. — Depuis que la *Marseillaise* a été pour la première fois défendue par la police, elle a entièrement changé de caractère ; — elle n'est plus qu'une taquinerie contre le gouvernement. — En effet, voyez, on allait la chanter dans les théâtres ; — le commissaire s'y opposait, sous prétexte qu'elle n'était pas sur l'affiche. « Eh ! vous n'y êtes pas non plus sur l'affiche, monsieur le commissaire, lui criait-on, — qu'est-ce que vous nous chantez? » Et on ne laissait continuer la représentation qu'après qu'on était venu chanter la *Marseillaise* avec un drapeau tricolore. — On prit le parti de l'autoriser, — cela commença à n'être plus si amusant. — Heureusement que le pouvoir, dans sa stupidité, permit l'air sans permettre les paroles : *numeros memini... si verba tenerem.* — Cette prohibition soutint un peu l'enthousiasme, qui ne tomba tout à fait que lorsqu'on eut accordé les paroles et le drapeau. Ce qui fût arrivé bien autrement vite si on avait, dès l'origine, ordonné aux théâtres de faire jouer tous les soirs la *Marseillaise* pendant cinq quarts d'heure, — avant même qu'on la demandât.

C'était permis au théâtre, il n'y avait plus de plaisir : — alors on commença à la chanter dans les rues, — où on la chantera tant qu'on aura la sottise de s'y opposer.

Je gage que le préfet de police n'a qu'à défendre demain de marcher à quatre pattes dans les rues, — il se trouvera après demain des gens qui résisteront à cette ordonnance arbitraire, et y contreviendront avec un enthousiasme impossible à décrire.

AUX CHANTEURS DE LA MARSEILLAISE. — Messieurs les chanteurs de la *Marseillaise*, — vous me paraissez, hélas! — comme les autres, — entendre bien singulièrement la liberté — la liberté que vous demandez semble toujours celle que vous enlevez aux autres. — Vous voulez la liberté de casser les lanternes, — sans penser à respecter la liberté que demandent les autres d'y voir clair. C'est au nom de la liberté que vous exigez que l'on joue la *Marseillaise* dans les théâtres. — Or, tout le monde y paye sa place également, tout le monde a des droits égaux et une égale liberté. — Si vous demandez la liberté de faire jouer la *Marseillaise*, qui est une chanson républicaine, — vous ne pouvez raisonnablement nier que les légitimistes qui peuvent se trouver dans la salle ont le droit de demander *Vive Henri IV*, — ou bien *Où peut-on être mieux qu'au sein de sa famille.* — Les bonapartistes sont aussi bien fondés qu'eux et aussi bien que vous à exiger — *T'en souviens-tu?* et les gens calmes, tranquilles, qui ne veulent pas s'occuper de politique et ont des goûts champêtres, — de quel droit trouverez-vous mauvais qu'ils fassent jouer à l'orchestre *Te souviens-tu, Marie, de notre enfance aux champs?* Et les vieillards de l'orchestre, pourquoi leur refuserait-on les chansons érotiques et les chansons à boire : — *Colin et Colinette, dedans un jardinet,* ou *Le vin, par sa douce chaleur?*

Vous comprenez que la durée de la représentation n'y suffirait pas.

Et encore, quelle est l'opinion qui doit être obéie la première ? — La liberté et l'égalité exigent que l'on exécute tous ces airs à la fois.

Ce qui ferait un joli petit charivari.

🐝 Eh! mon Dieu, je vous assure qu'il n'est personne d'entre vous sur qui la *Marseillaise* produise plus d'effet que sur moi, — et que, malgré tous mes beaux raisonnements et la mansuétude que j'ai acquise, — depuis que tant de choses me sont devenues égales, je ne suis pas encore à l'abri de l'effet de cet hymne dont les paroles, moins un seul couplet, sont au moins médiocres, — mais dont l'air est plus que beau.

🐝 Deux cents jeunes gens sont allés devant le ministère des affaires étrangères en chantant la *Marseillaise*, et en demandant la guerre à grands cris ; — ils eussent été bien embarrassés, j'imagine, si, docile à leurs vœux, le préfet de police les eût fait cerner, arrêter et incorporer dans un régiment de ligne. — Le premier qui ait été mis sous la main de la justice s'est trouvé être un conscrit réfractaire, — c'est-à-dire un homme qui s'est volontairement exposé aux peines les plus sévères pour ne pas être soldat.

Tout ceci n'est que du tapage.

🐝 S'il y a quelque chose de facile au monde, — ce serait d'aligner de grandes phrases emphatiques sur *l'opprobre de la*

*France*, sur l'*étranger*, etc., toutes choses qui, écrites dans le style le plus ampoulé des plus ampoulés mélodrames, ont tous les jours un si grand et si certain succès. — Il faudrait donc penser que, lorsqu'il se trouve par hasard un homme qui renonce volontairement à ce succès — pour soutenir une thèse contraire, il faut que cet homme soit de bien bonne foi et ait une conviction bien arrêtée.

Il y a un prêtre qu'on appelle M. de Lamennais ; — ce prêtre, tourmenté d'une insatiable vanité, désespérant d'arriver par des voies ordinaires et permises au cardinalat et au chapeau rouge, a mis le bonnet rouge sur sa tonsure, — et dans des brochures écrites d'un style lourd, pâteux et souvent inintelligible, — prêche le désordre, l'anarchie, la haine et la guerre.

Le conseil des ministres avait décidé qu'on ferait arrêter M. de Lamennais, — M. Vivien, seul, ou n'a pas osé ou n'a pas voulu signer l'ordre.

On assure, — mais je n'ai pas à ce sujet des renseignements assez positifs pour l'affirmer, que M. Desmortiers, lui, qui est toujours prêt à arrêter, — ne demandait qu'un *bout d'ordre* par écrit.

Sous l'inspiration de M. Thiers, — M. Vivien, garde des sceaux, a présenté à la signature du roi des lettres de grâce et de commutation pour les sieurs tels et tels.

Les grâciés se sont trouvés ensuite n'être autres que les chefs d'émeutes de la coalition des ouvriers. Cela était convenu avec les journaux de la gauche, sous la tutelle desquels s'était placé M. Thiers.

De cette manière, si la nouvelle position que va prendre M. Thiers à la Chambre amène au moins quelques troubles, l'émeute aura tous ses soldats.

Aux observations qu'on lui a faites à ce sujet, M. Thiers s'est contenté de répondre :

— Je l'avais promis à Chambolle, — et un peu aussi à M. Marrast.

**LA CRISE. — LE NOUVEAU MINISTÈRE.** — Depuis dix ans, une trentaine d'hommes, dont quatre ou cinq seulement sont recommandables par de grands talents, se sont disputé et arraché le pouvoir. — Chacun d'eux a une vingtaine d'affidés qui partagent ses chances ; — ce qui fait en tout à peu près six cents hommes pour lesquels et par lesquels tout se fait en France. Huit seulement de ces trente hommes peuvent être au pouvoir à la fois ; — pendant le temps qu'ils y restent on les appelle *gouvernement antinational,* — *vendu à l'étranger,* — *tyrans,* — *oppresseurs,* — *corruption ;* — je passe les menues injures. — Les vingt-deux qui sont hors des affaires, s'intitulent eux-mêmes — *grands citoyens,* — *amis du peuple,* — *espoir de la patrie,* — *vertu et désintéressement,* — *le pays,* et crient contre des abus auxquels en réalité ils ne trouvent d'autre mal que le chagrin qu'ils ont de ne pas les commettre eux-mêmes. — Les huit qui sont au pouvoir se gorgent, eux et leur bande, — jusqu'au moment où ils tombent comme des sangsues soûles ; — huit autres prennent leur place. — Les huit arrivants héritent en même temps des dénominations susdites de *gouvernement antinational,* — *vendu à l'étranger,* — de *tyrans,* — d'*oppresseurs,* — de *corruption.* — Les huit déplacés rentrent dans la classe des *grands citoyens,* — des *amis du peuple,* — des *espoirs de la patrie,* — des *vertus et désintéressements,* et redeviennent *le pays.*

Pour arriver aux affaires ou pour s'y maintenir, — rien ne leur coûte : — l'agitation, l'inquiétude, — la ruine de la France, ne sont pour eux que des moyens. — Leur politique ressemble à celle du sauvage qui abat un cocotier par le pied pour cueillir un seul fruit qui lui fait envie ;

A celle du *naufrageur* des côtes de l'Armorique, — qui, par des fanaux trompeurs, attire sur les récifs — un vaisseau chargé d'or, — qui y périra avec ses richesses — et ses passagers, — pour que de ses débris le naufrageur retire une ou deux planches pour réparer le toit de sa cabane.

Ils sont semblables à un homme qui mettrait le feu à la maison de son voisin—pour se faire cuire à lui-même un œuf à la coque.

🐝 J'avouerai aussi que je ressens d'ordinaire un enthousiasme fort modéré à l'avénement d'un nouveau ministère, quand je songe que, vu le cercle d'une trentaine d'hommes dans lequel on prend toujours les ministres, — chacun des arrivants a déjà au moins une fois été rejeté comme incapable ou pis que cela.

Ainsi, dans le nouveau ministère, composé de MM. *Soult, Martin (du Nord), Guizot, Duchâtel, Cunin-Gridaine, Teste, Villemain, Duperré, Humann,* M. Soult a été antérieurement ministre trois fois, — M. Guizot, trois fois, — M. Duchâtel, deux fois, — etc., etc. ; — c'est-à-dire qu'ils ont été deux fois, — trois fois renversés sous les accusations les plus graves.

🐝 Pendant ce temps, le peuple, sous prétexte d'émancipation et d'instruction, — est devenu l'esclave obéissant des différents carrés de papier qui se publient sous le titre de journaux. — Le peuple s'agite, est mécontent, — malheureux, — sent de nouveaux besoins et perd d'anciennes ressources ; — tout le monde l'égare — et le trompe, — et à force d'excitations,

Le peuple le *plus gai* et le *plus poli* de la terre n'est pas bien loin d'en devenir le plus misérable et le plus sauvage.

Dans l'espace d'un mois, — deux cents hommes ont assassiné le sergent de ville Petit. — Darmès a tiré un fusil chargé à mitraille sur un vieux roi, et sur sa femme et sa sœur. — Un ancien soldat, Lafontaine, s'avançant seul, sans armes, avec des paroles de paix, au-devant d'une foule furieuse, a été lâchement frappé par derrière d'un coup de couteau.

🐝 La forêt de Bondy ne sert plus d'asile au moindre brigand ; la forêt Noire elle-même n'est plus fréquentée que par d'honnêtes charbonniers et de plus honnêtes fabricants de kirschenwasser, qui s'occupent à cueillir des merises sauvages. Le passage le plus périlleux que l'on connaisse aujourd'hui est le trajet des Tuileries à la Chambre des députés.

Le nouveau cabinet se compose de débris des divers cabinets précédents. — Ses partisans l'appellent — *ministère de réconciliation*. — Ses adversaires, — *ministère de l'étranger*. — Ceci est le cri de ralliement.

Le parti conservateur considère le nouveau ministère comme une des dernières cartes qui lui restent à jouer contre une révolution anarchique.

Le parti, dit du progrès, concentre ses forces et annonce qu'il ne soutiendra plus un ministère qui ne sortira pas de ses rangs. — On prend du champ et on se prépare à une grande bataille.

Il y a à l'Opéra une demoiselle *Albertine* dont j'ai déjà eu occasion de parler; — on la désigne dans les coulisses sous le nom de Fénelon — à cause qu'elle s'est chargée de l'éducation des princes.

M. Gouin — qui était ministre, il y a quelques jours, — en voyant les falaises du Havre, s'est écrié : « Que d'argent il a fallu pour exécuter de tels travaux ! »

A propos des fortifications de Paris qui ne peuvent être terminées avant six ou huit ans, — on rappelle ce seigneur avare qui, apprenant que ses pages manquaient de chemises, — se sentit touché de compassion. « Vraiment, — dit-il, — ces pauvres enfants ! — Il fit venir son jardinier et lui ordonna de semer du chanvre. — Quelques-uns des pages ne purent dissimuler un sourire. « Les petits coquins ! s'écria le seigneur, ils sont bien contents, — ils vont avoir des chemises. »

M. Thiers prend tous les jours des leçons de tactique avec le colonel Chalander. — Il paraît que le ministère du 1er mars, — qu'on avait appelé *Mars Ier*, se prépare à commander un jour nos armées. — Les petits soldats de plomb sont hors de prix.

Lors de l'ambassade de Perse, — M. de Sercey, près d'arriver, s'aperçut qu'il n'avait aucun présent à offrir au shah. — Comme il parlait de son embarras à ce sujet à un de ses se-

crétaires d'ambassade, — il avisa sur une table une paire de vieux pistolets montés en argent. « Qu'est-ce ceci? demanda-t-il.
— Rien autre chose, — répondit le secrétaire, que de vieux pistolets à moi.

— Mais, — c'est que voilà mon affaire, — donnez-les-moi.
— Volontiers.
— C'est bien! »

Arrivé, M. de Sercey offrit au shah différentes bagatelles qu'il trouva à acheter, — et fit savoir indirectement aux officiers — qu'il y avait encore un présent ; — mais un vrai présent, — quelque chose d'une valeur inappréciable, qu'on se déciderait peut-être à donner, quoiqu'on y tînt beaucoup : — des pistolets ayant appartenu à l'empereur Napoléon! — Ah! si M. de Sercey voulait les donner au shah... mais ce sera difficile ; — cependant, il ne faut pas se désespérer. — Qui sait si l'ambassadeur ne se laissera pas toucher par de bons procédés ? — Enfin, après de longs pourparlers, — de nombreuses hésitations, — de provoquantes coquetteries, — on a fini par donner au shah les pistolets du grand homme.

On faisait, devant M. de Balzac, un éloge mérité d'un de ses ouvrages : « Ah! mon ami, — dit le romancier à l'un des interlocuteurs, vous êtes bien heureux de n'en être pas l'auteur !

— Et pourquoi cela ?
— Parce que vous pouvez dire tout le bien que vous en pensez, — tandis que moi — je n'ose pas. »

On a remarqué que, dans le conseil des ministres, — c'étaient le ministre de la guerre et le ministre de la marine qui se prononçaient pour la paix, tandis que le ministre du commerce demandait la guerre, qui tue le commerce ; — le ministre des travaux publics demandait la guerre, qui interrompt les travaux ; — le ministre des relations extérieures demandait la guerre qui détruit toutes relations.

On assure que le roi a dit : — « Ah! on prétend que je veux la paix à tout prix ; — eh bien! qu'on touche seulement à Strasbourg! »

Voici l'hiver : — les cerisiers abandonnent leurs feuilles jaunes au vent qui a déjà dépouillé les tilleuls ; — le sorbier, bientôt, va seul garder ses ombelles de fruits rouges comme des grains de corail. — Dans une petite ville de la Creuse, — les *dames* du pays s'occupent déjà d'organiser un bal au profit des pauvres ; — les *patronesses* ont pensé à un costume qui les fît reconnaître. — On est facilement tombé d'accord d'un nœud de ruban tombant sur l'épaule ; — mais ce qui n'est pas facile de décider, — c'est la couleur de ce ruban. — La politique s'est glissée dans la question.

On ne peut adopter une couleur agréable à un parti sans exclure les autres de la fête, sans les mettre à la porte de la philanthropie. Le rouge est un symbole républicain. Le vert, le blanc appartiennent à l'opinion légitimiste, le violet est bonapartiste, le jaune est ridicule. On se rappelle les couplets qui se chantaient en 1815, et sur la mesure desquels on cassait les glaces du café de la Paix, du café Lemblin et du café Valois.

On entonnait sur l'air de la *Carmagnole :*

>Que ferons-nous des trois couleurs?
>Le bleu c'est la candeur,
>Le rouge, la valeur,
>Le blanc c'est la bêtise,
>C'est la devise
>Des Bourbons.

Les gardes du corps répondaient :

>Que ferons-nous des trois couleurs?
>Le rouge c'est le sang,
>Le bleu c'est les brigands,
>Le blanc c'est l'innocence,
>C'est la devise
>Des Bourbons.

Puis on prenait en chœur les tabourets, et on se fêlait la tête.

On a pensé un moment que le lilas pourrait réunir toutes les opinions et éluder la difficulté; mais plusieurs d'entre les dames patronesses ont trouvé dans leur teint des raisons suffisantes pour refuser formellement de mettre du lilas.

On a donc forcément abandonné le lilas pour passer au rose, et le rose a eu un moment du succès; mais deux des plus belles et des plus spirituelles d'entre les dames patronesses ont déclaré que les rubans roses sur une robe blanche étaient du dernier commun; que rien n'est si laid que le commun, et qu'elles ne pousseront pas la philanthropie au point d'être laides au bénéfice des pauvres. — Tout porte à croire que le bal n'aura pas lieu.

Il y a des personnes qui prétendent que ces bals au profit des pauvres devraient être appelés : *des pauvres au profit d'un bal ;* — mais, quelque forme que prenne la charité, — il faut la bien accueillir et ne la point décourager.

※ Un homme qui parle de tout et n'a qu'un chagrin, qui est de ne pouvoir parler que de cela, — a quelquefois le malheur de mettre quelque confusion dans ce qu'il dit : — en annonçant le nouveau ministère, — il donnait les portefeuilles de la justice et du commerce à MM. *Martin Gridaine* et *Cunin* (du Nord).

※ Dans le programme encore secret de la fête des *cendres,* — il est question de faire paraître tout à coup un homme à cheval dans le costume de l'empereur Napoléon; — cet homme, après être resté quelque temps en vue, — partira ventre à terre et disparaîtra.

Quelques personnes ont fait remarquer avec raison qu'à une époque comme la nôtre, il fallait être bien sûr de l'homme auquel serait confié ce rôle important. — Il est à craindre qu'il ne prenne son rôle au sérieux et se proclame empereur des Français. — Pour moi, je ne m'y fierais pas.

Je me suis plaint, dans un volume de *Guêpes*, d'un portrait qu'on a fait de moi et dont le seul aspect aurait pu m'exposer aux poursuites du parquet. — Voici l'histoire de ce portrait :

Il y a deux ans, — je crois, — M. Célestin Nanteuil fut envoyé chez moi pour je ne sais quelle galerie ou musée ; je n'étais pas chez moi. Il m'attendit ; une autre personne m'attendait également : tous deux trouvèrent un bon feu et des cigares. — Au troisième cigare, M. de Nanteuil toussa et dit :

— Il est onze heures et demie.

— Onze heures trente-cinq, dit l'étranger.

— Il n'arrive pas, dit M. de Nanteuil.

— Il n'arrive pas, dit l'étranger.

— Monsieur est homme de lettres?

— Non, monsieur, et vous?

— Je suis peintre, et je m'appelle Célestin Nanteuil.

— Ah ! monsieur, j'ai vu de vous de fort jolies choses.

— J'en ai peut-être vu de vous aussi, monsieur.

— Monsieur, veuillez me donner du feu, mon cigare est éteint.

— Monsieur, très-volontiers.

— Je viens, dit M. de Nanteuil, pour faire le portrait de Karr.

— Il est fâcheux qu'il ne soit pas là.

— Euh ! pas très-fâcheux ! — Je l'ai vu plusieurs fois, et je le ferais, à la rigueur, de mémoire. — Il n'y a qu'une seule chose qui m'embarrasse ; je ne sais pas s'il a les cheveux longs ou courts.

— Très-courts.

— Très-bien ! — Ah ! voici sa robe de chambre, probablement.

Et M. de Nanteuil avise une sorte de froc en velours noir.

— Je vais toujours dessiner la robe de chambre.

La robe de chambre fut mise sur une chaise, — mais elle était vide, et les plis tombaient mal.

— Cela n'ira jamais. — Mon Dieu, monsieur, si j'osais...

— Osez, monsieur.

— Il s'agirait de rendre à moi et au maître du logis un petit service.

— J'aime beaucoup le maître du logis, et je serais enchanté d'être agréable à un homme de talent comme vous.

— Veuillez donc mettre cette robe de chambre pour que les plis fassent mieux.

— Très-bien, cela va à ravir ; — voilà qui est presque fini. Il me semble que vous avez les cheveux à peu près de la couleur des siens.

— Les siens sont moins bruns.

— C'est égal, je puis toujours faire les cheveux.

— Voici les cheveux. — De quelle couleur a-t-il les yeux?

— Je ne sais trop, bleus ou verts.

— Ah diable! les vôtres sont noirs ; — mais qu'est-ce que cela fait!

— Ah!

— N'a-t-il pas les moustaches un peu longues?

— Oui.

— Ma foi, ceci doit être ressemblant.

— A qui?

— A lui.

— Comment, à lui! c'est moi qui ai posé.

— C'est moins étonnant que si on n'avait pas posé du tout. — Attendez-vous encore ?

— Oui, et vous?

— Moi, non ; mon portrait est fini. Obligez-moi de dire à M Karr que je l'ai attendu.

— Il sera désolé.

— Un peu de feu, s'il vous plaît. — J'ai l'honneur de vous saluer.

— Monsieur, votre serviteur.

C'est ce qui a donné l'idée au libraire d'en faire faire un autre. Je ne vous dirai pas toutes les opinions diverses de mes amis au sujet de ce portrait de Giraud, — qui est un excellent dessin. — Les uns me disent :

« Tu n'es pas flatté.

Les autres : — « Tu es bien plus laid que cela. »

— Ah ! mon ami, vous étiez bien mieux ce jour où, sur la falaise d'Etretat, — assis près de moi sur la mousse...

— Je le crois bien, — madame, — mais je ne posais pas, ce jour-là, — et un portrait est toujours le portrait d'un homme qui pose.

M. Raspail a fait de belles choses ! — Sa lettre bizarre, dans laquelle il accuse M. Orfila d'avoir lui-même empoisonné sinon M. Lafarge, du moins son cadavre, demandait une réponse. — M. Orfila répond par un cours contre madame Lafarge. — Chaque jour, publiquement, — il fait bouillir des chiens, — les uns empoisonnés, les autres étranglés, et il se livre à de longues séries d'expériences servant de *preuve* à celles qu'il a faites à Tulle. Depuis un mois, plus de quinze cents chiens innocents ont été victimes de la discussion qui s'est élevée entre ces deux messieurs.

On m'écrit de Chartres pour me prier de détacher une *guêpe* sur la prison de la ville.

Voir le commencement du présent volume où il est expliqué que les pauvres *guêpes* sont *in partibus infidelium*.

Ce n'est pas seulement à Chartres qu'existe l'abus dont on se plaint, c'est-à-dire un accroissement de peine qui ne se trouve dans aucun code ni dans le texte d'aucun jugement. — Les prisonniers et même les prévenus sont privés de tabac à priser et à fumer. Cette privation est si pénible pour beaucoup d'entre eux, qu'ils prisent du poivre qu'on laisse entrer sans obstacle.

On dit avec raison que, sous le gouvernement des hommes, ce sont les femmes qui gouvernent : — et que, sous le pouvoir des femmes, on est gouverné par des hommes. — En effet, si le ministère du 15 avril représentait mademoiselle Plessis, du Théâtre-Français, — celui du 1er mars est le règne de madame Dosne et de mademoiselle Fitzjames de l'Opéra ; — avec le nouveau cabinet, mademoiselle Rachel rentre aux affaires.

Le métier de roi ne vaut plus rien : — le roi de Hollande a fait sa liquidation, — la royauté d'Espagne a fait faillite. — M. Mathieu de la Redorte, ambassadeur en Espagne, vient de donner au ministère la démission qu'il avait reçue des événements.

Le nouveau gouvernement espagnol a imaginé de tirer un parti avantageux des diverses croix, — ordres, — cordons, — toisons, etc., que le gouvernement de la reine Christine avait un peu prodigués. — On envoie à tous les dignitaires une petite note acquittée, — avec prière de la payer dans le plus bref délai, sous peine d'être dégradés.

Cette manière de distribuer des honneurs ressemble parfaitement à l'industrie des marchandes de bouquets du boulevard de Gand, qui jettent un bouquet dans votre voiture — ou le glissent dans votre gilet, et, à quelques pas de là, vont en demander le prix.

On a renoncé, — comme je l'ai fait remarquer plusieurs fois, — à appliquer la peine de mort aux malheureux que l'étourderie ou des folies de jeunesse ont poussé à empoisonner leurs parents.

Mais il est une chose qui devait échapper aux égards de la justice comme à la faveur royale, — une chose pour laquelle, loin d'abaisser la pénalité, on l'a encore aggravée.

Je veux parler de la mauvaise habitude qu'ont certaines personnes de secouer les tapis par les fenêtres; j'ai déjà dit avec quelle sévérité et quelle sollicitude on poursuit ce genre de délit.

Il serait à désirer que les citoyens voulussent bien se conformer aux ordonnances relatives à cette défense, et donner un peu de loisir à l'administration, qui, depuis bien longtemps, n'a pu s'occuper que des tapis, et semble négliger une foule de soins importants.

M. Sébastiani a été nommé maréchal de France le 21 octobre, c'est-à-dire le jour anniversaire d'un jour où il se laisse surprendre par les Cosaques et enlever cent voitures de bagages et cent prisonniers, — le 21 octobre 1812.

Les jeunes journaux rendent la vie bien amère à leurs anciens sur lesquels ils ont l'avantage de n'avoir pas d'antécédents. — Ils fouillent dans leurs vieilles années et en exhument des palinodies presque incroyables. Je ne connais rien de plus complet en ce genre que deux numéros de la *Gazette de France*, publiés le 20 et le 21 mars 1815, dans l'espace de vingt-quatre heures.

### GAZETTE DE FRANCE.
*Lundi* 20 *mars* 1815.

FRANCE.

M. le prince de la Trémouille est entré hier au soir, à huit heures et demie, dans nos murs. Ce prince a été salué par le cri national de : *Vive le roi !* devenu le *cri de ralliement* pour tout ce qui *porte un cœur français*.

On attend demain le duc de Bourbon. La vue de ce prince nous rappellera *quel est l'homme qui voudrait envahir l'héritage du bon Henri*, et NOUS *serons glorieux de marcher*, s'il le faut, sous les ordres d'un descendant du grand Condé.

— Les 16, 17 et 18, les troupes de toutes armes, destinées à *marcher contre l'ennemi*, sont sorties.

*Bonaparte*, qui est parti d'Autun le 16, continue à répandre sur sa route le *mensonge*, la *corruption*, l'*appel au parjure* et la calomnie.

Mais l'opinion le *repousse avec horreur* : la France ne voit en lui que la guerre civile et la guerre étrangère, qu'il traîne à sa suite ; *elle se rallie tout entière au seul nom de ce roi qui lui a apporté la paix et la liberté*. Elle unit son amour aux respects de l'Europe pour son auguste monarque ! *elle combattra, elle vaincra*, et pour elle et pour lui.

### GAZETTE DE FRANCE,
*Mardi* 21 *mars* 1815.

EMPIRE FRANÇAIS.

Aujourd'hui, entre huit et neuf heures du matin, l'*empereur*, dont la marche a été retardée par l'*affluence immense du peuple* accouru de toutes parts sur sa route, est descendu aux Tuileries. Il n'y a pas d'*expressions* pour rendre l'*enthousiasme* et les *acclamations des citoyens de Paris* rassemblés dans les Tuileries, sur le Carrousel et dans tous les environs.

· Le peuple a partagé tous les nobles sentiments des soldats.

Napoléon a débarqué avec une poignée d'hommes, il est vrai ; mais à chaque pas, il a trouvé des *amis fidèles* et des *légions dévouées*. Il lui a suffi de se présenter devant elles pour être à l'instant même reconnu et salué comme *leur empereur et leur père*, il lui a suffi de se présenter devant le peuple pour réveiller partout le *profond sentiment* de la *gloire nationale*.

Hier encore on nous disait que l'*empereur Napoléon* traînait à peine quelques hommes à sa suite ; que la désertion régnait dans ses troupes, accablées de fatigues et exposées à tous les besoins. *Il faut plaindre ceux* qui ont pu recourir à un pareil système de déception.

*Le temps n'est plus* où des agitateurs pouvaient compter sur la facilité du peuple français pour le séduire, l'entraîner *dans les plus affreux égarements,* et l'employer lui-même à opérer son propre malheur.

*L'armée, toujours fidèle à l'honneur, à son prince, à la patrie, ne servira point l'ambition de ses plus cruels ennemis! Elle servira jusqu'à la mort* son souverain légitime.

Partout les légions et le peuple réunis lui ont ouvert les portes des villes; offert leurs bras et leur courage. Oui, le mouvement qui vient d'éclater fait renaître les beaux jours où *l'armée et le peuple confondaient leur enthousiasme pour la liberté.*

Ceux qui ont voulu faire *marcher* nos soldats contre l'empereur ne connaissaient pas l'ascendant de la gloire sur les *cœurs français.*

Vous revoyez dans Napoléon celui qui, conduisant toujours phalanges à la victoire, éleva au plus haut degré la gloire des *armées* et du *nom français.*

M. BERLIOZ ET LE FESTIVAL. — Je ne crois pas que jamais un homme ait eu à subir autant de contre-temps que M. Berlioz ; — à son début, cependant, il fut soutenu par deux classes de gens : par de jeunes artistes qui voudraient voir détruire les règles pour n'avoir pas à les apprendre, — et par quelques journaux — ennemis de tout ce qui a forme ou figure de loi; celles de l'harmonie comme celles du code ; comme celles du bon sens; — comme celles du savoir-vivre ; — c'est ce qu'ils se plaisent à appeler leur indépendance.

Après des difficultés inouïes, surmontées avec courage, noblesse et persévérance, — M. Berlioz trouva MM. Léon de Wailly et Barbier, qui lui firent un opéra ; — cet opéra, écrit par des hommes d'un talent réel, — avait, même pour nous, qui n'aimons pas la musique de M. Berlioz, d'incontestables qualités.

On promena M. Berlioz de l'Opéra à l'Opéra-Comique; on lui fit réduire sa pièce de trois actes en un, après quoi on la trouva trop courte. — On obtint de M. Armand Bertin, du *Journal des Débats,* qu'il consentirait à entendre quelques airs. M. *Armand Bertin,* gros homme assez commun, hocha la tête, — et M. Berlioz perdit tout espoir d'être jamais représenté.

Mais lors de *Quasimodo,* opéra de la fille du *Journal des Débats,* on eut un peu besoin de M. Berlioz, et on l'attacha au journal. De ce jour, toute sa destinée changea, tous les bonheurs lui tombèrent sur la tête comme des tuiles. — Un nouveau collaborateur, un des noms les plus illustres de la littérature, M. Alfred de Vigny, vint jeter encore quelques perles dans le poëme (les *Ciseleurs*), et l'opéra fut joué.

Mais ce serait peu pour un protégé par le *Journal des Débats*.
— Il n'est pas jusqu'aux deuils publics qui ne soient pour M. Berlioz un sujet de joie et une source de gloire. — Le duc de Trévise est tué par la machine de Fieschi. — On demande une messe à M. Berlioz ; — on ne joue pas sa messe, on indemnise M. Berlioz.

— Sois tranquille, ô mon fils ! disait le *Journal des Débats* ; — attends avec patience la première calamité, elle est à toi, je te la donne d'avance.

Et M. Berlioz regardait mourir les illustrations, attendant qu'il s'en trouvât une digne de sa messe.

— Faut-il entonner ? disait-il à chaque mort.
— Pas encore.

Enfin le général Danrémont fut tué devant Constantine, — et le *Journal des Débats* dit à M. Berlioz : « Prends ta harpe, mon fils, et chante-nous un peu ta *messe*. »

M. Berlioz a chanté, — et il a été décoré ; — puis on l'a chargé de l'hymne de l'anniversaire des journées de Juillet. — Il a plu à M. Berlioz de donner un *festival* dans la salle de l'Opéra, et la salle de l'Opéra lui a été confiée ; — il lui a plu de conduire l'orchestre, — et Habeneck lui a cédé son bâton de commandement.

Cependant ici a failli reparaître l'ancien guignon de M. Berlioz : les musiciens de l'orchestre ont refusé de jouer sa musique, et ont écrit au ministre de l'intérieur pour demander à aller ce jour-là travailler aux fortifications de Paris. — Aux répétitions, les cors se sont mis à jouer dans un autre ton que le reste des instruments ; — la trompette à clef, au lieu de compter les *pauses*, a joué : *Au clair de la lune, mon ami Pierrot* ; — les cordes des basses, coupées à moitié, ont éclaté au milieu d'une mesure avec un horrible bruit; — derrière les pupitres se sont fait entendre des cris de divers animaux avec des explications bouffonnes : — COCORICO, *le coq, armes de France;* — MIAOU, *la chatte amoureuse ;* — OUAP, OUAP, *le petit chien qu'on lui marche sur la patte,* etc., etc. — On se rappelait qu'à un concert donné, il y a quelques années, par M. Berlioz, au Théâtre-Italien, — les musiciens avaient été engagés jusqu'à minuit; — au milieu d'un morceau, l'un d'eux tira sa montre, avertit ses camarades qu'il était minuit, et, sans achever la mesure, tous éteignirent leurs bougies, serrèrent leurs instruments et quittèrent le théâtre.

Pour cette fois, cependant, les choses se sont arrangées et la représentation a passablement marché.

Pendant un entr'acte du *festival,* — M. Bergeron est entré dans une loge voisine de celle où était M. de Girardin avec sa femme, — l'a brusquement frappé au visage et a disparu en criant : « *C'est moi Bergeron!* » M. de Girardin s'est élancé à sa poursuite et a été, — je ne sais pourquoi, — retenu par ses amis. Quelques raisons qu'ait à donner M. Bergeron, il n'y en a aucune qui justifie un tel acte de violence en présence d'une femme.

Quelques personnes et quelques journaux ont approuvé l'action de M. Bergeron : — je dirai à mon tour que, si M. de Girardin avait en ce moment, d'un coup de pistolet, cassé la tête de M. Bergeron, — il aurait été fort difficile de le blâmer; je suis sûr que M. Bergeron, lui-même, est de mon avis. — Seulement, je n'aime pas beaucoup l'intervention du parquet dans une semblable affaire.

Il y a un marchand d'objets de curiosité, — nommé Capet, — rue Notre-Dame-des-Victoires, 42 ; — c'est une des nombreuses souricières où je suis attiré quelquefois par mon amour des sculptures de bois. — C'est chez lui que Darmès a acheté sa carabine; — en la marchandant, — il la retourna longtemps dans ses mains, — et dit : « Je ne sais pas trop ce que je ferai de cela. — Ah !... ça pourra toujours me servir pour tuer un bédouin. »

🌺 Je l'ai dit souvent, — les Parisiens, — si prompts à protester contre la tyrannie des rois, — subissent de la meilleure grâce celle des cochers de fiacre ; — d'autre part, les agents de l'autorité ne pensent qu'aux émeutes, complots, attentats, etc., et ne donnent aucun soin à la sûreté et aux droits des citoyens. — Le 6 novembre, — je prends à l'heure un petit fiacre à un cheval ; — pendant que je déjeune, je le prête à un ami pour faire une course ; — le cocher refuse de marcher ; — je le conduis chez un commissaire situé rue de *Grammont*, n° 9.

Le commissaire pérore ; — le cocher raconte des histoires. — Je fais observer à ces deux messieurs que c'est *à l'heure* que j'écoute leurs harangues. Le commissaire donne tort au cocher, — mais ne prend aucune note contre lui. — Le cocher est donc récompensé de sa mauvaise foi par une demi-heure que j'ai à lui payer en sus pour la course chez le commissaire, le séjour — et le retour.

Je le quitte, — je veux le payer au tarif ; — trente-cinq sous l'heure.

— Nullement, c'est quarante-cinq sous !

— Pourquoi ?

— Parce que j'ai un numéro rouge.

— Mais votre voiture est détestable, il y pleut par vos glaces brisées, — votre cheval ne marche pas.

— J'ai un numéro rouge.

Le commissaire m'écoute — et me dit :

— *Il a un numéro rouge.*

C'est fort agréable d'être conduit par un numéro rouge ; — mais c'est peut-être un peu cher de payer ce plaisir dix sous de plus par heure. — Je dénonce au préfet de police, et le cocher sous le numéro 773, et le commissaire sous le n° 9 de la rue de Grammont.

❦ Nous avons perdu M. Éliçabide, — il avait formé un recours en grâce ; mais il a été établi qu'il avait, avant son crime, secoué un tapis par la fenêtre : — la clémence royale a dû s'arrêter devant un semblable précédent.

❦ Les journaux de M. Thiers, qui avaient, pendant que leur patron était aux affaires, fait précéder le nom du roi de S. M., — ont supprimé ces deux lettres depuis que le petit grand homme n'est plus ministre : cela apprendra au roi ; — le voilà déchu de deux consonnes.

❦ Le peuple crie à la fois pour la *guerre* — et contre les préparatifs de la guerre. — Je l'ai dit, c'est toujours du tapage, et rien de plus.

❦ Le besoin de parler tient aujourd'hui une grande place dans toutes les affaires et dans tous les intérêts.

A Colmar, — dans un banquet, un M. Lagrange a voulu faire un discours. — Après qu'on l'a eu laissé patauger quelque temps, — on l'a prié de cesser et de ne pas interrompre plus longtemps le festin : « Messieurs, — a-t-il dit, — *j'ai payé six francs, j'ai le droit de parler.* » — Et il a parlé.

Les convives, — alors, — ont emporté, l'un un morceau de jambon, — l'autre les biscuits, — l'autre les poires, — et se sont retirés.

❦ Un monsieur E. Bouchereau a fait contre moi une brochure remplie de grotesques injures ; — un de mes amis, qui s'était chargé de m'amener M. Bouchereau, n'a pu réussir à le trouver jusqu'ici ; il se livre à de nouvelles recherches.

La chose est en vers.

J'ai tenu toujours mes lecteurs au courant des différentes découvertes faites à mon sujet par d'honnêtes anonymes ; — on a découvert tour à tour que j'étais vendu au roi Louis-Philippe, — puis à M. Thiers, puis, — que j'étais un mouchard. — Selon

M. Bouchereau, — tous ces gens-là se sont trompés ; — la vérité est que je suis vendu à M. Bert..., — probablement Bertin, le directeur du *Journal des Débats*.

Voici quelques-uns des vers de M. Bouchereau.

Voici d'abord son opinion sur mes romans :

> L'artiste impartial voulut le parcourir ;
> Mais son chef devint lourd, puisqu'il semblait être ivre.
> Bref, dégoûts et dédains lui fermèrent un livre
>     Qui le faisait dormir.

Opinion du même M. E. Bouchereau sur les *Guêpes* :

> Oui, tel est *cet auteur;* il veut piquer les gens,
> Mais il renverse tout. Il fait les *guêpes biches;*
> Il connaît leur instinct, il les met en bourriches,
>     En dépit du bon sens.

Opinion du même M. Bouchereau — sur ma fortune et ma moralité :

> Mais il n'a pas d'argent ! Comment s'en procurer ?
> Bah ! il en trouvera, c'est chose assez facile,
> Dût-il vendre sa plume au premier imbécile
>     Qui voudra l'acheter.
> — Ce moyen est honteux ! — Lecteur qui dis cela,
> Connais donc bien l'auteur : pour un doigt de champagne
> Il fera de son mieux l'histoire de l'Espagne,
>     Puis apostasiera.
> Il marchait en avant, on vint à sa rencontre ;
> Il sait qu'on le recherche, à Bert.. il se montre ;
>     Bert.. veut l'acheter.

Me voici auteur d'une histoire d'Espagne, — apostat, — ivrogne, — et devenu la chose de M. Bert... — Ceci est complet, — on me connaît maintenant.

Puis, ce bon M. Bouchereau croit devoir s'excuser de ne m'avoir pas dévoilé plus tôt; — mais son excuse est dans un bon sentiment, — j'étais pauvre.

> Il savait que jadis la dure pauvreté
> Avait marqué sur lui ses pratiques austères;
> Il savait qu'avant lui tels existaient ses pères;
> Il n'a rien raconté.

*Lui*, — c'est moi ; —*il*, c'est M. E. Bouchereau.

> Il savait tout cela; mais devant le malheur
> Il se tut, et songeant qu'un roman, dans sa vie,
> Amènerait l'aisance, il devint son Messie
> Et ne fut pas censeur.

Excellent M. Bouchereau ! il m'a permis de faire un roman. — Il paraît même qu'il a à se reprocher d'en avoir dit du bien; — Dieu vous le rende, monsieur E. Bouchereau !

> Mais aujourd'hui l'aisance a chassé le besoin.

Aujourd'hui que je suis vendu à tout le monde, au roi, — à M. Thiers, — à M. Bert...; — aujourd'hui l'indulgence de M. E. Bouchereau est à bout, — et il me fait connaître. — Aussi, c'est ma faute : pourquoi ne me suis-je pas contenté d'avoir fait un roman ? — j'avais bien besoin d'en faire d'autres; — et puis ces maudits petits livres !

> En parcourant ces vers, bien haut Karr va crier :
> L'auteur est un méchant, sa brochure est inique.

Ah ! cette fois, monsieur E. Bouchereau, — vous qui me connaissez si bien, vous à qui je ne peux rien cacher, — perspicace monsieur E. Bouchereau, — cette fois vous vous trompez, — je ne dis pas un mot de cela; — je vous trouve beaucoup plus bête que méchant, — et votre brochure me paraît assez drôle.

Cependant, mon bon monsieur Bouchereau, — comme à la rigueur on peut être un imbécile et ne pas être un lâche, — je vous prierai, si vous n'y voyez pas d'inconvénient, de me faire parvenir l'adresse de vos oreilles.

Il y a de bonnes gens qui crient à tue-tête : « Moi, je ne me vendrais pas à l'or du pouvoir ! » — des gens qui, — aussitôt qu'on ne partage pas les idées saugrenues qu'ils prennent je ne sais où, — vous déclarent corrompu et vendu.

Je pense que ces gens ont besoin de beaucoup de vertu et de désintéressement pour conserver ainsi leur indépendance, — et que le gouvernement est sans cesse à leur porte pour les supplier d'accepter cinquante mille livres de rente, — une voiture à panneaux œil de corbeau — et des cheveaux alezan brûlé.

Pour moi, j'avouerai humblement que je ne puis me rendre compte à moi-même de la brutalité de ma vertu à cet endroit, attendu qu'elle n'a jamais été attaquée jusqu'ici.

Mais, — mes braves gens, — je veux bien vous avouer toutes choses : je suis subventionné, il est vrai, — je le nierais en vain; — cela d'ailleurs est facile à voir, — je n'ai pas de chevaux, mais j'ai des pigeons blancs; j'avais un paletot neuf il n'y a pas plus de trois mois. — Après cet aveu, je n'hésite pas à vous dénoncer mes corrupteurs : — tenez, en voici un qui passe, — c'est un étudiant avec un habit noir blanchi aux coudes et aux coutures; il monte ses cinq étages — en fumant son cigare; — il vient d'acheter un de mes petits volumes.

Eh ! bon Dieu, en voici un autre : — celui-là c'est une femme : la voyez-vous à la fenêtre de sa mansarde, — ses cheveux blonds se mêlent au feuillage bruni des cobéas, — elle lit un de mes romans.

Mais j'en rencontre partout de ces corrupteurs qui me subventionnent : — j'en ai dans les salons et dans les ateliers. — Il y a quelque temps, — comme je courais les bois avec un de mes amis, nous avons trouvé un volume des *Guêpes* chez un garde-chasse, — dans une hutte au milieu d'une forêt. — Ce brave homme me fait un revenu de trois francs par an.

Mais si cela ne me suffisait pas, monsieur E. Bouchereau, — qui m'empêcherait d'ajouter quelques pages d'annonces à mes petits livres, comme font les journaux et les revues ? — qui m'empêcherait de me faire, par ce moyen, un revenu de cinq à six mille francs ? — personne et rien au monde, — sinon que je suis un poëte et ne suis pas un homme d'argent.

En lisant la brochure de ce monsieur, je me suis rappelé l'époque de ma vie à laquelle il faisait allusion.

Moi pauvre ! je n'ai jamais été si heureux, je n'ai jamais été si riche qu'à cette époque où je dînais souvent avec un morceau de pain et un verre d'eau. — Moi pauvre ! mais il y avait des jours, — seulement quand j'avais vu s'entr'ouvrir le rideau d'une certaine fenêtre, où j'évitais de toucher les passants du coude dans la crainte de les briser. — Moi pauvre ! j'ouvre des notes que j'écrivais tous les soirs, — et voici ce que j'y trouve. — Voyez si j'étais pauvre et si j'étais malheureux :

Août 182.....

Je me suis levé de bonne heure. Le soleil se levait dans de tièdes vapeurs ; ses rayons obliques scintillaient à travers les haies comme des paillettes d'or, et il semblait que le soleil me disait : « Je te salue, Alphonse ; c'est pour toi que je purifie l'air que tu vas respirer ; c'est pour toi, ce matin, que je couvre de pierreries les pointes vertes de l'herbe ; je te salue, tu aimes, tu es le roi du monde. »

*Une fauvette à tête noire sur un châtaignier chanta et dit :*

« Je te salue, Alphonse ; c'est pour toi, aujourd'hui, que sont nos concerts ; c'est une grande fête que le premier sentiment d'amour qui se glisse au cœur ; je te salue, tu aimes, tu es le roi du monde. »

*Une campanule dans l'herbe :* « Je te salue, Alphonse ; c'est pour toi que j'ouvre, ce matin, mes corolles de saphir, c'est pour réjouir tes yeux que les pâquerettes étoilent la prairie de leur petit disque d'or et de leurs rayons d'argent. Tu aimes, tu es le roi du monde. »

*La clématite :* « Je te salue, Alphonse ; c'est pour toi que j'embaume l'air de mes parfums pénétrants, c'est vers toi que je tourne mes petits encensoirs d'argent. Tu aimes, tu es le roi du monde. »

*Le châtaignier :* « Je te salue, Alphonse ; j'étends sur toi mes larges éventails verts ; il y a cent ans qu'on m'a planté, cent ans que je résiste aux vents pour t'abriter aujourd'hui contre les âpres baisers du soleil. Tu aimes, tu es le roi du monde. »

*Le vent dans les feuilles :* « Je te salue, Alphonse ; c'est pour toi aujourd'hui que seront mes plus suaves et plus mystérieuses harmonies, pour toi qui seul les comprendras. Pour les autres, je ferai crier aigrement une girouette, mais, pour toi, je te dirai les plus doux secrets de l'amour, et j'enlèverai la poussière du chemin par où tu dois aller la voir, je t'apporterai l'air qu'elle chante en pensant à toi. Tu aimes, tu es le roi du monde. »

On demande l'adresse des oreilles de M. E. Bouchereau.

Décembre 1840.

Rançon et retour des *Guêpes*. — Le cheval Ibrahim. — Un mot de
M. Vivien. — Mot de M. Pelet (de la Lozère). — M. Griel. — M. Dosne
considéré comme péripatéticien. — La mare d'Auteuil. — Comment
se fait le discours du roi. — Un mot de M. Énouf. — Les échecs.
— Un mot de M. Lherbette. — M. Barrot. — M. Guizot. — M. de
Rémusat. — M. Jaubert. — Les vaudevilles de M. Duvergier de Hauranne. — Deux lanternes. — Le roi et M. de Cormenin. — Naissance du
duc de Chartres. — M. de Chateaubriand. — La reine Christine. — Le
général d'Houdetot. — Bureau de l'esprit public. — M. Malacq et mademoiselle Rachel. — M Lerminier et M. Villemain. — Une guêpe de la
Malouine. — M. A. Dumas. — Forts non détachés. — Mot de M. Barrot
revendiqué par les *Guêpes*. — M. Cochelet. — M. Drovetti. — M. Marochetti. — Une messe d'occasion. — *Obolum Belisario*. — MM. Hugo, —
de Saint-Aulaire, — Berryer, — Casimir Bonjour. — M. Legrand (de
l'Oise). — M. Jourdan. — Un logogriphe de M. Delessert. — Dénonciation contre les conservateurs du musée. — M. Ganneron mécontent. —
M. E. Sue et monseigneur Affre. — Les fourreurs de Paris et les marchands de rubans de Saint-Étienne. — M. Bouchereau paraît. — Les
inondations. — Le maire de Saint-Christophe.

DÉCEMBRE. — D'après le jugement dont je vous ai parlé, —
on allait vendre le *titre* des *Guêpes* aux enchères publiques. —
Mes pauvres guêpes, qu'allaient-elles devenir? Qu'en aurait
on fait? — Elles, si libres, si indépendantes, — à quel parti, à
quel valet de parti allaient-elles appartenir? — Au service de
quelle sottise allaient-elles se mettre? — Au profit de quelle
friponnerie allaient-elles combattre?

Je me suis ému, — et, pour leur rançon, j'ai donné tout mon
argent.

J'ai racheté ce titre que j'avais créé, qui m'appartenait
selon l'équité, — mais non selon la justice.

Revenez donc à moi, — Astarté, — Grimalkin, — Moloch,
— j'ai pour vous recevoir de beaux camélias — et des tussi-
lages, des héliotropes d'hiver parfumés. Revenez, mes pauvres

prisonnières ; revenez, mes enfants, mon escadron ailé, mon be. escadron d'or, — revenez à moi.

Nous allons recommencer notre guerre contre l'avidité et contre la sottise. En avant!

J'ai raconté dans les *Guêpes* — comment M. Thiers avait acquis de M. Leroy — un petit cheval que M. Leroy prête d'ordinaire à un enfant que l'on appelle familièrement *Tata*. — Les journaux se sont emparés des faits, et, au lieu de dire le cheval de *Tata*, ont dit le cheval *Tata*. — Le cheval s'appelle *Ibrahim*. — Depuis que M: Thiers a été *mis à pieds*, il paraît qu'il a rendu *Ibrahim* à M. Ernest Leroy, — que j'ai aperçu dessus l'autre jour. Ibrahim a beaucoup gagné depuis qu'il n'est plus aux affaires.

M. Vivien a dit spirituellement, en quittant l'hôtel du ministère pour retourner chez lui : « C'est égal, j'aurai toujours appris ce qu'il faut se donner de peine pour être un mauvais ministre. »

Pendant que M. *Pelet de la Lozère* était ministre des finances, —il faisait le relevé de ses comptes avec M. *Griel*,—et il était très-mécontent de certaines énormités. — M. Griel lui dit : « Mais c'est M. le président du conseil qui les a ordonnées *pour l'Etat*.

— On voit bien, dit M. Pelet, que M. le président n'y met pas du sien. »

Docile à nos conseils, M. Dosne, que M. L..., un de ses collègues à la Banque, appelle le beau-père du gouvernement, est venu immédiatement jouer la hausse à la Bourse sur la démission de son gendre.

Ce grand philosophe continue ses promenades au passage des Panoramas, de une heure à quatre heures; une demi-heure avant l'ouverture des cours et une demi-heure après.

On s'obstine à demander ce qu'est devenue la fameuse enquête sur les affaires de la Bourse.

*A un journaliste très-spirituel— on demandait s'il pensait réellement ce qu'il avait dit au sujet d'une pièce de théâtre. « Le public, — répondit-il, — a besoin qu'on lui donne *une* opinion ; — on me donne, à moi, cinq cents francs par mois pour donner une opinion sur les pièces nouvelles. — J'en donne *une*, mais ce n'est pas la mienne ; — la mienne, ce serait plus cher. »

*Sous prétexte de guerre possible avec l'*étranger*, — on en fait une certaine et acharnée à nos propriétés et à nos plaisirs. — Le bois de Boulogne est saccagé ; — cet endroit délicieux qu'on appelle la mare d'Auteuil est livré aux ouvriers du génie. — On a abattu les plus beaux arbres et on entasse des moellons.

*Il est bon, pour édifier nos lecteurs sur la majesté de la royauté constitutionnelle, de bien leur dire ce que c'est que le discours du roi, — que l'on appelle, dans l'argot de ce temps-ci, discours du Trône, — ou discours de la Couronne.

Ce discours est fait par les ministres — *constitutionnellement*, le roi ne doit prendre aucune part à sa rédaction ; — il l'apprend par cœur et le lit à la Chambre à peu près comme un enfant récite une fable. Dans le plus grand nombre de cas, on peut, il est vrai, supposer que le roi, qui choisit ses ministres, — n'a à répéter que l'expression de sa propre pensée ; — cependant l majorité peut forcer le choix du roi, et il lui faut alors dire de choses dont il ne pense pas un mot, et dont il pense précisémen le contraire.

Le discours du roi a été fait par les ministres, dont deux son membres de l'Académie française. — Il est impossible de rien voir de plus plat, de plus nul, — de plus mal écrit — que ce discours.

Si ce n'est pourtant l'*adresse* en réponse au discours, qui est encore bien plus plate, bien plus nulle et bien plus mal écrite. — Il y avait dans la rédaction de l'adresse trois académiciens.

Dans la nomination de la commission de l'adresse, on a remarqué que M. de Lamartine a obtenu une voix; M. de Salvandy, trois; M. Dupin, six. — C'est-à-dire que le nombre des suffrages est en raison inverse du talent littéraire de chacun des concurrents.

D'ordinaire les sots importants et les sottises sérieuses ont soin de se bien habiller, sachant bien que c'est le seul mérite qu'il leur soit permis d'atteindre. — Je n'ai jamais vu de sottises plus mal vêtues que celles du discours et celles de l'adresse.

🐝 Il y a des gens qui ont un procédé facile pour paraître bien informés, c'est la contradiction; ces gens-là ont dit que l'adresse si hautement revendiquée par Me Dupin avait été faite par le roi, qui se vengeait de ne pouvoir parler lui-même — en se donnant le plaisir de se répondre. — On a été jusqu'à préciser le nombre des couverts de vermeil qui auraient été donnés par le roi à Me Dupin — pour récompenser sa complaisance. — Ces bruits, qui n'ont aucun fondement, n'en ont pas moins pour cela trouvé de l'écho. Me Dupin, dans son adresse, donne au roi plusieurs conseils fort utiles, tels que de *s'entourer de conseillers fidèles et éclairés*. — Cela me rappelle ce conseiller municipal qui pendant une longue sécheresse — interrompit une délibération — demanda la parole et dit : « Il serait bien à désirer qu'il vînt de la pluie. » — Après quoi il conseille à Louis-Philippe de se fier à *son étoile*, c'est-à-dire de s'en rapporter à la *Providence*, qui est le nom chrétien, le nom de baptême du hasard. — Ce qui n'a pas paru d'une politique bien transcendante.

🐝 Pendant que je parle de Me Dupin, il me revient sur lui que, tandis qu'il était président de la Chambre des députés, il eut l'idée *bien naturelle* de faire augmenter les appointements de la présidence. — Ces appointements se payaient par mois; or la cession ne dure pas toute l'année. — C'est pourquoi Me Dupin demanda à être payé par an; il n'osa pas assister à la séance de la Chambre où cette augmentation fut votée; un de ses amis alla aussitôt lui apprendre le résultat de la délibération. « Réjouissez-vous, lui dit-il, l'augmentation est votée.

— Mais, — dit l'avocat, — mais comment cela est-il formulé?

— De la façon la plus simple du monde, *le traitement du président de la Chambre.*

— Comment, le traitement!

— Certainement, le traitement.

— Je suis perdu.

— Vous m'effrayez, que voulez-vous dire ?

— Que je ne puis cumuler mon traitement de président de la Chambre des députés avec mon traitement de procureur général. — Il faudra opter. »

Cependant M. Dupin, après quelques instants d'abattement, se rassura, — sortit, — courut, fit des visites et obtint que dans le rapport de la séance on substituât le mot *indemnité* au mot traitement, — ce qui lui permit de garder le tout.

Comme on plaisantait Me Dupin sur *l'étoile du roi,* — il répondit : « Vous ririez bien plus si j'avais parlé de *sa fortune.* »

Je n'aurai plus à parler de Me Dupin, — grâce à Dieu, c'en est fait de lui, — il est tout à fait effacé de la scène politique,— c'est aujourd'hui un homme tellement et si bas tombé, — qu'on ne peut plus même l'attaquer. Me Dupin a été un des fléaux de ce temps-ci.

Il était le représentant de la médiocrité jalouse et taquine, et envieuse de toute supériorité, le chef des avocats — bavards, importants, cauteleux et vulgaires; insolent envers la royauté à la Chambre de une heure à cinq, pour conserver sa popularité, il allait s'excuser le soir, aux Tuileries, pour conserver ses places.

L'étoile de Me Dupin a filé.

❧ Sous prétexte de l'adresse, on parle sans discontinuer depuis cinq jours, à la Chambre. On se querelle, on se dispute ; — on s'injurie, on s'interrompt. — J'avouerai qu'il me semble quelquefois pénible d'être représenté par des gens aussi mal élevés que le sont beaucoup d'entre MM. les députés. — Dans un des moments de la plus grande agitation, — M. Enouf, scandalisé, s'est écrié dans un groupe : « Messieurs, une idée ! si nous ne parlions que quatre à la fois ? »

🐝 Tout ce débat est misérable, et je ne comprends pas comment on peut encore prendre au sérieux les discours de MM. les ministres et de ceux qui aspirent à les remplacer.

Il y a, il paraît, en France plusieurs millions de bonnes gens qui, dans leur encourageante crédulité, se disent :

« Tiens, M. Thiers dit que ce qu'il a fait c'était pour *l'honneur du pays ;* — il paraît que c'était pour l'honneur du pays.

« Oh ! oui, — mais M. Villemain répond que *M. Thiers a gâté la fortune de la France. — Il paraît* que la fortune de la France a été gâtée par M. *Thiers.* »

Ne voyez-vous donc pas encore, mes bonnes gens, que ceci n'est qu'une partie d'échecs que jouent ces messieurs ; — que chacune des phrases qu'ils jettent de la tribune n'est qu'un *pion* qu'ils avancent ; — qu'une phrase plus ronflante est un *cavalier* ou une *tour ;* — que ces phrases-là sont toutes faites, comme les pièces de l'échiquier sont toutes tournées, — et que les phrases, comme les pions, se serrent et se prennent dans une boîte ? — M. Thiers, aujourd'hui, a les *noirs,* — M. Guizot a les *blancs.*

Que demain M. Thiers revienne aux affaires en renversant M. Guizot, — vous verrez M. Guizot prendre à son tour les noirs et jouer la partie que joue aujourd'hui M. Thiers, lequel prendra les blancs et jouera la partie de M. Guizot.

Ne voyez-vous pas encore que, quel que soit le gagnant, c'est vous qui payez, — et que toutes ces parties se jouent — comme Gatayes jouait tantôt avec mon frère dans mon jardin ? — c'était une partie de boules dont l'enjeu était un verre de mon rhum contre un verre de mon kirsch.

Mais il vous plaît de vous intéresser à cela. — Vous me semblez des gens qui se croiraient purgés si on leur disait de belles choses sur l'émétique.

Pour faire de grandes phrases ou du pathos, — M. Thiers, qui n'est plus aux affaires, a un grand avantage sur M. Guizot, qui est forcé d'appliquer les théories qu'il émet.—M. Thiers, qui voudrait absolument tomber à la tête de quelque chose, se livre à la gauche de telle façon, que M. *Lherbette*, qui siége dans cette partie de la Chambre, a dit : « Sous le ministère du 12 mai, — M. Thiers a fait un discours qu'on a appelé discours-ministre ; — voilà, cette fois, un discours-dictateur. »

Pour moi, quand je lis, le soir ou le matin, dans les grands journaux, ces grands discours, — ces phrases empoulées, — *verba sesquipedalia*, — entremêlées de parenthèses (Mouvement.)

(Impression profonde.)

(Marques d'assentiment.)

(Bravo !)

(Murmures d'indignation.)

Etc., etc., etc.,

Je ne me sens pas, à beaucoup près, aussi impressionnable que messieurs les honorables, et je me vois forcé d'attribuer une immense puissance au débit, à la voix et aux gestes des orateurs.

Et tous ces discours qui ont produit tant d'effet à la Chambre, me semblent alors « les carcasses d'un feu d'artifice tiré, avec ses fusées vides et ses bombes crevées. »

Le parti de M. Thiers a des déserteurs qu'il serait trop long de compter. Il y a, à la Chambre, comme partout, un très-grand nombre de gens fermes et immuables dans leurs convictions, que rien ne peut ébranler, et qui sont invariablement dévoués au *pouvoir actuel*. — Fermes appuis de M. Thiers, qu'ils étaient récemment, ils donnent aujourd'hui leur concours à M. *Guizot*, et sont prêts à le donner à M. *Barrot*, — s'il devient, un de ces jours, *pouvoir actuel* à son tour.

Le parti doctrinaire, dont M. Guizot a été si longtemps le chef, a perdu MM. *Duvergier de Hauranne* — *de Rémusat*, — *Jaubert*, — et *Piscatory*, qui ont passé à l'admiration de M. Thiers.

La position parlementaire perdue, il faut la refaire par la presse. De ces quatre messieurs, deux savent écrire ; — ils ont été incorporés au *Siècle* sous M. le lieutenant général Chambolle.

M. Duvergier de Hauranne va rarranger, pour le théâtre de la Renaissance, quelques-uns des vaudevilles de sa jeunesse, si injustement sifflés sous leurs anciens titres de *Une visite à Gretna-Green*, — et *l'Amant comme il y en a peu*.

Il est fâcheux pour ces messieurs que ce ne soit pas au moment de l'avénement de M. Guizot qu'ils se soient séparés de lui : — leur scission aurait eu un éclat de désintéressement en faveur de M. Thiers, qu'elle n'a pas eu au moment où il est rentré aux affaires.

Le ministère du 1er mars avait cet avantage sur S. M. Louis-Philippe, que tous les soirs deux étoiles s'allumaient pour lui. Ces deux étoiles étaient deux lanternes qui servaient d'enseigne aux deux journaux du soir, le *Messager* et le *Moniteur parisien*. — Ces journaux, tous deux honorés des communications officielles, — disaient absolument la même chose ; aussi, tandis qu'on se demandait : « A quoi servent donc au ministère deux journaux du soir ? » chacun des deux journaux se demandait à quoi servait l'autre. — Le ministère Soult-Guizot a pris le parti de supprimer à l'un des deux et son appui et ses communications et surtout sa subvention. On a longtemps hésité entre M. Brindeau et M. Beaudoin, — rédacteur en chef de ces deux feuilles sans rédaction. — M. Brindeau, il est vrai, a pris dans le fameux procès Gisquet une position d'homme vertueux qui rend son concours d'un excellent effet pour un gouvernement; — mais M. Beaudoin a retrouvé en 1830 — des drapeaux tricolores qu'il avait cachés dans sa cave. M. Brindeau est plus homme du monde, — M. Beaudoin est plus homme d'affaires. — M. Beaudoin a la croix d'honneur, M. Brindeau porte des transparents rouges.

Après de longues délibérations, on a soufflé la lanterne de M. Beaudoin.

On lit dans le journal l'*Abbevillois*:

« L'observation faite par l'auteur des *Guêpes*, que le plus sûr moyen d'empêcher la fraude dans la vente du pain était d'en taxer les diverses qualités au kilogramme, a porté ses fruits : M. le préfet de police de Paris vient de prendre un arrêté qui prescrit la taxe et la vente du pain au poids. »

Mais voici qu'aujourd'hui on me fait remarquer que, depuis cette ordonnance; — les boulangers vendent du pain qui n'est pas cuit.

On assure que sous beaucoup de rapports le roi est très-ignorant de ce qui se passe, — et qu'on lui fait croire de singulières choses, — entre autres, que les écrits de M. de Cormenin sur la liste civile ont excité contre le vicomte de lettres une telle indignation, que le peuple lui jette des pierres dans la rue.

Quelques jours après l'attentat de Darmès, comme on prononçait devant le roi le nom de M. de Cormenin :

« Ce pauvre M. de Cormenin, dit Sa Majesté, il paraît qu'il est comme moi, qu'il ne peut plus sortir. — Il fait un temps affreux; eh bien! je ne puis m'empêcher de porter envie à ceux qui se crottent tranquillement dans les rues. »

Le jour où le canon a annoncé que la duchesse d'Orléans venait d'accoucher, — quelqu'un a dit : « Voyez les Parisiens, comme ils sont contents! — C'est un prince de plus... à outrager... à chasser. »

En effet, dès le lendemain, certains journaux attaquaient déjà le duc de Chartres sur ses manières... de naître. — Il n'avait encore fait que cela.

Un libraire a profité de ce que M. de Chateaubriand avait donné de l'eau du Jourdain pour le baptême du duc de Chartres — pour annoncer les œuvres complètes de l'auteur de René.

🐝 La reine d'Espagne, Christine, est à Paris, — où le roi Louis-Philippe l'a parfaitement reçue ; — c'est une belle personne, — un peu trop grosse, mais ses yeux ont une remarquable intelligence. — Ses adieux aux Espagnols, qui ont été publiés par les journaux, sont d'une grande éloquence. — Elle voulait aller en Italie — et le général d'Houdetot a eu quelque peine à la décider à venir à Paris. — Il est vrai de dire qu'en fait de gouvernement constitutionnel, — pour se servir d'une expression populaire : — *elle sortait d'en prendre.*

🐝 Il y a au ministère de l'intérieur un bureau qui s'appelle bureau de l'esprit public. — C'est de ce bureau que partent des instructions, des discours et des articles tout faits pour les journaux de Paris et de la province et pour messieurs les préfets des départements.

Ce bureau, depuis l'avénement de M. Duchâtel, n'est pas encore organisé. — M. Duchâtel a fait prévenir par le télégraphe M. Malacq, qui était en province, qu'il eût à revenir promptement prendre la direction de l'*esprit public*, dont mademoiselle Rachel avait fait l'intérim.

D'un autre côté, M. Villemain, qui, par respect pour la hiérarchie, ne veut pas influencer le choix de M. Duchâtel, a cependant promis au maréchal Soult de surveiller un peu l'orthographe des défenseurs du ministère. Il a proposé un grand cabinet où l'on ferait de la polémique d'avance à l'usage des départements. — Ce cabinet serait mis sous la direction de M. Lerminier, — ce jeune savant qui, placé dans sa chaire par la vo-

DÉCEMBRE 1840.

lonté d'un ministre, n'en est sorti que par la force des pommes cuites et autres.

Ce choix étonne d'autant plus certaines personnes, que M. Villemain est un homme d'esprit, qui sait dans l'occasion sacrifier aux grâces comme aux muses.

Une guêpe, qui était partie dans les vergues de la *Malouine*, revient après un long voyage et me dit : « Quel charmant talent que celui de ton ami Dumas ! — quelle verve entraînante ! — Mais pourquoi parle-t-il quelquefois de choses qu'il ne connaît pas ? — Ainsi, vois par exemple le *Capitaine Paul*, 1er volume :

*Hauteur et finesse des mâtereaux.* (Page 20.)

Qu'est-ce que des mâtereaux ? ce sont les pièces de bois avec lesquelles on fait les mâts légers ; mais appeler mâtereaux des mâts, c'est comme si on appelait une corde un *chanvre*.

(Page 24.) *Une barque conduite par six rameurs;* le mot barque est inintelligible pour un marin quand il s'agit d'un canot, d'une embarcation. — Le mot *rameur* s'employait lors du bon temps des galères ; mais, depuis, on dit *canotiers*, *avirons*, *nager*, au lieu de *ramours*, *rames* et *ramer*.

(Page 79.) *Le matelot placé en observation*, ou plutôt, comme on le dit toujours, le *matelot de vigie*, ne crie : *Une voile !* que dans les navires de Robinson Crusoé ; à bord des autres bâtiments, il crie : *Navire !*

(Page 88.) *Le navire en mer était un peu plus fort que la frégate l'Indienne, et portait trente-six canons;* comme dans la page 103 il est dit que c'était un *brick*, il en résulte que le brick était d'abord de trente-six canons, ce qui ne s'est jamais vu et ne se voit pas encore, attendu que les plus grands bricks sont de vingt pièces, et qu'ensuite ledit brick était plus grand qu'une frégate, ce qui se voit encore moins.

(Page 99.) Toute la *voilière* du grand mât endommagée. Qu'est-ce que la *voilière* ?

(Page 102.) *Le grand mât du drake tombe comme un arbre déraciné.*

Alors, comment l'*Indienne*, abordant ledit drake par la hanche de bâbord, — c'est-à-dire sur l'arrière du grand mât, peut-elle engager ses vergues dans les vergues du brick de trente-six canons, son ennemi, dont le grand mât n'est plus debout?

Et la guêpe s'envola, — en faisant avec ses ailes un petit bruit d'*et cætera*.

🐝 A chaque instant, on apprend quelque nouvelle évasion des bagnes. — Depuis peu de temps, neuf forçats ont quitté *clandestinement* le bagne de Rochefort. — Joignez à cela les circonstances atténuantes qui envoient aux bagnes des gens qui méritent mieux que cela, et vous ne pourrez voir sans inquiétude rentrer dans la *société* des gaillards qui ne sont pas destinés à en faire l'ornement.

🐝 A la chute du ministère du 1er mars, — il était à présumer qu'on suspendrait les travaux des *forts détachés*. En effet, c'était en vue de la guerre que l'on fortifiait Paris, et le nouveau ministère détruisait les chances de guerre. — Cependant, on a continué à travailler et surtout à faire des marchés, dont quelques-uns sont au moins singuliers.

Ainsi, les travaux de Noisy, sous prétexte de *soumission au rabais*, ont été adjugés à M. Benoît, moyennant une *augmentation* de vingt-deux pour cent sur le devis.

Tandis qu'à Charenton M. Lebrun les a eus à sept francs trente-trois centimes de rabais, ce qui fait que le mètre de maçonnerie qui coûte vingt francs à Charenton coûte vingt-six francs à Noisy.

🐝 Pendant la lecture de l'adresse à la Chambre des députés — *une voix* a bien voulu emprunter quelques mots aux *Guêpes* — au moment où le président est arrivé à cette phrase : « *Si notre territoire est menacé,* » M. Barrot s'est écrié : « *Oui, quand on sera à Strasbourg.*

## DÉCEMBRE 1840.

Attendu que, sous le *ministère parlementaire*, on a tout fait sans le concours des Chambres — et qu'il ne leur reste plus qu'à approuver des mesures et des dépenses qu'on a eu soin de trop avancer pour qu'on puisse revenir dessus aujourd'hui, — il était à craindre que nos honorables représentants ne fussent embarrassés pour occuper la session.

Mais un député a fait une découverte qui doit nous rassurer à ce sujet.

Depuis longtemps on sentait un embarras financier sans en pouvoir apprécier et définir les causes. L'opposition se plaignait d'un scandaleux gaspillage des deniers publics. — Les ministères qui se succédaient gémissaient de l'insuffisance du budget. — On n'avait d'argent ni pour exécuter de grands travaux, ni pour fonder des entreprises utiles. — Les plus forts économistes de la Chambre y perdaient leur latin.

Mais M. Chapuys de Montlaville a mis le doigt sur la blessure. — Il a découvert qu'il y a quelque part, dans un village des Basses-Pyrénées, un greffier de justice de paix qui grève indûment le budget de cent francs par an.

Ce fait va être dénoncé à la Chambre, et tout porte à croire qu'on fera justice de la rapacité du greffier. Par suite de quoi tout ira le mieux du monde.

A une des dernières séances de la Chambre des députés — quelqu'un disait ce que *Scaliger* disait des Basques, dont le patois l'étonnait un peu : « *On assure qu'ils s'entendent entre eux, mais je n'en crois rien.* »

Plusieurs journaux et plusieurs personnes de la cour ont cru imaginer une flatterie gracieuse — en rappelant, à propos du voyage que la reine d'Espagne a fait à Fontainebleau, — le séjour qu'y a fait autrefois une autre reine et une autre Christine, — qui y fit assassiner son amant, Monadelschi, — et qui bien plus encore, — parlait latin, était fort laide — et s'habillait presque *en hussard*.

M. Thiers et le gouvernement avaient les idées les plus fausses sur la situation de l'Égypte et sur la puissance du pacha. — M. Cochelet était là et n'y voyait rien. M. Drovetti, qui n'a jamais eu une position officielle, était mieux éclairé. — Ainsi, un jour, à Auteuil, tandis que M. Thiers se livrait à des développements de théories singulières à propos de l'Égypte, M. Marochetti, le sculpteur, qui est très-familier dans la maison et qui a été renseigné par M. Drovetti, disait à demi-voix à une autre personne : « Mon Dieu, comme on le trompe ! »

Pour les fêtes des *Cendres de l'Empereur,* — on annonce que l'on chantera une messe de Chérubini, — *la même* qui a été chantée à la mort de Louis XVIII. — Il semble qu'on aurait bien pu faire pour Napoléon les frais d'une messe neuve, qui n'eût pas servi. — Les héros ne sont pas si communs, — et, grâce au gouvernement constitutionnel et à la presse, — deux choses puissantes sans être grandes, — envieuses et aimant à rapetisser, — ils sont aujourd'hui à peu près impossibles.

Si cependant on ne pouvait faire autrement que de lui donner une messe d'occasion, — il y eût eu plus de convenance à ne pas prendre précisément la messe faite pour Louis XVIII.

M. Thiers va décidément écrire son histoire du consulat. — M. Thiers écrit l'histoire comme il la fait, — c'est-à-dire qu'il oblige les faits à entrer bon gré, mal gré, dans les nécessités d'une idée plus ou moins fausse qu'il s'est formée d'avance. — Cette période si courte n'aura pas moins de dix volumes.

M. Vivien, à sa sortie du ministère, s'est fait inscrire sur le tableau des avocats. — Il est à la fois ignoble et immoral qu'on ait retranché la pension de vingt mille francs qu'on donnait autrefois à un ministre. — Un ministre sans fortune est placé entre deux nécessités. — Il faut qu'il se *fasse* de quoi vivre pendant qu'il est aux affaires, — ou qu'il rentre tristement dans une carrière abandonnée et souvent perdue. Ainsi, je ne confierais pas une affaire importante à M. Vivien, qui serait obligé de la plaider devant des juges auxquels, pour la plupart, il est impossible qu'il n'ait pas eu quelque chose à refuser pendant qu'il était au pouvoir.

Deux élections vont avoir lieu à l'Académie, — par suite de la mort de MM. Pastoret et Lemercier.

M. Guizot met en avant MM. Hugo et de Saint-Aulaire.

M. Thiers, continuant sa rivalité, — pousse MM. Berryer et Casimir Bonjour.

Le ministère a causé un assez grand scandale par la destitution de M. Jourdan, directeur des contributions directes, — pour donner une place à M. Legrand (de l'Oise), député — et seulement parce qu'il est député.

M. Legrand est de cette opinion insaisissable qu'on appelle le tiers parti, — qui n'assiste pas à la Chambre dans les occasions graves, — ou va se rafraîchir à la buvette. — M. Legrand se fait de temps en temps hisser à quelque chose tout en faisant destituer quelqu'un. — On l'a vu successivement devenir secrétaire général du commerce, auquel il n'entend rien, — et faire destituer M. Marcotte, — brave fonctionnaire du côté droit, — plus tard, M. Bresson, digne fonctionnaire du juste milieu, — aujourd'hui, M. Jourdan, vieux patriote de 89 et rédacteur du *Moniteur*.

M. Thiers et M. Barrot chantent la *Marseillaise* et ne s'en tiennent pas là.

Ils obtiennent dans certains journaux et auprès de beaucoup de gens un grand succès avec des phrases qui rappellent beaucoup les couplets que chantait Lepeintre aîné en 1821, à l'époque où il y avait dans tous les vaudevilles un soldat laboureur qui disait :

    Et, s'il le fallait pour la France,
    Je repartirais à l'instant.

Ou bien :

    Je repartirais à l'instant,
    S'il le fallait pour la France.

Que l'on variait en disant :

> Et s'il le fallait à l'instant,
> Je repartirais pour la France.

Après le discours de M. Barrot, surtout, — on fredonnait dans la Chambre ce couplet d'Henri Monnier :

> Ami certain de la valeur,
> Fidèle amant de la victoire,
> Il eut pour marraine la gloire,
> Et pour père le champ d'honneur.

Je suis peu fier d'être à peu près Français quand je songe qu'il y a tant de gens qui ne s'aperçoivent pas que tout cela est parfaitement ridicule.

On ne s'épargne les reproches d'aucun genre. « Vous, vous êtes allé à Gand, » dit-on à M. Guizot.

« Oui, mais vous, vous avez été volontaire du drapeau blanc, » répond M. Guizot à M. Barrot.

« Vous déshonorez la France, » dit M. Thiers.

« Vous avez gâté sa fortune, » répond M. Villemain pour M. Guizot.

Voilà ce qu'il y a de triste et d'embarrassant dans ces débats : — c'est que M. Thiers et M. Guizot ont parfaitement raison l'un et l'autre dans les reproches qu'ils s'adressent.

D'une part, — M. Guizot a bien l'air d'avoir joué M. Thiers pendant son ambassade à Londres; — et la visite faite au roi à Eu par le même M. Guizot a quelque droit de paraître à M. Thiers le commencement d'un accord contre lui, — ce qui est, à vrai dire, le fond et la cause de tout son grand ressentiment, bien plus que l'honneur du pays, la gloire de nos armées, etc., dont il se soucie médiocrement.

D'autre part, il est vrai que le ministère actuel, qui est *déterminé* à la paix, — aura beaucoup de peine, non pas à la conserver, — mais à la conserver honorable, — les plus sages concessions ayant un air de lâcheté après les fanfaronnades et rodomontades qu'on a faites de tous côtés.

A quoi il faut ajouter que ces rodomontades sont du fait de M. Thiers.

De sorte qu'il faudrait repousser toute solidarité avec M. Thiers, — et ne pas reconnaître même qu'on lui succède, — mais reprendre les affaires au point où les avait laissées le ministère du 12 mai.

La raison et tous nos intérêts conseillent la paix ; — mais la paix sera humiliante et honteuse, — à moins que les représentants du pays ne protestent par un blâme sévère contre la conduite de M. Thiers pendant son ministère.

※ Rue Saint-Georges, cour remarquable par une grande facilité de langage, — on a une manière bizarre de répondre aux objections : — tout le monde est *un polisson*. On assure que cette qualification a été appliquée à M. de Metternich.

※ On ne sait pas encore *le mot* d'une bouffonnerie par laquelle M. Delessert, préfet de police, — a sommé par huissier deux journaux — le *National* et le *Commerce*, — d'avoir à rectifier une erreur commise dans le compte rendu d'un discours de M. Guizot, — en vertu de l'article 18 de la loi du 9 septembre.

Voici quelle était cette erreur : le *National* et le *Commerce* avaient imprimé *méchamment :*

« *La paix partout, la paix toujours.* »

Tandis qu'au contraire, — M. Guizot avait dit à la tribune :

« *La paix partout, toujours.* »

※ DÉNONCIATION CONTRE LES DIRECTEURS DU MUSÉE. — Après les premières campagnes d'Italie, les tableaux qu'on transporta à Paris arrivèrent, pour la plupart, dans un tel état de détérioration, que d'abord on les regarda comme irréparables.

M. Denon fut chargé par le gouvernement d'en tenter l'essai. M. Denon s'entoura de ce que l'école française comptait de grands talents; et ce fut avec le concours de Gros, de Girodet, de Gérard et de quelques autres qu'il entreprit cette difficile opération, blâmée tout d'abord par le public, qui criait au sacrilége de ce qu'on osait toucher à ces reliques.

Un procédé de nettoyage fut adopté, et l'on exposa publiquement plusieurs tableaux nottoyés à moitié.

Cette exposition satisfit complétement. Ces hommes habiles firent *eux-mêmes* les restaurations, et la France posséda le plus beau musée du monde et celui où les tableaux étaient dans le meilleur état.

Canova lui-même, chargé par les puissances alliées, en 1815, de présider à notre dépouillement, convenait qu'il y avait une sorte de profanation à détruire une chose aussi complète et dont la plupart des pages importantes avaient été ressuscitées par les soins et le talent de nos artistes. Après 1815, M. de Forbin fut nommé directeur général des musées royaux.

Depuis vingt-cinq ans tous ceux qui sentent la peinture voient chaque jour détériorer notre précieux reste de collection, à ce point qu'on le croirait livré à une secte d'iconoclastes qui travaillent incessamment à l'anéantissement des bons modèles.

Les moyens conservateurs qui sont d'un effet lent, mais certain, ne conviennent pas à l'entreprise, qui cherche un bénéfice sur les travaux qu'elle fait exécuter au rabais par ses badigeonneurs à la journée.

On récure avec l'*ammoniac* ou l'alcali ces tableaux que l'on veut dévernir. On risque de les perdre comme on a fait d'un magnifique *Largillière*, que l'on a fait gercer à ne plus oser le montrer; mais cela va vite, cela suffit. Ou bien on accumule les uns sur les autres une multitude de vernis, dont on fait une croûte opaque qui empêche de voir le ton du maître. C'est ce qui arrive pour presque tous nos tableaux italiens. On pourrait, un par un, examiner tous les tableaux du musée du Louvre, et il ressortirait de cet examen la preuve de cette industrie coupable.

Sous le n° 94 du livret, qui représente le *Crucifix aux anges*, de Lebrun, vous verrez un des plus funestes exemples que je puisse citer, tant le côté gauche du tableau est couvert du plus pitoyable barbouillage.

Le n° 1304, l'*Expérience*, charmant tableau par Mignard, dont le ciel, entièrement refait par un infime talent, fait mal aux yeux par son manque d'air et le ton criard qui ôte toute l'harmonie de cette œuvre.

Le n° 184, qui est la ravissante *Sainte Cécile* du même maître, est tacheté de mauvais repeints, heureusement dans les accessoires.

Mais que dire du n° 684, le *Triomphe de la Religion*, par Rubens ? L'aspect de ce tableau dans l'état où on l'a mis justifie toutes les expressions de dégoût et de colère que l'on peut employer. Ce tableau est maculé de la manière la plus incroyable ; une barre épaisse, et plus grossièrement mastiquée que par le plus maladroit des vitriers, le traverse par sa moité, et un barbouillage d'un ton faux est frotté négligemment sur les épaisseurs, de façon à en faire mieux voir la grossièreté. S'il y a un motif ou une excuse à un pareil fait quand on a à sa disposition tous les moyens connus, et qu'il y a dans un pays des hommes de talent, il faut se hâter de le faire connaître, sous peine d'encourir le blâme le plus énergique.

On peut en dire autant du Jules Romain n° 1073, la *Nativité*, tableau fendu et qui se perd faute de soin ; des affreux repeints du *Jupiter et Antiope*, du Corrége, n° 955, et de tant d'autres ! Mais que faire et que dire contre une administration et une agglomération de médiocrités qui vivent dans l'abondance de cette exploitation, et dont l'existence dépend du succès de leur guerre à tout ce qui est intelligence et progrès !

M. de Forbin est le directeur des musées, MM. de Sénonne et Granet sont les cornacs de cette ménagerie mâle et femelle de barbouilleurs à la journée, qui se ruent sur les tableaux pour faire curée de chaque jour; et comme tout cela occupe toutes les issues, cultive toutes les protections et accapare tout, cela a toutes les chances de durée. En voulez-vous un exemple? Un homme animé du sentiment des arts a trouvé un moyen de nettoyer les tableaux vernis, sans nuire à l'éclat du vernis, ce qui est d'un avantage immense pour la conservation de la peinture, puisque, une fois bien vernis, on peut ne jamais dévernir. Cet homme a cédé à la sollicitation d'un des membres de l'Académie et a soumis son procédé à l'examen de la section de peinture. L'expérience est venue justifier tous les désirs de l'inventeur, et l'on a, séance tenante, résolu qu'un rapport favorable serait fait. Mais qu'est-il arrivé? On a réfléchi qu'une pareille attestation pourrait mener à une application aux tableaux du musée et dérangerait l'exploitation si productive de messieurs tels et tels; et l'Institut a *naïvement* fait écrire, par son secrétaire, que la commission nommée pour examiner ce procédé, n'étant pas suffisamment éclairée, n'avait pas décidé qu'elle ferait un rapport. La logique conduisait naturellement à un nouvel examen si le premier ne suffisait pas; mais l'Institut est au-dessus de ces misères.

C'est une singulière société que celle-ci, — où la bourgeoisie qui est arrivée à tout, — qui est comblée de tout, — loin de songer à défendre sa conquête, — n'a pu perdre sa vieille habitude de crier.

TYPE. — M. Ganneron — que le gouvernement actuel a trouvé épicier, — et qui est devenu :

Membre de la Chambre des députés, — vice-président de la Chambre, — membre du conseil général du département, — commandant de la Légion d'honneur, — colonel de la 2e légion de la garde nationale, — et qui danse généralement les premières contredanses avec les filles et les brus du roi, M. Ganneron est *mécontent*.

M. Ganneron qui a gagné cent mille livres de rente *aux arts utiles de la paix* (commerce de chandelles en gros, demi-gros et détail), M. Ganneron demande la guerre.

M. Ganneron qui, sous le ministère Perrier, en 1831, fut l'auteur de l'ordre du jour motivé qui sanctionna l'inaction politique de la France pour l'infortunée Pologne.

M. Ganneron est prêt aujourd'hui à ouvrir le gouffre de la guerre universelle — pour les limites de la Syrie.

❦ A une des dernières représentations de l'Opéra, — le duc d'Aumale, qui, dit-on, est un jeune homme très-spirituel, parlait et riait très-haut dans la loge du prince royal. — On a fait entendre du parterre un *chut* énergique. — Les princes ne se sont pas retirés et ont eu le bon goût de baisser la voix.

Ceci pourrait servir quelquefois d'exemple à d'autres loges.

❦ La littérature fait assaut de croix et de décorations. — M. Dumas en a quinze. — M. E. Sue, chevalier de la Légion d'honneur, comme tout le monde, — a dernièrement, — à une grande chasse, chez le prince de Wagram, je crois, fait exhibition d'un cordon de Gustave Wasa.

M. Gauthier est un jeune homme qui fait depuis longtemps de la prose très-spirituelle et des vers très-magnifiques. Il y avait, certes, là plus qu'un prétexte à lui donner la croix d'honneur, qu'on a donnée sans prétexte à tant d'autres. — On a exigé, assure-t-on sérieusement, qu'il fît une grande ode sur le baptême du comte de Paris, et qu'il coupât ses cheveux qu'il portait très-longs. — J'ai vu l'ode et les cheveux coupés.

❦ M. Eugène Sue a imaginé un moyen singulier de raconter dans la meilleure société les histoires les plus scabreuses et les mots les plus risqués ; — il met le tout sur le compte de M. Affre, l'archevêque de Paris, — qui, grâce à cette plaisanterie, commence à passer pour un homme très-spirituel, mais un peu léger. — Je ne vois aucun moyen d'imprimer l'opinion de M. Affre sur le procès Lafarge.

🐝 Une des conséquences tristes de la Révolution de juillet, — après celle de n'avoir pas de conséquences, — est l'émigration des magnifiques ramiers qui depuis si longtemps habitaient le faîte des marronniers des Tuileries, et venaient le matin boire sur les bords du grand bassin, en faisant chatoyer au soleil levant leur plumage d'opales. — Ils ont été remplacés par d'affreuses corneilles, — dont les croassements inspirent des pensées lugubres.

Sæpè sinistra cavâ prædixit ab ilice cornix.

🐝 Je ne me lasserai pas de dénoncer aux Parisiens, destructeurs des rois, la tyrannie des cochers de fiacre, sous laquelle ils gémissent sans presque s'en apercevoir. Grâce à l'incurie de la police et à la mansuétude des bourgeois de Paris, — il arrivera bientôt que les chemins de fer, qui ne sont déjà plus un moyen d'aller plus vite à Saint-Germain ou à Versailles, seront cause qu'on n'ira plus du tout dans ces deux villes. — Plusieurs personnes ont eu à se plaindre de la grossièreté des employés du chemin de Versailles. — L'autre a gardé trois jours à Paris un paquet qu'on attendait à Saint-Germain. Il n'y a certes pas besoin de chemins de fer pour mettre trois jours à faire cinq lieues, attendu que les messageries feraient cent soixante lieues dans le même espace de temps.

🐝 Les épiciers, si longtemps conspués et honnis comme type du bourgeois crédule, vont rentrer dans leur obscurité ; — ils viennent d'être dépassés par *MM. les marchands fourreurs de la capitale* et par *MM. les fabricants de rubans* de la ville de Saint-Étienne.

Il y a quelque temps, les principaux fourreurs de Paris reçurent une lettre ainsi conçue :

« M*** est invité à se rendre *tel* jour, à *telle* heure, rue L..., n°..., pour affaire qui le concerne.

*Signé* V... »

Les fourreurs furent émus ; — ils crurent, les uns, qu'il s'agissait de quelque faillite dans laquelle ils se trouvaient compromis, — les autres, qu'il était question d'une fourniture importante ; — ils s'y rendirent tous ; — la plupart même devancèrent l'heure indiquée ; mais on fut sourd à toutes leurs questions : — Attendez ; — quand la séance sera commencée ; quand tout le monde sera arrivé, etc.

Enfin, quand on pensa qu'il y avait assez de fourreurs comme cela, — M. le directeur de ***, journal de modes, prit la parole.

J'ai longtemps hésité si je vous raconterais ici son discours à la manière de Tite-Live, — c'est-à-dire en reproduisant toutes ses paroles ; — mais la crainte de manquer d'exactitude m'a fait adopter la manière de Tacite, qui, après tout, en vaut bien une autre.

« M. V... était fort indécis, et il avait rassemblé MM. les fourreurs pour s'éclairer de leurs avis. Arbitre souverain de la mode en France, — que dis-je ? en Europe, — que dis-je ? dans le monde entier, — grâce à l'immense extension qu'a prise son journal, — il était au moment de porter ses arrêts souverains, et de décider ce qu'on porterait et ce qu'on ne porterait pas cet hiver, — ce qu'on donnerait et ce qu'on ne donnerait pas en cadeaux à l'époque du premier de l'an.

» Ainsi, il avait eu à se plaindre de la guipure, — et il avait supprimé la guipure ; — il défiait qu'on trouvât de la guipure sur les épaules d'une femme un peu bien.

» Il ne leur cachait pas qu'il n'était pas trop partisan des fourrures, — que quatre jours auparavant il avait failli proscrire les fourrures ; mais qu'il avait réfléchi que plusieurs fourreurs étaient de bons pères de famille et d'estimables négociants, —

qu'il s'était senti incertain, — que peut-être il manque à un devoir envers ses belles et illustres abonnées, mais qu'il n'a pu prendre sur lui de les ruiner tous d'un trait de plume ; que s'il n'aime pas les fourrures, il se sent touché de compassion pour les fourreurs.

» Qu'il avait été lui-même effrayé de sa puissance en songeant que d'une seule ligne, — en écrivant : *On ne portera plus de fourrures*, — il réduisait à la mendicité une foule de familles intéressantes, etc., etc. ; — car, l'arrêt porté, — il ne se vendrait plus en France un poil de fourrures ; — enfin, qu'il les avait réunis pour voir avec eux s'il n'y aurait pas moyen de les sauver. »

Les fourreurs furent atterrés ; — M. V..., lui-même, laissa tomber sa tête dans ses deux mains et se mit à méditer profondément. Tout d'un coup il releva le front ; son regard était inspiré : « Messieurs, — dit-il, — vous êtes sauvés ; — la fourrure peut n'être pas abolie. — Cotisez-vous, donnez-moi vingt mille francs, et je me charge du reste. »

Les fourreurs — réfléchirent, — se consultèrent et donnèrent vingt mille francs.

Quelque temps auparavant, M. V... était allé à Saint-Etienne, et il avait dit aux fabricants de rubans — que, sans trop savoir pourquoi, il s'était surpris à ne plus aimer du tout les rubans, — qu'il n'en pouvait plus voir un seul, — que probablement il n'en laisserait pas porter de tout l'hiver. — Cependant il s'était laissé toucher par le désespoir des fabricants de rubans de Saint-Étienne, — et il avait consenti à accepter d'eux une quinzaine de mille francs pour la grâce des rubans.

🐝 Il y a grande rumeur au Théâtre-Français. — *Par ordre supérieur*, M. Buloz doit faire passer la subvention que reçoit mademoiselle Mars, — qui se retire, — sur la tête de mademoiselle Rachel.

🐝 J'ai à remercier M. P... J..., qui, à propos de la réponse que j'ai faite le mois dernier à la brochure du sieur Bouchereau, m'a écrit pour me rappeler deux vers de Martial :

Versiculos in me narratur scribere Cinna;
Non scribit cujus carmina nemo legit.

Je vous assure, monsieur, que je suis fort indifférent sur ces choses, quand elles n'attaquent pas mon honneur, — et que je me garderais bien de répondre aux lettres anonymes, injurieuses et menaçantes, — voire même aux brochures, — ce qui ne m'empêche pas plus de suivre tranquillement ma route — que les coassements et le *brekekekoax* des grenouilles dans leurs marais, quand je me promène au coucher du soleil, — ce que j'avouerai même ne pas m'être désagréable.

Je remercie également M. E... F... de ses jolis vers.

Je remercie M. E. Bouchery, qui a eu l'obligeance de me prier de ne pas le confondre avec M. E. Bouchereau. — Je n'avais pas attendu sa lettre pour cela.

A propos de M. Bouchereau, il m'a envoyé son adresse, et je lui ai envoyé deux amis.

— Pardon, messieurs, a-t-il dit à mes amis, M. Karr est-il blond?

— Il ne s'agit pas de cela, monsieur.

— Beaucoup, au contraire, messieurs : c'est que, s'il est blond, je suis prêt à me couper la gorge avec lui; — mais, s'il est brun, je lui fais de très-humbles excuses. — Ma brochure est faite contre un petit blond qui m'a dit être M. Karr.

— M. Karr est grand et brun, comme vous avez pu le voir dans le volume où il demande l'adresse de vos oreilles.

— Alors, messieurs, j'irai lui offrir mes excuses.

Et M. Bouchereau est venu m'apporter des explications écrites qui rempliraient deux volumes des *Guêpes*, — à quoi il a bien voulu ajouter qu'il n'avait aucune preuve de ce qu'il avait écrit à mon endroit, — ni aucune raison d'en croire un mot, — me priant d'agréer ses excuses, ce que j'ai fait le plus sérieusement qu'il m'a été possible.

M. Bouchereau se nomme André Éloi et est fondateur d'une société ayant pour but le soulagement des clercs d'huissier dans la détresse.

🐝 La reine Amélie a été un peu scandalisée de ce que, dans la composition de la maison de la reine d'Espagne, il n'y a aucune femme.

Il n'est peut-être rien de plus triste que de voir ces tristes familles divisées et séparées — comme les graines d'une même plante.

 Connaissez-vous, au fond de mon jardin,
Près d'un acacia, sur le bord du chemin,
Certaine giroflée, amis, qui se couronne,
Lorsque vient le printemps, d'étoiles d'un beau jaune?
Un suave parfum la dénonce de loin :
Lorsque arrive l'été, — lorsque sèche le foin,
Elle perd et ses fleurs et ses odeurs si douces,
Et la graine mûrit dans de noirâtres gousses,
Jusqu'au jour où le vent, le premier vent d'hiver,
Qui fait tourbillonner le feuillage dans l'air,
Emporte et sème au loin, dans diverses contrées,
Les graines au hasard en tombant séparées.
L'une tombe et fleurit sous le pied de sa mère;
Une autre sur un roc, ou bien dans la poussière,
  Vient sécher et mourir.

Dans les fentes du mur de l'église gothique,
Petit encensoir d'or, au parfum balsamique,
  L'une trouve à fleurir.

L'autre sur un donjon, au travers de la grille,
Secouant son parfum, se balance et scintille,
  Et dit au prisonnier :

Qu'il est encor des champs, des fleurs et du feuillage,
Du soleil et de l'air, — et puis dans le nuage
  Un Dieu qu'on peut prier.

M. Dosne, receveur général à deux cent mille francs par an, — sans compter l'argent de poche gagné à la Bourse, — est furieux contre le roi. — Dernièrement, au club de la Banque, — au cercle Montmartre, — il s'est laissé aller à des paroles des plus aigres. — Un financier un peu plus lettré que le receveur général, se tournant vers les généraux R... et C..., l'a arrêté par la simple citation d'un vers de Gilbert, adressé aux athées du XVIII<sup>e</sup> siècle, qui vivaient des biens de l'Église :

Monsieur trouve plaisant le Dieu qui le nourrit.

On a joué au Palais-Royal une pièce intitulée les *Guêpes*.

LES INONDATIONS. — Pendant que M. Thiers se donnait tant de peine pour nous donner la guerre, — le ciel déchaînait de son côté un autre fléau sur une partie de la France.

Les fleuves et les rivières sortirent de leur lit avec fureur et portèrent partout la terreur, la dévastation et la mort. — Le Rhône et la Saône se rejoignirent, renversant tout sur leur passage, — entraînant les maisons par centaines, — les ponts, les hommes et les troupeaux.

Il tomba plus de pluie en sept jours qu'il n'en était tombé dans les sept mois précédents. — Plusieurs départements furent inondés, — six cents maisons furent détruites dans le seul arrondissement de Trévoux. — La Charente, la Loire, la Dordogne, la Nièvre, — franchirent leurs rives ; — c'était un nouveau déluge, — et les vengeances célestes ne furent arrêtées que par le souvenir de l'inutilité du premier.

A la nouvelle de ces désastres, le roi envoya cent mille francs, — c'est une grosse somme, — c'est une offrande convenable. — Mais quelle belle occasion perdue ! Combien il eût été beau de voir le roi de France faire un grand sacrifice, — vendre une de ses nombreuses propriétés pour en envoyer le produit aux inondés.

Il s'est laissé dépasser en générosité par M. de L..., député, qui a emprunté pour envoyer mille francs.

Pendant ce temps, pour MM. Thiers, — Gouin, etc., — pour MM. Soult, Guizot, etc., — il n'y avait qu'une affaire importante, c'était *les limites de l'Égypte*. — Je me trompe, il y en avait une autre encore plus importante, c'était de savoir qui serait ministre.

L'opposition radicale demandait la réforme électorale.

C'est un peu trop, ô Fontanarose, abuser du *spécifique unique qui guérit les maux passés, futurs, présents*.

Le parti conservateur a ici l'avantage. — MM. Hartmann, Paturle, Fulchiron, etc., ont envoyé de grosses sommes.

J'ai cherché en vain dans les listes de souscription : je n'ai pas vu que M. Thiers, enfant du Rhône, ait cru devoir apporter son offrande. — Serait-il jaloux du fléau? — Si je me suis trompé, je prie ses amis de me le faire savoir.

Au plus fort de l'inondation, — un homme est arrivé à Lyon, — en sabots et en blouse, conduisant, le fouet à la main, plusieurs charrettes chargées de pain et d'autres vivres, — qu'il mena à la mairie. « Monsieur le maire, dit-il, je suis maire aussi, — mais de la petite commune de Saint-Christophe. — Voilà tout ce que nous avons pu faire pour le moment. — Je reviendrai. »

Il y avait tant de grandeur dans cette simplicité, que les assistants furent émus.

Je le crois bien, — moi, je pleure en vous le racontant.

Le maire de Saint-Christophe revint sur ses pas, et dit : « Ce n'est pas moi qui ai eu l'idée, c'est mon adjoint. » Puis il s'en retourna.

O monsieur le maire de Saint-Christophe! — Bon homme, brave homme, que vous êtes! de tous les gens qui sont quelque chose aujourd'hui, — vous êtes le seul qui m'ait parlé au cœur. — Monsieur le maire de Saint-Christophe, homme si modeste, vous ne savez pas combien vous êtes plus grand que tous ces grands hommes de réclame, — tous ces illustres bavards, — ces illustres voleurs, — qui se mêlent de nos affaires, ou plutôt qui mêlent nos affaires. — Monsieur le maire de Saint-Christophe, avec votre blouse et vos sabots, — conduisant vos charrettes, — vous ne savez pas — de combien vous dépassez le roi Louis-Philippe envoyant ses mauvais cent mille francs.

O monsieur, que je voudrais savoir votre nom ! — J'ai des amis à Lyon, je les prie de me l'envoyer, — cela me gêne de ne pas le savoir. — Je ne suis pas voyageur, — mais j'irais bien à Lyon pour vous serrer la main, monsieur. — J'admire peu, — monsieur : — c'est que je garde ma vénération pour les choses grandes, — pour les choses vraies, — pour les hommes simples comme vous.

Janvier 1841.

Sur Paris. — La neige et le préfet de police. — Il manque vingt-neuf mille deux cent cinquante tombereaux. — Deux classes de portiers. — Le timbre et les *Guêpes*. — Le gouvernement sauvé par lesdits insectes. — M. Thiers et M. Humann. — M. le directeur du Timbre. — Une question des fortifications. — Saint-Simon et M. Thiers. — Vauban, Napoléon et Louis XIV. — Les forts détachés et l'enceinte continue. — Retour de l'empereur. — Le ver du tombeau et les vers de M. Delavigne. — Indépendance du *Constitutionnel*. — Un écheveau de fil en fureur. — Napoléon à la pompe à feu. — Le maréchal Soult. — M. Guizot. — M. Villemain. — La gloire. — Les hommes sérieux. — M. de Montholon. — Le prince de Joinville et lady ***. — M. Cavé. — Vivent la joie et les pommes de terre ! — Les vaudevillistes invalides. — M. de Rémusat. — M. Étienne. — M. Salverte. — M. Duvergier de Hauranne. — M. Empis. — M. Mazère. — De M. Gabrie, maire de Meulan, et de Denys, le tyran de Syracuse. — Le charpentier. — *Doré* en cuivre. — Le cheval de bataille. — M. ***. — M. le duc de Vicence. — Le roi Louis-Philippe

a un cheval de l'empereur tué sous lui. — M. Kausmann. — Aboukir.
— M. le général Saint-Michel. — Le cheval blanc et les vieilles filles.
— Quatre Anglais. — M. Dejean. — L'Académie. — Le parti Joconde.
— M. de Saint-Aulaire. — M. Ancelot. — M. Bonjour veut triompher en
fuyant. — Chances du maréchal Sébastiani. — Réception de M. Molé.
— M. Dupin, ancêtre. — Mot du prince de L***. — Mot de M. Royer-
Collard. — M. de Quelen. — Le *National*. — Mot de M. de Pongerville. —
Histoire des ouvrages de M. Empis. — Le dogue d'un mort. — MM. Baude
et Audry de Puyraveau. — M. de Montalivet. — Le roi considéré comme
propriétaire. — M. Vedel. — M. Buloz. — Un vice-président de la vertu.
— La Favorite. — Un bal à Notre-Dame. — École de danses inconvenantes. — M. D*** et le pape. — M. Adam. — M. Sauzet. — J. J. — Les
receveurs de Rouen. — La princesse Czartoriska. — Madame Lehon. —
Madame Hugo. — Madame Friand. — Madame de Remy et mademoiselle Dangeville. — Madame de Radepont. — Lettre de M. Ganneron. —
M. Albert, député de la Charente. — M. Séguier. — Les vertus privées.
— La garde nationale de Carcassonne. — Le général Bugeaud. — Correspondance. — Fureurs d'un monsieur de Mulhouse.

JANVIER. — SUR PARIS. — Pendant un froid de trois semaines, Paris, couvert de glace, a été le théâtre d'une foule de sinistres accidents, après quoi le dégel est arrivé, et Paris est devenu un horrible cloaque, où les hommes marchent dans une boue noire jusqu'à la cheville.

— On a souvent reproché au préfet de police son incroyable incurie; mais le préfet de police ne s'occupe que de politique, et répond que, pour enlever la neige qui couvre Paris, il lui faudrait trente mille tombereaux, tandis qu'il n'en possède, en réalité, que sept cent cinquante.

— A quoi on répond au préfet de police — qu'à Londres on n'a jamais vu une rue sale, parce qu'on n'attend pas, pour enlever les immondices, qu'il y en ait trente mille tombereaux, — parce qu'il y a dans les rues des cantonniers qui les balayent perpétuellement, etc.

On répond encore au préfet de police qu'il ne suffit pas de faire afficher sur les murs que les portiers casseront la glace et balayeront e devant de leurs portes;

— Qu'il faut encore veiller à l'exécution desdites ordonnances et l'exiger. —

En effet, les portiers se divisent en deux classes :

PREMIÈRE CLASSE : *Portiers libéraux, ne tenant aucun compte des ordonnances de police.*

DEUXIÈME CLASSE : *Portiers juste milieu, exécutant lesdites ordonnances de la manière que voici :*

Les portiers des numéros pairs poussent leurs ordures, neiges, glaces, etc., de l'autre côté du ruisseau, et les mettent en tas contre les numéros impairs ;

Les portiers des numéros impairs poussent leurs glaces, neiges et ordures, de l'autre côté du ruisseau, et les mettent en tas contre les numéros pairs.

Après quoi chacun *a fait son devoir.*

Les portiers amis du pouvoir ont balayé conformément aux ordonnances de M. Delessert.

M. Delessert, impatienté des réclamations de ses administrés, a imaginé ce qui suit pour les satisfaire en apparence et pour s'en venger en même temps :

Sur la fin de la gelée, il place dans quelques rues, près des trottoirs, quelques comparses armés de pioches, qui vous font jaillir des fragments de glace au visage et en couvrent vos vêtements.

Au dégel, il divise ses sept cent cinquante tombereaux en cinq ou six brigades, qui, au nombre de cent, sont chargées d'encombrer une rue, de l'obstruer, d'accrocher les voitures et de rendre le passage impossible.

Alors le bourgeois se dit : « J'accusais à tort ce bon M. Delessert. — Qu'est-ce que je disais donc? qu'on n'enlevait pas la neige? — Les rues sont pleines de tombereaux. »

Puis le dégel arrive tout à fait, et les piétons finissent par enlever peu à peu la boue après leurs pantalons, et Paris est nettoyé — par ses habitants eux-mêmes, sans qu'ils s'en doutent.

Il est vrai de dire que, pour faire exécuter ses ordonnances, M. Delessert aurait beaucoup plus à faire qu'un magistrat anglais ; — mais, quelques difficultés qu'il y rencontre, il doit les surmonter.

En Angleterre, pays constitutionnel comme la France, où tout le monde contribue à la fabrication des lois, — comme électeur ou comme membre d'une des deux Chambres, — chacun respecte les lois et en protége l'exécution. — Un *policeman* qui inviterait un citoyen à se conformer à une ordonnance de police, et qui rencontrerait de la rébellion, trouverait immédiatement l'appui de tous les passants.

En France, c'est le contraire : qu'un homme ait un différend avec la police ou la gendarmerie, le peuple se déclare pour lui, sans même demander d'abord si c'est un voleur ou un assassin.

Un soldat a besoin du baptême du feu, — du baptême du sang ; — un citoyen, pour être populaire, a besoin du baptême de la police correctionnelle.

Quiconque se conforme strictement aux ordonnances de police est immédiatement, dans son quartier, réputé espion et mouchard.

Que la police sépare un champ en deux parties égales, et écrive d'un côté :

*Défense d'entrer ici.*

Cela aura précisément le résultat qu'aurait une défense d'entrer de l'autre côté... qui serait exécutée.

Une croix de bois pend du haut d'une maison d'où les couvreurs *font pleuvoir l'ardoise et la tuile à foison.* — On vous défend de passer de ce côté de la rue ; l'autre côté devient désert par le soin qu'ont tous les passants de désobéir à la défense.

Les marchands du côté où il est permis de passer se plaignent de ne plus vendre, et écrivent à M. Delessert pour le prier de ramener le public sur le trottoir en lui défendant d'y passer.

Les Parisiens de bonne foi savent bien que je ne fais ici aucune exagération ; — il y en a d'autres qui ne remarquent pas cela, parce qu'ils ne remarquent rien. — Semblables aux hommes dont parle l'Écriture : « *Ils ont des yeux et ils ne voient pas.* » Semblables aux hannetons, qui, faisant partie intégrante de l'histoire naturelle, ne savent pas l'histoire naturelle pour cela.

Ce qui donne aux Parisiens, — et, je crois, aux Français en général, l'aspect fâcheux que voici :

Ou haïssant tellement le gouvernement sous lequel *ils gémissent,* qu'ils s'opposent de tout leur pouvoir à l'exécution de toutes ses vues, quelque utile qu'en puisse être la réalisation ; c'est le peuple le plus lâche du monde de ne pas le renverser tout à fait ;

Ou c'est un peuple d'écoliers se plaisant à faire *endéver* ses pédagogues.

LE TIMBRE ET LES GUÊPES. — Le 7 décembre 1840, — M. Humann, ministre des finances, a présenté à la Chambre la carte à payer de l'orgie présidée par M. Thiers.

D'où il résulte que les dépenses prévues, pour 1841, excéderont les recettes ordinaires de HUIT CENT TRENTE-NEUF MILLIONS.

Ceci n'a pas laissé que de produire quelque impression sur les esprits. Le gouvernement qui succède au gouvernement de M. Thiers s'est senti réduit aux expédients, — et il n'a trouvé des ressources, pour suppléer aux huit cent trente-neuf millions de déficit, que dans les *Guêpes.*

Et voici comment :

Depuis un an et demi que je publie mes petits volumes, — on les a reçus à la poste, — on en a perçu le port sans la moindre observation :

Mais, le 8 au matin, on a fait savoir qu'on allait exiger que les *Guêpes* fussent timbrées, c'est-à-dire que mes pauvres petits livres seraient condamnés à l'avenir à être salis d'un grand vilain cachet noir qu'il me faudrait payer douze centimes par exemplaire, moyennant quoi le gouvernement pourrait continuer à marcher, malgré son déficit de huit cent trente-neuf millions.

Voyez un peu ce qu'allait devenir le gouvernement, si je n'avais pas eu, il y a un an et demi, l'idée de faire paraître *les Guêpes!*

J'ai chargé mon ami B... d'examiner la question.

Si la loi ne me condamne pas au timbre, — je ne me laisserai pas timbrer, et je soutiendrai contre M. le directeur tel procès qu'il faudra.

Si la loi me condamne, je me soumettrai sans murmurer; — seulement je ferai d'abord à M. le directeur des domaines, — puis, à son refus, aux tribunaux, la question que voici :

Le timbre a-t-il pour but d'assurer le payement d'un impôt — ou de salir les livres?

Si l'on me répond que le timbre a pour but de salir les livres, le but est rempli, je n'ai rien à dire. — Voyez par avance, sur votre journal, le joli effet que produit ce pâté noir, et représentez-vous celui qu'il produirait sur une page des *Guêpes*, qu'il couvrirait tout entière.

Et il me faudra deux timbres par numéro; alors je laisserai cette page en blanc, en mettant seulement au-dessous du cachet du fisc : *page salie par le fisc.*

Si on me dit que le timbre n'a pour but que de marquer les exemplaires qui ont payé l'impôt, pour ne pas le leur demander deux fois, et ne pas oublier surtout de le demander aux autres, — je demanderai quelle nécessité il y a que le timbre soit un gros cachet sale, pourquoi le timbre, qui occupe un petit coin de la grande feuille d'un journal, ne serait pas proportionné au format d'un livre; pourquoi on n'aurait pas un peu plus d'égard pour un livre imprimé sur de beau papier, et qui doit rester pour former collection, que pour un journal qui n'a que six heures à vivre?

Pauvre gouvernement! quel bonheur pour lui que j'aie fait

imprimer le volume des *Guêpes* le 1er novembre 1839! où en serait-il aujourd'hui?

Je prie certaines personnes auxquelles parviendra la connaissance de ceci de m'accorder immédiatement la part d'estime à laquelle a droit, en France, un homme qui, d'un moment à l'autre, va se trouver repris de justice.

DES FORTIFICATIONS. — Saint-Simon, qui avait été lié avec Vauban et qui est un historien plus fort que M. Thiers; — Saint-Simon, édité comme M. Thiers par le libraire Paulin; — Saint-Simon, qui approuve beaucoup de choses, entre autres la convocation des états généraux et la banqueroute de l'État, Saint-Simon ne peut approuver les fortifications de Paris que rêvait le roi.

Napoléon n'y a pas pensé en dix ans de règne.

La fortification d'une capitale est un moyen désespéré, un spécifique d'empirique, — un de ces remèdes de bonne femme que les médecins permettent d'essayer quand tous les autres ont échoué et quand leur malade est condamné.

Mais il se joue une comédie — qui pourrait avoir pour titre le mot de Brid'oison:

**De qui se moque-t-on ici?**

Aujourd'hui, les gens qui se sont élevés avec le plus de véhémence contre les forts détachés, — les gardes nationaux qui ont le plus crié contre lesdits forts, — les journaux qui ont fait les plus longs discours contre l'*embastillement* de Paris, — qui dénonçaient chaque pelletée de terre remuée, — avec appel à l'insurrection,

Tout le monde est devenu partisan des fortifications.

Par exemple, écoutez-les tous, — ils n'ont qu'une raison, qu'un but: — c'est la crainte d'une invasion.

Le roi craint une invasion.

Le parti radical craint une invasion.

Le parti de M. Thiers craint une invasion.

Certains hommes de finance craignent une invasion.

Les légitimistes eux-mêmes craignent une invasion.

Or, en réalité, aucun d'eux ne s'en soucie le moins du monde.

Le roi tient, à un degré incroyable, à ses forts ; — il sait l'influence des synonymes. — On peut en France ne jamais changer les choses, pourvu qu'on change les noms. — L'*odieuse conscription* ne fait plus murmurer personne depuis qu'elle s'appelle *recrutement*. — La *gendarmerie*, si détestée, a le plus grand succès sous le nom de *garde municipale*. — Louis-Philippe, lui-même, n'est qu'un synonyme, — ou plutôt un changement de nom. — Les *forts détachés* ont fait pousser à la France entière un cri d'indignation ; — l'*enceinte continue* est fort approuvée. Si ce synonyme-là n'avait pas réussi, le roi en avait encore vingt en portefeuille, qu'il aurait essayés successivement ; — on peut gouverner la France avec des synonymes.

Maintenant je dirai que je ne crois pas que le roi attache de grandes idées de tyrannie à ses fortifications, — qu'il y attache bien plutôt des idées de bâtisse.

Les partis opposés au gouvernement demandent les fortifications. — Comme Napoléon disait à un de ses généraux qui se plaignait de manquer de canons : « L'ennemi en a, il faut les lui prendre. »

Les partis savent très-bien que Paris sera toujours le quartier général de la révolution, — et qu'en cas d'événement il faut être maître de Paris. — Les partis sont enchantés que Louis-Philippe fasse des fortifications.

Je voudrais pouvoir vous dire, à propos de la nouvelle année et du nouveau ministère, — ce que Virgile disait à propos de la naissance du fils de Pollion, — qui devait amener tant de bonheur et tant de prodiges.

## JANVIER 1841.

*Molli paulatim flavescet campus arista,
Incultisque rubens pendebit sentibus uva
Et duræ quercus sudabunt roscida mella*, etc., etc.

. . . . . . . . . . . .
On verra sans travail les blés jaunir la plaine,
Aux ronces du chemin pendre un raisin pourpré,
Et des chênes noueux couler un miel doré.

. . . . . . . . . . . .
On supprime à jamais la garde citoyenne.
La vertu reparaît, et, vides, les prisons
Dans leurs humides murs n'ont que des champignons.
Les journaux en français écrivent leurs colonnes :
Le printemps, en janvier, devançant le soleil,
Pare son front joyeux de ses vertes couronnes,
Et les tièdes zéphyrs, annonçant son réveil,
Balancent des lilas la fleur nouvelle éclose.
Les moutons épargnant à l'homme un dur travail,
Se font un vrai plaisir de naître teints en rose [1],
Et paissent dans les champs tout cuits et tout à l'ail.
Chacun, depuis hier, prix d'une longue attente,
Possède, en propre, au moins vingt mille francs de rente ;
Lassés d'être valets de toute une maison,
Les portiers ont des gens pour tirer le cordon.
On ne demande plus l'aumône qu'en voiture.
Près de la Halle au blé on a vu qui fumait
Dans un large ruisseau du chocolat parfait.
Les cerfs au haut des airs vont chercher leur pâture [2] ;
Tout est renouvelé, tout est heureux, content,
Et, jusqu'aux députés, tout est mis décemment.

---

[1] *Sponte sua sandyx pascentes vestiet agnos.*

[2] Je ne suis pas bien sûr que ce vers, que je traduis par respect pour Virgile, et que je traduis de mémoire, — *Leves... pascentur in æthere cervi,* — soit précisément dans l'églogue sur la naissance de Pollion, — car, à vrai dire, je ne comprends pas bien quel bonheur cela pouvait procurer aux Romains, de voir des cerfs paître dans l'air, — et je serais tenté de croire que ce vers signifie que Virgile promet un *cerf-volant* au fils de Pollion, né de la veille.

M. Guizot, M. Villemain, etc., etc.

🐝 Du reste, — on vendait dans les rues de petites brochures, — dont le titre était ainsi crié peu correctement :
*Description du char et de ceux qui l'ont trahi.*

🐝 Pour moi, me rappelant qu'il y avait, dans ce peuple si empressé à aller au-devant de l'empereur mort, — bien des gens encore qui, en 1815, — il y a vingt-cinq ans, — ont accompagné son départ d'insultes et de menaces de mort, je me suis senti profondément attristé, — j'ai songé à ce qu'on appelle la gloire, — seul prix des corvées que s'imposent les héros et les grands hommes; j'ai songé à la mobilité des passions du peuple, — qui se réjouit avec un égal enthousiasme, — du retour de l'empereur, parce que c'est un spectacle, — et de son départ, parce que c'est du tapage, et je suis resté seul dans ma chambre, — seul dans ma maison, — seul dans ma rue, — à me rappeler les grandes actions et les grandes douleurs de l'empereur Napoléon,

Et à regarder ce que sont les hommes qui se prétendent *sérieux*, — et qui me disent d'un air protecteur : *Quand deviendrez-vous sérieux ?* — Parce que je suis libre, indépendant, rêveur et insouciant.

Ils sacrifient leur vie, leur douce paresse, leurs amours, pour avoir, après de longs travaux, le droit d'attacher d'un nœud à la boutonnière de leur habit un ruban d'un certain rouge. Arrivés à ce succès, ils recommencent de nouveaux et de plus grands efforts : il ne faut pas s'arrêter en si beau chemin. — Quel bonheur, en effet, si vous aviez le droit, — dût-il vous en coûter un bras ou une jambe, — quel bonheur si vous pouviez faire une rosette à votre ruban ! — On n'épargne pour cela ni soins, ni sacrifices, et, un jour, vous obtenez cette flatteuse récompense.

Une rosette, grand Dieu! quelle supériorité cela vous donne sur ceux qui n'ont qu'un nœud!

On se rappelle, cependant, avec plaisir, le moment où on n'a-

*RETOUR DE NAPOLÉON.* — A l'égard de MM. les députés surtout, il n'en est rien, et on a été choqué de leur tenue à la fête funèbre de l'empereur Napoléon. — Plusieurs personnes même — se demandaient si, dans cette circonstance solennelle, et ensuite à la Chambre, — on ne pourrait pas leur donner des manteaux qu'ils rendraient après la séance et qui cacheraient les défroques variées dont ils se plaisent à affliger les regards. C'est ce que fait l'administration des pompes funèbres pour les proches parents des morts qui n'ont pas de costume convenable. — C'est propre, c'est décent, — et cela rendrait à nos députés, à nos représentants, un peu de la considération publique qui leur est si nécessaire.

Je ne parlerai pas de tous les vers auxquels cette fête impériale a servi de prétexte. — Il y a de belles strophes et de belles pensées dans ceux que M. Hugo a bien voulu me donner. — Ceux de M. Casimir Delavigne ont été reconnus les plus mauvais de tous; — et en lisant la strophe qui se termine ainsi :

> La France reconnut sa face respectée,
> Même par le ver du tombeau,

On a regretté généralement que les vers de M. Delavigne n'aient pas pris exemple sur ce ver mieux appris.

*Le Constitutionnel* a fait un article ainsi intitulé :

CONSÉQUENCES DÉSIRABLES DU RETOUR DES CENDRES DE
L'EMPEREUR NAPOLÉON.

Le *Constitutionnel* est depuis longtemps célèbre par l'indépendance de son langage, qui brave les lois de la grammaire et brise le joug de la logique. — On se rappelle cette phrase fameuse : — « *C'est avec une plume* TREMPÉE DANS NOTRE CŒUR *que nous écrivons ces lignes, etc.* »

Et ces métaphores : — « *L'horizon politique se couvre de*

*nuages, que ne pourra peut-être pas renverser l'égide du pouvoir qui tient d'une main mal affermie le gouvernail du char de l'Etat.* »

Cela se passait en 1837, — à l'époque où l'avocat Michel (de Bourges) disait à la Chambre des députés : — « *Il est temps, messieurs, de sortir de l'*OCÉAN INEXTRICABLE *où nous nous trouvons.* »

Métaphore qui équivaut à celle qui peindrait — *un écheveau de fil en fureur.*

Il y avait trois tombes possibles pour Napoléon : — Sainte-Hélène, d'abord, pour les poëtes, fin si grande, si poétique, d'une si grande histoire ; — calvaire où l'homme s'était fait dieu.

Ensuite, pour le peuple et pour les soldats, — la colonne de la place Vendôme, — tombeau élevé par la grande armée à son général avec les canons ennemis.

Puis enfin, pour l'empereur lui-même et pour sa dernière volonté, *Saint-Denis*, où il avait demandé à être enterré, — et où j'ai vu dans mon enfance les portes de bronze qu'il avait fait faire lui-même pour fermer son caveau.

Mais, au moyen d'un jeu de mots, — on a traduit littéralement : *Je veux être inhumé aux bords de la Seine*, — et on a mis l'empereur aux Invalides. Il est heureux qu'on ne l'ait pas mis à la pompe à feu.

Le sort est un grand poëte comique — qui se donne parfois à lui-même de singulières représentations aux dépens des vanités humaines. — Il s'était amusé à réunir au pouvoir une foule de gens qui avaient trahi l'empereur en son temps, et qui l'avaient passablement maltraité par leurs actes et par leurs écrits.

Le maréchal Soult, un de ces hommes qu'il avait inventés, soldats intrépides, mais instruments inutiles quand ils ne furent plus dans sa main puissante.

Soldats sous Alexandre, et Rien après sa mort.

vait qu'un nœud ; le momend où, si vous aviez eu l'audace de faire une rosette à votre cordon, la gendarmerie, la garde nationale, l'armée entière, eussent été occupées à punir votre forfait. — On se dit : Et moi aussi, cependant, il y a eu un temps où je n'avais qu'un simple nœud ! »

Mais ce qui est encore plus loin de vous, ce que vous n'osez pas espérer, ce que vous placez au nombre des désirs ridicules — à l'égal de l'envie qu'aurait une femme d'un bracelet d'étoiles, — c'est... je n'ose le dire... c'est... ô comble du bonheur ! ô gloire ! ô grandeur ! c'est de nouer le cordon autour du cou ; — mais n'en parlons pas, c'est impossible...

Eh bien ! si vous êtes un homme heureux, si les circonstances vous favorisent, si vous n'êtes pas trop scrupuleux sur certains points,

Un jour, quand vous êtes vieux, quand vos cheveux sont blancs, il vous arrive ce bonheur inespéré. Vous yeux laissent échapper des larmes de joie, et vous mourez en disant : « O mon Dieu ! peut-on penser qu'il y a des hommes assez aimés du ciel pour porter le ruban en bandoulière, de droite à gauche ! »

Et cela, ô hommes graves et sérieux ! tandis que les femmes se couvrent, à leur gré, de rubans de toutes couleurs, en nœuds, en rosettes, en ceintures : — voilà des rubans sérieux, voilà une affaire véritablement grave, — car cela les rend jolies.

🙢 Le prince de Joinville, chargé d'aller chercher à Sainte-Hélène et de ramener en France les restes de Napoléon, a accompli sa mission avec beaucoup de convenance et de dignité ; — ayant appris en mer la rupture des relations entre la France et l'Angleterre, et craignant d'être attaqué, il s'était disposé au combat et avait annoncé qu'il ne se rendrait pas et se ferait couler.

🙢 En général, — la cérémonie, d'après ce que j'ai lu dans les journaux, — ressemblait beaucoup trop aux représentations du Cirque-Olympique. — On ne s'en étonnera pas quand j'aurai dit que le soin en avait été confié à M. Cavé et à trois autres vaudevillistes de ses amis.

J'ai déjà eu occasion de signaler plusieurs des vaudevillistes qui sont devenus des hommes d'Etat, —

**Tombés de chute en chute aux affaires publiques.**

M. de Rémusat, qui était ministre il y a un mois; — M. Etienne, qui est pair de France et qui a fait le *Pacha de Suresnes;* — feu M. Salverte, député de Paris; — M. Duvergier de Hauranne, député; — M. Empis, directeur des domaines; — M. Mazère, préfet, etc., etc. — Le pouvoir, en France, aujourd'hui, sert de retraite aux vaudevillistes invalides.

M. Cavé, directeur des Beaux-Arts, est auteur d'un vaudeville intitulé : *Vivent la joie et les pommes de terre!*

Il est surtout connu comme auteur, en société avec M. Duvergier de Hauranne, d'une chanson fort spirituelle, dit-on, sur un sujet dont le nom, emprunté à la *perfide Albion,* — ne peut guère se dire et ne peut pas s'imprimer. —

La cérémonie du retour de Napoléon a été funeste au gouvernement de Juillet. — M. Gabrie, maire de Meulan, avait tout préparé pour recevoir dignement à son passage, sous son pont, — un assez vilain pont, du reste, — les bateaux qui rapportaient l'empereur. — Les bateaux ont passé trop vite, — les préparatifs de M. le maire ont été perdus; quelques habitants de la commune ont plaisanté, et M. Gabrie, exaspéré, a écrit au préfet de Seine-et-Oise une longue lettre pleine d'une amertume bouffonne, qui se termine ainsi :

« Depuis dix ans, monsieur le préfet, nous avons traversé bien des jours d'inquiétude, et toujours je vous ai dit : « Je » réponds de ma population; elle est dévouée au roi et à la » Révolution. » Aujourd'hui, tout est rompu : il y a irritation profonde contre le gouvernement de *la peur partout et toujours;* il y a mépris évident pour celui de la dignité duquel on a fait si bon marché ; je ne puis plus dire : « Je réponds. »

» Dans cette position, je crois devoir vous adresser ma démission. Gabrie. »

M. Gabrie n'a pas voulu renoncer à l'encens que reçoit des journaux quiconque est en opposition avec le gouvernement, — à tort comme à raison, — et il a envoyé son épître à diverses feuilles, qui n'ont pas manqué de trouver que *ce sont là de nobles sentiments qui honorent un citoyen et flétrissent un gouvernement pusillanime.*

Pour nous, il nous est impossible d'y voir autre chose qu'un mélange du Prudhomme de Monnier et du tambour-major de Charlet : — « Je donne ma démission ; le gouvernement s'arrangera comme il pourra. »

Jusqu'ici on ne connaissait pas assez la population de Meulan, — ou plutôt la population de ce bon M. Gabrie. — Il paraît que c'est une nation bien terrible, et que, sans l'intervention de M. Gabrie, — elle eût depuis longtemps mis Paris à la raison. — M. Gabrie ne répond plus de rien. — La commune de Meulan va-t-elle se borner à se déclarer ville libre et indépendante, ou viendra-t-elle assiéger la capitale ? C'est le premier argument un peu fort que je vois en faveur des fortifications, et, peu partisan, jusqu'ici, des forts détachés et de l'enceinte continue, entre lesquels je n'ai pas vu une grande différence, je me propose d'examiner, avant d'en reparler, si l'état d'irritation où se trouve la commune de Meulan ne les rend pas nécessaires aujourd'hui que M. Gabrie ne répond plus d'arrêter ses indomptables administrés.

Je joindrai ma voix, monsieur Gabrie, aux éloges que vous avez reçus de plusieurs estimables carrés de papier, et je vous rappellerai les exemples des grands hommes qui avant vous ont plus ou moins volontairement renoncé au pouvoir.

Croyez-moi, les humains, que j'ai trop su connaître,
Ne valent pas, monsieur, qu'on daigne être leur maître.

Sylla abdiqua la dictature ; — Christine de Suède vint demeurer à Fontainebleau, etc. ; — Denys, roi de Syracuse, se fit maître d'école ; — Dioclétien quitta l'empire du monde pour se faire jardinier à Salone.

Aujourd'hui, monsieur Gabrie, libre du joug superbe où vous avait attaché l'amour de votre pays, — vous rentrez dans les douceurs de la vie privée, d'autant plus agréablement, monsieur Gabrie, que vous avez gagné près de cinq cent mille francs en deux ou trois ans, — grâce à une circonstance heureuse pour vous, alors notaire de Meulan, qui fit changer de mains presque toutes les propriétés de votre commune, — ce qui fait que vous n'avez besoin de vous faire ni jardinier, ni maître d'école, — de quoi je vous félicite sincèrement.

🐝 Tout cela, en général, a eu un air de comédie, ou plutôt de mimodrame du Cirque-Olympique assez attristant.

Il fallait que le ministère Soult acquittât la promesse du ministère Thiers.

Cela avait parfaitement l'air, en effet, de quelque chose dont on s'acquitte. — On voulait en finir avec l'empereur.

On avait annoncé à tous les entrepreneurs que la cérémonie aurait lieu même si les préparatifs n'étaient pas terminés.

Un fourgon, tendu en velours, avait été envoyé en poste à Rouen et a suivi le bateau pas à pas, — prêt, au moindre obstacle causé, — soit par les glaces, — soit par une avarie au bateau, — à prendre le cercueil et à l'apporter au galop.

🐝 Le char, construit par le charpentier Belu, a été fait, pour ne pas durer, — comme un décor de théâtre.

On conserve au garde-meuble le char funèbre du duc de Berry et celui de Louis XVIII. — Celui de l'empereur a été démoli ; — aussi l'avait-on simplement *doré en cuivre*. — Le 15, à cinq heures du matin, la dorure n'était pas terminée.

La colonne de Courbevoie n'a été achevée que cinq jours après la cérémonie.

※ Les chevaux, — appartenant à l'administration des pompes funèbres, quoique au nombre de seize, — ont eu beaucoup de peine à mettre la lourde machine en train. — A la montée de Neuilly, — on a craint un moment qu'ils ne restassent en route.

※ L'invention du cheval de bataille était du mélodrame ridicule dès l'instant qu'il n'existait plus de cheval qui eût été monté par Napoléon. — Aussi s'enquit-on d'abord d'un vrai cheval de bataille.

On en connaissait trois.

Un à M***, écuyer qui devait le conduire par la bride, mais — il était depuis trois mois empaillé au Jardin des Plantes.

Un autre à M. le duc de Vicence, — c'était un cheval bai du Melleraut, — qui avait été donné à madame de Vicence par l'impératrice Marie-Louise, dont elle était dame d'honneur ; — mais il était mort huit mois auparavant, à l'âge de trente-cinq ans, — après une vieillesse entourée des plus grands soins.

Un troisième à Vire, en Normandie, — appartenant à un fermier ; — mais, lors de son dernier voyage, le roi Louis-Philippe l'a monté. — De quoi le cheval, qui ne travaillait plus depuis longtemps, — était mort, — peut-être aussi de honte d'être monté par un simple roi.

※ On s'adressa alors au manége de M. Kousmann, qui avait offert de prêter, — *pour rien*, — un cheval blanc assez joli, — appelé Aboukir, — et qui passe pour fils d'un des chevaux de Napoléon.

Mais cette intention ne fut pas exécutée, — et les pompes funèbres, livrées à leurs propres ressources, prirent un vieux cheval allemand blanc qui, depuis dix ans, porte les vieilles filles aux cimetières. — On le laissa un peu se reposer, — on lui fit les crins, — on lui cira les sabots, — puis on *le* revêtit d'un équipage ayant réellement appartenu à l'empereur, et qui est conservé aux Menus-Plaisirs.

Le lendemain de la cérémonie, — quatre Anglais, dont un peintre, se présentèrent à l'administration des pompes funèbres, — et demandèrent à voir le cheval de bataille de l'empereur Napoléon.

Le cheval, rentré dans la vie privée, était sorti pour affaires. — Attelé avec un autre, — il conduisait au cimetière de l'Ouest une vierge sexagénaire qui prenait par là pour aller chercher au ciel la récompense de sa vieille vertu.

On répondit aux étrangers que le cheval, fatigué et peut-être ému de la cérémonie de la veille, ne recevait pas ce jour-là; — mais qu'ils pouvaient revenir le lendemain.

Le lendemain, on le leur montra, tout enveloppé de flanelle. — Ils le dessinèrent de côté, de face, — par derrière, de trois quarts, — de toutes les manières possibles, — puis ils partirent pour Londres, — où ils vont faire un ouvrage sur les funérailles de l'empereur, — où figurera le cheval de bataille.

On a permis à M. Dejean, directeur du Cirque-Olympique, de faire annoncer dans certains journaux qu'il s'était rendu acquéreur des caparaçons des chevaux du char, — lesquels caparaçons reparaîtront sur son théâtre. — Je ne sais si je me trompe, mais cela me fait tout à fait l'effet d'une indignité.

Quelques personnes ont crié par les rues, — mais ce sont toujours les mêmes qui crient, n'importe quoi, et qui criaient : *A bas Guizot!* — et demandaient la guerre et les fortifications, comme ils criaient, il y a deux ou trois ans : *A bas les forts détachés!*

Une impression surtout m'a dominé pendant que, de ma chambre fermée, j'entendais les cloches rares et tristes. Et cette impression, la voici :

« Je veux bien croire aux regrets pieux du roi Louis-Philippe, — de M. Soult, soldat de l'empereur, et d'une foule d'autres; — mais je suis sûr qu'ils n'égalent pas ceux qu'ils eussent ressentis si l'empereur s'était levé vivant de son cercueil et avait dit : « Me voici. »

Décidément, à l'Académie, — le parti de MM. *Étienne et compagnie*, le parti *Joronde*, est vaincu. — M. *Hugo* sera élu ainsi que M. *de Saint-Aulaire*.

Ils auront pour compétiteurs : MM. *Ancelot, Affre, Guyon*, etc.

M. *Bonjour* se retire pour revenir avec de meilleures chances lorsqu'il s'agira du troisième fauteuil vacant.

Il n'y aura probablement que trente-deux votants, — mais beaucoup de tours de scrutin, — parce qu'il faudra dix-sept voix pour l'élection, — et que ceux d'entre les candidats qui en ont le plus ne comptent que sur quatorze.

M. Sébastiani veut, dit-on, — se présenter à l'Académie, parce que le maréchal de Richelieu en était.

La réception de M. Molé avait réuni toutes les femmes du grand monde — et tout ce qu'il y a d'élégant à Paris. — M. Molé a prononcé un discours très-pâle, auquel Me Dupin a répondu par un discours très-grossier, qui a fait dire au prince de C... : — « Il a mis ses souliers ferrés dans sa bouche. »

Il est d'usage de faire une sorte de répétition avant la séance publique, — et de soumettre les deux discours à une sorte de censure. — Me Dupin avait dissimulé les grosses choses du sien, — en le lisant très-bas et sur le ton monotone dont il lirait une purge d'hypothèque. — A la séance, l'avocat a reparu, et il a fait ressortir les énormités dissimulées.

M. Royer-Collard a grommelé tout le temps qu'a duré le discours, et il a dit à la fin : « Mais, c'est un carnage ! »

Sur la fin, Me Dupin a cru de bon goût, devant l'ambassadeur d'Angleterre, de parler de l'expulsion des Anglais du territoire français par Charles VII. — Il y a eu trois salves d'applaudissements, comme à Franconi. — Il y avait là une foule de Françaises fort disposées à jour les *Agnès Sorel*, — sous prétexte de *Jeanne d'Arc*.

Cette séance de l'Académie avait ceci de remarquable, que M. Dupin, qui n'est nullement un homme littéraire, répondait à M. Molé, qui ne l'est pas davantage, et qui faisait l'éloge de M. de Quelen, qui l'était moins que les deux autres.

En même temps que, le mois dernier, je parlais de certains parvenus mécontents, — dont la scandaleuse fortune n'est pas encore au niveau de leur ambition et de l'idée toute personnelle qu'ils se sont faite de leur mérite, — je ne sais qui, — dans le journal le *National*, gourmandait avec beaucoup de verve et d'esprit une autre classe de ces parvenus de juillet, et les appelait *raffinés de boutique* et *talons rouges de comptoir*.

C'est dans cette seconde classe que s'était, pour le moment, placé M<sup>e</sup> Dupin, — qui *travaille* tour à tour dans les deux genres.

Il a fait l'éloge de l'illustration de la famille, — et s'est bichonné lui-même, arrangé, poudré et attifé en ancêtre pour ses descendants.

Il a audacieusement professé cette doctrine qu'un bon citoyen ne doit pas quitter ses places, parce que le gouvernement change, — et que c'est à elles surtout qu'il doit la fidélité qu'il jure au gouvernement. C'était la paraphrase de ce mot célèbre du maréchal Soult : « On ne m'arrachera mon traitement qu'avec la vie. »

Il a fait l'éloge du *courage civil*. — M. de Pongerville a dit : « C'est pour faire croire aux départements qu'il est civil et brave. »

On parle de M. Empis, qui se présenterait lors de l'élection au troisième fauteuil. Parlons un peu de M. Empis.

Voici le répertoire avoué de M. Empis :

*Bothwell*, drame en cinq actes, en prose, Théâtre-Français, 1824.

*L'Agiotage ou le Métier à la mode*, comédie en société avec Picard, Théâtre-Français, 1826.

*Lambert Simnel ou le Mannequin politique*, en société avec Picard : comédie en cinq actes, Théâtre-Français, 1827.

JANVIER 1841.

La *Mère et la Fille*, comédie en cinq actes, en société avec M. Mazères; octobre 1830, Second-Théâtre-Français.

*La Dame et la Demoiselle*, comédie en quatre actes, en société avec M. Mazères, 1830; Second-Théâtre-Français.

*Sapho*, opéra en trois actes, en société avec M. H. C., musique de Reicha; Grand-Opéra, 1827.

*Un changement de ministère*, comédie en cinq actes et en prose, en société avec M. Mazères; Théâtre-Français, 1831.

*Une liaison*, comédie en cinq actes et en prose, en société avec M. Mazères; Théâtre-Français, 1834.

*Lord Novard*, comédie en cinq actes; Théâtre-Français, 1836. (Seul cette fois et seul à l'avenir.)

*Julie ou la Séparation*, cinq actes en prose; Théâtre-Français, 1837. (Toujours seul, n'ayant d'autre collaborateur que la liste civile.)

*Un jeune Ménage*, comédie en cinq actes et en prose; Théâtre-Français, 1838 (toujours seul). — Tout cela est imprimé en deux volumes, dont l'exhibition permanente est, dit-on, imposée à la montre vitrée de Barba. Pourquoi *imposée*? Pourquoi *Barba*? Parce que, dit-on toujours, Barba est *locataire de la liste civile*, et, en cette qualité, sous la dépendance de M. Empis.

RÉPERTOIRE NON AVOUÉ.

*Vendôme en Espagne*, — opéra donné en décembre 1823, — en société avec M. Mennechet, lecteur du roi.

Cet opéra a été fait à l'occasion de la campagne du Trocadero et du duc d'Angoulême.

HISTOIRE DES PIÈCES DE M. EMPIS.—M. Empis, en sortant du lycée impérial, entra dans une étude de notaire ou d'avoué d'où il sortit pour aider de son expérience contentieuse, MM. de la Boullaye et de Senonne, secrétaires généraux de la liste civile.

A propos, dans le volume de décembre, j'ai parlé de M. de Senonne, qui est mort, en voulant parler de M. de Cayeux, qui est vivant, et dont je reparlerai.

Les théâtres royaux relevaient alors de cette administration, ou plutôt de ce ministère : conséquence : *Bothwell*, 1824 ; l'*Agiotage*, 1826 ; *Lambert Simnel*, 1827 ; *Sapho*, opéra, 1827 ; et l'opéra désavoué de *Vendôme en Espagne*, 1823.

Peu de temps après, le duc d'Aumont, plus connu sous le nom de duque d'Aumont, arriva à la liste civile. — A la demande de madame la baronne M***, la salle Feydeau fut abattue et la salle Ventadour construite. — Elle coûta cinq millions, et on la vendit peu de temps après deux millions cinq cent mille francs à M. Boursault.

Le maréchal Lauriston remplaça le duc d'Aumont, — et on joua encore un peu M. Empis, fort protégé par mademoiselle L***.

On le joua moins sous M. Sosthènes de la Rochefoucauld.

Surviennent les trois journées.

Il est nommé, par MM. Baude, Audry de Puyraveau et La Fayette, directeur des domaines de la liste civile.

Laissé de côté d'abord, puis nommé ensuite par M. de Montalivet, — paraissent alors pas mal de cinq actes faits avec M. Mazères. — Mais Picard meurt, et M. Mazères est préfet, — et cependant M. Empis a toujours en portefeuille l'intention de toucher des droits d'auteur.

Le Théâtre-Français obéré ne peut payer les loyers à son propriétaire, S. M. Louis-Philippe. — M. Empis, directeur des domaines de la liste civile, accorde un délai et fait jouer *Une Liaison*, cinq actes, 1834. — Deux années se passent ; le Théâtre-Français doit cent cinquante mille francs au roi ; mais on accorde un nouveau délai, et on joue *Lord Novard* ; même manœuvre en 1837, *Julie ou la Séparation*. — En 1838, *Un jeune Ménage* est représenté, et le Théâtre-Français doit au roi deux cent vingt-cinq mille francs.

Mais le directeur de l'époque, M. Vedel, éprouve le besoin d'un acte administratif qui triomphe des récriminations des sociétaires contre lui, et qui le maintienne dans son poste. — On parle de la possibilité d'obtenir du roi la remise entière de l'énorme arriéré, s'élevant à trois cent cinquante-deux mille francs. — Par hasard, à cette époque, un traité secret est passé entre M. Vedel et M. Empis, par lequel celui-ci exige que quatre pièces de son répertoire, la *Mere et la Fille*, la *Dame et la Demoiselle*, *Lord Novard* et *Julie ou la Séparation*, seront remontées et jouées un certain nombre de fois chaque mois, et qu'à chaque infraction au traité les droits d'auteur seront payés comme si les pièces avaient été jouées. — M. Vedel est renversé en 1840. — Mais le roi accorde la remise, sur le rapport de M. Empis, et réduit le loyer de vingt-cinq mille francs. — M. Buloz, en qualité de commissaire royal et de directeur de deux revues, s'empare de l'autorité, et se croit assez fort pour braver M. Empis ; on le ménage toutefois, et l'on attend que le roi ait consenti à se charger de la restauration de la salle, dont la dépense s'est élevée à quarante-trois mille francs. Alors M. Buloz donne un libre cours à son ingratitude. — Le traité est mis de côté, ainsi que le répertoire Empis, le lendemain du succès du *Verre d'eau*. — Mais M. Empis invoque son traité, et un commandement survient, il y a moins d'un mois, pour que le Théâtre-Français ait à lui payer une somme de quinze à dix-huit cents francs pour son répertoire.

Quelques personnes se plaisent à faire des rapprochements fâcheux pour M. Empis entre les dates de la représentation de ses pièces et les services qu'il a pu rendre au Théâtre-Français.

Mais les titres seuls de ses ouvrages militent, selon moi, puissamment en sa faveur. — Presque tous sont une satire contre les intrigues. — Il faut renoncer à juger un auteur par ses écrits, si les services rendus par M. Empis au Théâtre-Français ne sont pas parfaitement désintéressés.

M. Thiers a été nommé rapporteur pour l'affaire des

fortifications, par la négligence de M. de Lamartine, qui est arrivé trop tard. — Ah! monsieur, c'était bon, quand vous étiez poëte, d'oublier les heures et de les laisser insoucieusement vous échapper.

Le même jour, M. Thiers a été nommé, à l'Institut, membre de la classe des sciences MORALES et *politiques*. — Or, M. Mignet dispose du plus grand nombre des voix. — M. Mignet est ami de M. Thiers, et lui a donné sa voix à l'*unanimité*.

Le but de M. Thiers, en se faisant recevoir dans cette section de *morale*, — n'est autre que d'abuser les gens de bonne foi au moyen d'un jeu de mots, et de leur faire croire que M. Thiers est entré là pour ses vertus, ce qui répondrait bien avantageusement à M. Desmousseaux de Givré, et ferait croire que, si on pense généralement que M. Dosne est beau-père de M. Thiers, c'est un bruit que ses ennemis font courir.

M. L... dit, en parlant de cette élection de M. Thiers : « Je serai enchanté de le voir vice-président de la vertu. »

Dans *la Favorite*, représentée sur le théâtre de l'Opéra, — il y a encore une église, — il y en a maintenant dans tous les opéras. — Ce qui doit écarter naturellement deux sortes de personnes, — d'abord les personnes pieuses, qui n'aiment pas qu'on permette à des acteurs de semblables représentations ; et celles qui, n'allant pas à la messe, ne veulent pas non plus la trouver sur des planches, où elles viennent chercher autre chose.

Les premiers aiment mieux aller à la messe ; — les seconds préfèrent le bal Musard.

Mais tout se mêle, tout se confond dans un étrange tohubohu. — Si l'Opéra, à certains jours, a l'air d'une église, — nous avons l'église de Notre-Dame-de-Lorette, qui a bien l'air d'une salle de spectacle ou de bal, et qu'on a justement appelée une église Musard.

C'est, tous les dimanches, le rendez-vous de beaucoup de

danseuses et de toutes les filles entretenues du quartier. — Aussi y rencontre-t-on une foule de jeunes gens, moins assidus autrefois aux offices divins.

C'est probablement à cause que cette église n'est pas très-bien composée — qu'on y met beaucoup de sergents de ville en uniforme, — probablement pour empêcher les danses inconvenantes. — On annonce un grand bal à Notre-Dame de Paris.

A propos de ces danses inconvenantes et des sergents de ville, gardes municipaux, etc., — qui sont chargés de réprimer, dans les établissements publics, — les cachuchas populaires et les fandangos exagérés, — ne peuvent-ils pas commettre de graves erreurs? — Dernièrement, un homme arrêté par eux pour un semblable délit, développait, devant la sixième chambre, des théories embarrassantes.

— *Nous avons,* disait-il,
Le cancan gracieux, — la saint-simonienne, — le demi-cancan, — le cancan, — le cancan et demi, — et la chahut; — cette dernière danse est la seule prohibée. Je dansais le cancan gracieux.

Ne serait-il pas opportun d'ouvrir, en faveur de MM. les sergents de ville et les gardes municipaux, une école spéciale de danses *bizarres,* — où on leur apprendrait à discerner parfaitement les caractères particuliers de ces danses qui en ont trop.

Dans le monde, quand un homme a invité à danser une femme qui ne peut accepter à cause d'une invitation antérieure, il s'adresse à une autre, et me paraît faire une impertinence aux deux femmes. A la première, cela veut dire : « Je m'adressais à vous par hasard, sans choix, sans préférence; je ne danse pas avec vous; eh bien! je danserai avec une autre. » — A la seconde : « Je vous prends faute de mieux; si la femme que j'ai invitée d'abord eût été libre, je n'aurais jamais pensé à vous; elle est plus jolie, plus élégante, plus spirituelle que vous. »

Quelques-uns, pour éviter cela, ne dansent pas quand la

femme dont ils ont fait choix n'est pas libre ; — mais il peut alors arriver que l'on passe la nuit sans danser, quelque envie que l'on en ait.

Voici ce qu'on fait dans plusieurs villes du Midi : — chaque homme, en entrant, choisit dans une corbeille une fleur artificielle, — et, quand il va engager une femme à danser, — au lieu de cette formule peu variée :

« Madame veut-elle me faire l'honneur de danser avec moi ? » il offre la fleur, — qu'elle garde à sa ceinture jusqu'à ce qu'elle ait dansé la contredanse promise ; — puis, la contredanse finie, elle lui rend le bouquet, qu'il va offrir à une autre. — Par ce moyen, on ne s'expose pas à inviter une femme déjà engagée, — puisque chaque femme qui n'a pas de fleur est libre et attend un danseur.

M. Kalkbrenner, le célèbre pianiste, a un enfant prodigieux, qu'il aime à faire travailler en public. — Dernièrement, l'enfant s'arrêta subitement au milieu d'une brillante improvisation.

— Eh bien ! va donc.

— Mais, papa... c'est que... je ne me rappelle pas.

Voici un mot de la reine Christine à Espartero, — quelques personnes le connaissent, — mais celles-là l'entendront deux fois : il est digne de Corneille.

« Je t'ai fait duc de la Victoire, — marquis de***, — comte de*** ; — mais jamais je n'ai pu te faire gentilhomme. »

On parlait de l'opéra nouveau de M. A. Adam, — la *Rose de Péronne*.

C'est un auteur charmant, — il est bien populaire. « Oh ! cela est vrai, dit une femme, — il est bien populaire — et même un peu commun ; c'est le Paul de Kock de la musique. »

M. Sauzet préside assez mal à la Chambre des députés et dit sans cesse : « J'invite la Chambre à se taire. » — On a fait ainsi le résumé de ses fonctions :

« M. Sauzet invite la Chambre à se taire toute la semaine et à dîner le dimanche. »

※ Une femme disait à un artiste dans l'atelier duquel elle voyait un grand nombre de statuettes de femmes nues d'une grande beauté : — « On a tort d'avoir de semblables objets sous les yeux, — on se gâte l'imagination, et ensuite on exige des pauvres femmes des choses qui ne sont pas dans la nature. »

※ J'admets peu, d'ordinaire, les prétextes vertueux que prennent les femmes du monde pour paraître sur un théâtre quelconque, — et je n'ai qu'une médiocre indulgence pour les exhibitions d'épaules faites au bénéfice du premier fléau venu.

Je ne dirai cependant rien de la vente au profit des Polonais, faite cette année. — Je suis arrêté par mon admiration pour la princesse Czartoriska. — Cette respectable femme n'a d'autres occupations, d'autres plaisirs, que de soulager la détresse de ses compatriotes. — Son année entière se passe à préparer cette vente. — Elle fait des visites, — encourage les dames patronnesses, — console les malheureux, et trouve encore le temps de faire des ouvrages dignes des fées. — Il y a d'elle, cette année, deux paravents d'une grande beauté.

La comtesse Lehon était la plus charmante marchande qu'on pût voir. — Elle avait pour associées et pour rivales une foule de femmes d'une grande beauté. — Madame Hugo, qu'on oublie d'appeler vicomtesse, parce que c'est assez pour elle d'être madame Hugo ; — madame de Radepont, — madame Friant, — lady Dorsay, — madame de Rémusat. — On remarquait aussi mademoiselle Dangeville, célèbre par son ascension au Mont-Blanc.

La vente a été très-productive.

Les Russes ont affecté d'acheter beaucoup et de payer très-cher, — ce qui a été jugé de fort bon goût.

※ J'ai reçu de M. Ganneron, l'ex-épicier millionnaire mécontent, mon colonel, une circulaire relative aux inondés de

Lyon. — C'est plus français par les sentiments que par le style.
— Exemple :

« Paris, 1ᵉʳ décembre.

« *Plusieurs compagnies ont ouverTES des souscriptions, etc.* »

🐝 J'ai dénoncé la précipitation des journaux, qui, le lendemain de sa naissance, avaient déjà montré peu d'indulgence pour le second fils du duc d'Orléans.

M. Séguier, premier président de la cour royale, — a fait du nouveau-né un éloge qui n'est pas moins plaisant; — il l'a félicité de s'être hâté de naître.

🐝 — Mon cher, disait l'autre jour un officier de la garde nationale à un officier de l'armée, — depuis combien de temps êtes-vous lieutenant-colonel?

— De 1832.

— Oh! alors, je suis plus ancien que vous.

🐝 On demande où commencent et où finissent maintenant les annonces des journaux. — De la quatrième page elles ont passé à la troisième, où elles sont déguisées sous le titre de réclame. — De la troisième elles ont sauté à la seconde, au feuilleton. — Quelques personnes ne s'en aperçoivent pas; d'autres, au contraire, croient que tout est annoncé. — Les journaux les plus hurleurs de vertus — ne se font aucun scrupule de se rendre complices des filouteries des marchands de n'importe quoi — en ne négligeant rien pour faire croire à leurs lecteurs que les annonces payées à tant la ligne sont le résultat de l'examen et l'expression de la pensée du rédacteur.

Si un journal vous trompe sur une chose à acheter, ce qui amène une perte d'argent, — quel scrupule aurait-il de vous tromper sur une chose à penser, — ce qui n'amènerait qu'une erreur?

Quand l'annonce avait une place et une forme communes, on

## JANVIER 1841.

savait à peu près ce que cela voulait dire ; — mais, depuis que tout cela est changé, — et que le marchand fait parler le journaliste lui-même, et lui fait dire : *Nous ne saurions trop recommander*, etc., — j'avoue que je ne comprends pas bien comment on peut croire à la bonne foi politique de carrés de papier complices volontaires de tant de tromperies commerciales.

🕷 Parlons un peu de la garde nationale de Carcassonne, qui vient d'être licenciée sur un rapport de M. Duchâtel.

Je ne me rends pas bien compte des bons effets du licenciement comme punition.

Je crois entendre le pouvoir, — comme Dieu au jugement dernier, ayant les justes à sa droite, et les méchants à sa gauche, — dire aux premiers :

— Vous, messieurs, — ou plutôt, excellents citoyens, — ou plutôt, chers camarades ; — vous qui accomplissez votre devoir avec amour ; vous qui passez, avec plaisir, des nuits à garder une guérite, ou à vous promener bruyamment pour ne pas surprendre les malfaiteurs, — votre conduite mérite des éloges, les voilà ; et des récompenses, les voici :

Vous doublerez votre service, — vous multiplierez les patrouilles, — vous perdrez plus de temps, — vous aurez le double de rhumatismes, — vous userez le double d'habillements et d'objets tricolores, — je vous accorde ces faveurs dont (*se retournant à gauche*) vos misérables camarades se sont rendus indignes, — aussi je les condamne à dormir tranquilles, tandis que vous veillerez sur eux.

(*Se retournant à droite.*) Plaignez-les, — car, tandis que vous bivaquez dans la neige, que vous laissez votre maison et votre femme au pillage, — ils dorment et ronflent honteusement chez eux, — dans leurs lits, — ou ils dansent ignominieusement au bal, — plaignez-les, — et instruisez-vous, par ce funeste exemple, — à ne pas dévier de la ligne du devoir.

Une des premières gardes nationales qui aient été licenciées est celle de Clamecy, patrie de l'avocat Dupin, qui refusa de marcher contre les *flotteurs*.

Un seul garde national, commandé par le chef de bataillon, deux capitaines, un sergent-major et un sergent, était accouru en foule à la voix de l'autorité, et s'était empressé d'opposer ses rangs à la fureur des factions, et, fredonnant lui-même la *Parisienne*, faute de musique, il ébranlait ses colonnes pour marcher au-devant de l'émeute, lorsque les divers officiers, n'ayant pas été d'accord sur la marche à tenir, et ayant tous donné simultanément des ordres différents, il n'avait plus su auquel entendre, s'était commandé volte-face et était retourné chez lui.

Depuis le licenciement de la garde nationale de Carcassonne, les récalcitrants des environs se sont réfugiés dans cette heureuse ville ; — les loyers y sont hors de prix ; — les maisons regorgent, — on bivaque dans les rues ; — des familles entières se logent dans les armoires.

🐝 A la fin de novembre 1840, la France a pu se convaincre tristement que ses députés n'avaient jusqu'ici étudié l'histoire du pays que dans les vaudevilles joués par Lepeintre aîné et dans les lithographies de Charlet.

Le général Bugeaud, — espèce de paysan du Danube qui dit souvent de fort bonnes choses, — mais dont *les immortels ne conduisent pas assez la langue*, relativement au charme et à la facilité de l'élocution, le général Bugeaud, parlant contre la prétention de faire la guerre à toute l'Europe, que manifestaient certains orateurs, a dit :

« Pendant les guerres de la Révolution, les armées rassemblées contre nous ne s'élevaient pas à plus de cent cinquante mille hommes. C'était le système de guerre partiel, de cordon, comme on l'appelait ; ce système donna du temps à la Révolution. On eut le temps d'avoir une armée. Les commencements ne furent pas heureux. Plusieurs fois nous fûmes battus. »

— Comment vaincus ! — Comment battus ! — s'écria-t-on

aussitôt de toutes parts dans la Chambre, — mais c'est une infamie, — mais c'est une trahison. — A l'ordre! — A l'ordre!

Et de longs murmures interrompirent l'*orateur*.

Les écrivains comiques sont bien malheureux de ce temps-ci, — on ne peut rien inventer d'un peu divertissant que quelque grand homme ne s'empresse de mettre la chose en action sérieusement sur une plus haute scène politique, et vous perdez le bénéfice de votre invention.

Voici un fragment d'une bouffonnerie que j'ai écrite il y a plus d'un an :

HORTENSE *à Fernand*. Vous êtes méchant!

FERNAND. Nullement, ce monsieur a pour profession d'amuser. Il doit m'amuser à ma guise, et il m'amusera.

Ici on parla du prix de l'orge, d'un arrêté de M. le maire, qui fut attaqué par les uns et défendu par les autres; cela allait bien mieux sous l'empereur; un vieux soldat porta la santé de l'empereur; on raconta plusieurs anecdotes.

HORTENSE *à Fernand*. M. Quantin va placer son calembour sur l'empereur.

FERNAND. Tenez-vous à l'entendre?

HORTENSE. Pourquoi me demandez-vous cela?

FERNAND. C'est que, si vous y teniez, je ne vous en voudrais pas priver.

HORTENSE. Je l'ai entendu une trentaine de fois.

FERNAND. Alors, c'est bien.

M. QUANTIN. Savez-vous pourquoi Napoléon a été vaincu?

FERNAND. Monsieur, Napoléon n'a jamais été vaincu.

LE VIEUX SOLDAT. Bravo!

UN AUTRE. Bien répondu!

M. QUANTIN. Cependant l'histoire est là.

FERNAND. Oui, monsieur, elle est là, et précisément pour appuyer ce que j'avance.

M. QUANTIN. Oh! oh! oh!

FERNAND. L'empereur n'a jamais été vaincu : il a été trahi.

LE VIEUX SOLDAT. Bravo, bravo, bravo!

FERNAND. Et tout homme ami des gloires de la France est forcé d'être de mon avis.

LE VIEUX SOLDAT. Et celui qui dirait le contraire aurait affaire à moi.

M. SORIN. Vive l'empereur!

M. QUANTIN. Je suis parfaitement de votre avis.

FERNAND. J'en étais sûr.

M. QUANTIN. Et ce que je voulais dire en est la preuve.

LE VIEUX SOLDAT. Voyons.

M. QUANTIN. Je vous demandais : Pourquoi Napoléon a-t-il été vaincu?

FERNAND. Je vous répète, monsieur, que Napoléon n'a jamais été vaincu.

TOUS. Napoléon n'a jamais été vaincu!

M. SORIN. Vive l'empereur!

TOUS. Vive l'empereur!

M. QUANTIN. Mais laissez-moi finir, et vous verrez que nous sommes d'accord.

FERNAND. Non, monsieur.

TOUS. Non, non, non!

Ce qui ne laisse pas que d'être encore assez singulier, — c'est que c'est presque immédiatement après son discours en faveur de la paix qu'il a été décidé que M. Bugeaud irait faire la guerre en Afrique à la place du maréchal Valée. De quoi toute l'armée sera enchantée.

CORRESPONDANCE. — Un monsieur m'envoie de Liége une lettre de papier blanc : sa plaisanterie consiste à me faire payer vingt sous de port.

Un autre m'envoie de Mulhouse une lettre écrite. — Celui-ci est furieux. — J'ai dit que ce monsieur *avait parlé dans un banquet* trop longtemps au gré des convives et il me répond :

« Si la caisse des fonds secrets ne paye pas bien cher vos provocatrices dénonciations de basse police, — dénoncez-la elle-même, — comme ne sachant plus rémunérer les plus lâches turpitudes. »

Le monsieur a demandé par écrit à un journal l'insertion de sa lettre : — le journal a cru devoir refuser. — Moi, je rends à ce monsieur le petit service auquel il semble tenir beaucoup.

Je lui dirai seulement que les lettres du genre de la sienne ne s'envoient pas par la poste : — on vient soi-même (port payé), on les apporte et on reçoit tout de suite la réponse.

Décidément c'est une triste invention que l'écriture, l'ubiquité qu'elle donne aux personnes. — Si ce monsieur ne savait pas à peu près écrire, — il serait simplement bête à Mulhouse ; — tandis que, par sa lettre, il est bête à la fois à Mulhouse et à Paris.

Beaucoup de personnes m'envoient des renseignements dont je leur sais très-bon gré, et dont je ne fais pas usage. — Je ne puis, en accueillant des notes anonymes et sans garantie, m'exposer à me rendre l'écho d'une calomnie ou d'une étourderie.

Je reçois chaque mois pour cent cinquante francs d'injures anonymes. — Je trouve cela décidément un luxe au-dessus de mes moyens. J'ai résolu de mettre à l'avenir ces braves gens à l'amende du port de leur lettre, et je ne recevrai plus que les lettres affranchies.

Février 1841.

Nouveau canard. — L'auteur des *Guêpes* est mort. — Les Parisiens à la Bastille. — Scènes de haut comique. — Les fortifications. — M. Thiers.— M. Dufaure. — M. Barrot. — Influence des synonymes. — Les soldats de lettres. — Le lieutenant général Ganneron. — Tous ces messieurs sont prévus par Molière. — Chodruc-Duclos. — Alcide Tousez. — Madame Deshoulières. — M. de Lamartine. — M. Garnier-Pagès. — Les fortifications et les fraises. — Ceux qui se battront. — Ceux qui ne se battront pas. — Invasion des avocats. — Les hauts barons du mètre. — Les gentilshommes et les vilains hommes. — Cassandre aux Cassandres. — La tour de Babel. — Avénement de messeigneurs les marchands bonnetiers. — Le bal de l'ancienne liste civile. — Costume exact de mesdames Martin (du Nord), Lebœuf et Barthe. — Costume de MM. Gentil, — de Rambuteau, — Gouin, — Roger (du Nord), etc., et autres talons rouges. — Mehemet-Ali. — Le bal au profit des inondés de Lyon. — On apporte de la neige rue Laffitte. — M. Batta. — M. Artot. — Relations de madame Chevet et d'un employé de la liste civile. — M. de Lamartine et les nouvelles mesures. — La protection de madame Adélaïde. — Les lettres du roi. — M. A. Karr bâtonné par la livrée de M. Thiers. — Envoi à S. M. Louis-Philippe.

FÉVRIER. — Voici ce qu'on lit dans le journal la *Presse*:

« On a envoyé à tous les rédacteurs de journaux une lettre contenant à peu près ces mots : « J'ai la douleur de vous appren« dre que M. Alphonse Karr a été tué ce matin en duel. M. M..., « son adversaire, a immédiatement quitté Paris. » Cette fausse lettre *anonyme* était signée du nom d'un des amis de M. Karr, ce qui lui donnait une triste probabilité. La sinistre nouvelle s'est répandue dans tout Paris avant que M. Karr ait eu le temps de rassurer sa famille. Connaissez-vous rien de plus affreux que cette mystification? Avec de pareilles plaisanteries, on peut tuer une mère, une sœur ou toute autre femme dévouée. Mais est-ce une plaisanterie? M. Karr le croit. Il y a, dit-il, des gens qui aiment à rire. Quelques-uns prétendent que c'est une méchanceté; cela ne serait pas une excuse; les plus fins disent: « C'est une rêverie de poltron. » Mais que ce soit une plaisanterie, une méchanceté ou un doux rêve, tout le monde est d'accord pour s'écrier: « C'est une infamie! » En vérité, la gaieté française fait des progrès effrayants. « Vicomte Ch. Delaunay. »

Il faut réellement que le monsieur qui a pris la peine d'écrire vingt lettres aux journaux ait le rire difficile et soit peu chatouilleux pour ne pouvoir se contenter des bouffonneries de tous genres dont nous régalent les hommes sérieux de ce temps-ci.

Les directeurs des différents journaux, — à l'exception d'un seul, je crois, — ont pris la peine d'envoyer chez moi aux informations et n'ont pas inséré la lettre. — Tous mes amis, cependant, ayant appris la nouvelle dans les théâtres et dans le monde, — sont venus demander s'il était vrai que je fusse mort, et, ayant appris que je n'étais que sorti, — se sont en allés en disant: « Ah! tant mieux! » Ce qui m'a fait, malgré moi, penser au jour où la chose sera vraie et où les mêmes amis se le feront confirmer et diront: « Ah! tant pis! »

Après quoi tout sera fini.

O monsieur! — mon bon monsieur, — vous qui êtes si gai, — que vous avez donc dû vous amuser quand cette idée si plaisante vous est venue: tiens, je vais écrire aux journaux qu'Alphonse Karr est mort, — hi, hi, hi! — Que cela sera donc drôle! — que je suis donc amusant! — mon Dieu! que j'ai donc d'esprit! — mort, — tué, — un cadavre. — Oh! c'est trop bouffon; — cela fait mal de rire comme cela. — Un corbillard! — oh! la, la, les côtes! — Un enterrement! — il faut que je me roule par terre, — je m'amuse trop.

Mon bon monsieur, vous que je suis plus près peut-être de deviner que vous n'en avez envie, — permettez-moi de vous dédier ce présent petit volume, — et de vous montrer certaines choses qui auraient pu vous inspirer quelque gaieté, — sans cependant vous distraire aussi agréablement qu'en me faisant passer pour mort.

Nous commencerons, monsieur, s'il vous plaît, par les scènes de haut comique, — de comique sérieux.

Je l'ai dit le mois dernier, — l'*étranger*, dont on parle tant à la Chambre et dans les journaux, — n'est pas la cause, mais le prétexte des fortifications.

Le roi voulait avoir ses forts détachés. — J'avais cru d'abord que ce n'était que pour les bâtir, — mais j'hésite dans cette pensée depuis que j'ai vu le gouvernement essayer d'éviter ou d'ajourner l'enceinte continue.

M. Thiers comprenait que, si la loi ne passait pas, — la Chambre ne pouvait se dispenser de le mettre en accusation — pour avoir commencé les travaux sans son assentiment. Le parti radical, — dont toute la puissance est à Paris, a voulu pouvoir gagner la partie en un seul coup de dé, en un seul coup de main.

Beaucoup de gens ont cédé à l'envie de prendre sans danger des airs belliqueux.

M. Dufaure, qui a prononcé un discours très-remarquable contre le projet de loi, disait le lendemain : — « Je ne recommencerai pas, — ce pauvre roi, cela lui a fait réellement trop de peine, »

La gauche et M. Barrot, — qui, il y a trois ans, jetaient de si beaux cris — contre l'*embastillement de Paris*, — ont soutenu les *fortifications*. — Je le répète, — on gouverne la France avec des synonymes. — Vous changez — *gendarmerie* en *garde municipale*, — *conscription* en *recrutement*, — *Charles X* en *Louis-Philippe*, — *embastiller* en *fortifier*, — et tout le monde est content.

La plupart des Parisiens sont enchantés du vote de la loi. — Ils ont démoli la Bastille, où on ne pouvait guère les mettre que les uns après les autres ; — aujourd'hui, — on bâtit autour de Paris, à leurs frais, une immense bastille, — où on les met tous avec leurs maisons, leurs enfants, leurs femmes, etc., et ils sont ravis. — Il y a progrès.

🕷 Comment, monsieur, ne vous amusiez-vous pas beaucoup à voir tous ces militaires de plume, — ces soldats de lettres : — le connétable Thiers, — le maréchal Chambolle, — le lieutenant général Ganneron, — le général de division Gouin, — le capitaine Rémusat, — le colonel Duvergier de Hauranne, — le lieutenant Léon Faucher, parler tour à tour ou tous à la fois — de courtines et d'ouvrages avancés, — de bouches à feu, de demi-lunes et de *lunes tout entières* ; —ces messieurs ne vous semblaient-ils pas autant de Mascarilles prévus par Molière?

N'avez-vous pas beaucoup ri de leur escrime de citation, de ces grands noms d'une autre époque transformés en pions — que l'on avançait de part et d'autre :

Vauban — dit oui.

Bousmar — dit non.

Napoléon, — Lamarque, — Thucydide, — Carnot; — et chacun venant apporter les opinions les moins applicables à la question qu'il avait trouvées le matin dans des livres ouverts pour la première fois;

Puis les noms s'épuisant, à Napoléon on répondit par Chicard, — à Vauban par Chodruc-Duclos, — ou par Arnal, — ou par Alcide Tousez, — ou par madame Deshoulières, — ou par Jean Racine, — ou par la Contemporaine, — ou par la *Cuisinière bourgeoise ;* — puis — on opposait Napoléon à Napoléon lui-même : — il a dit oui un jour et non un autre. — Vauban à Vauban : — il a d'abord été pour les fortifications, puis il a changé d'avis.

Et, comme personne ne voulait paraître moins érudit que les autres, — chacun apportait sa liste de noms, — sa kyrielle de mots qu'il ne comprenait pas, — et il ne s'est levé personne pour dire :

Il serait possible que ceux qui pensaient d'une façon en ce

temps-là fussent d'une opinion contraire aujourd'hui que les choses sont changées. — Il faut même le croire dans l'intérêt de leur renommée et de leur bon sens ; car la France d'aujourd'hui, — ce n'est pas la France de leur temps, — car Paris n'est pas leur Paris, nos passions ne sont pas leurs passions ; — car nous ne sommes pas aujourd'hui à une époque guerrière, et la meilleure preuve en est que l'on laisse MM. les avocats parler de guerre et de fortifications — sans qu'il s'élève dans toute la France un immense éclat de rire et de huées universelles.

Vous n'avez pas ri à vous tordre, monsieur, de M. Gouin-Vauban, — de M. Piscatory-Follard? Vous ne vous êtes pas roulé par terre dans des convulsions de gaieté en voyant M. Polybe-Thiers raconter à M. Soult le siége de Gênes, et n'être pas arrêté par le vieux maréchal, qui lui disait en vain : « Mais j'y étais, monsieur ; — mais c'est moi qui l'ai fait, ce siége, avec Masséna ; — mais j'y ai eu la cuisse cassée, — monsieur. »

Ah ! monsieur, — cela était cependant bien plus réjouissant que de me faire passer pour mort.

M. de Lamartine a été courageux et éloquent. — M. Dufaure a été vrai et raisonnable. (Voir plus haut ses remords.) — M. Garnier-Pagès a été non-seulement spirituel et sensé, mais il s'est intrépidement séparé de son parti.

Et on n'a pas compris que Paris devient un château fort du moyen âge, — et que la province est supprimée, — que sur un coup de main, — appelé émeute quand cela ne réussit pas, et glorieuse révolution quand cela réussit, — la France entière, selon le vainqueur, sera livrée aux jésuites ou à la guillotine.

On n'a pas compris que la France entière, désintéressée dans la question, pourrait être traversée pacifiquement par une armée ennemie qui payerait ses vivres.

Paris sans fortifications — peut être pris, mais est impossible à garder.

Mais Paris fortifié au prix de la fortune publique, — Paris attaqué ne tiendra pas une semaine ; on l'a dit : « *que les fraises manquent pendant trois jours — et Paris ouvrira ses portes.* »

Les hommes qui se battront à Paris sont des hommes qui n'y possèdent rien, — c'est-à-dire le peuple et les ouvriers ; — mais les propriétaires, — vous croyez qu'ils exposeront leurs maisons, — et les propriétaires sont à la Chambre, — et ils sont les maîtres de faire une capitulation, — attendez seulement la première bombe qui descendra par la cheminée se mêler aux légumes du pot-au-feu, — et Paris pris, — l'ennemi le gardera au moyen des fortifications.

Parisiens, mes bons Parisiens, — on vous a persuadé — qu'il fallait vous faire une chemise d'amiante pour le cas où votre maison brûlerait, au lieu de vous conseiller d'éteindre le feu, je le veux bien. — Je sais bien que j'attaque l'opinion de la majorité, — que je n'ai de mon côté que les gens d'esprit et de bon sens, c'est-à-dire le petit nombre ; — je sais bien qu'on va encore m'écrire des lettres anonymes injurieuses et menaçantes ; — mais, voyez-vous, en vérité, je vous le dis, — il viendra un jour — où personne ne voudra avoir été partisan des fortifications, — où la Chambre qui les a votées en tirera quelque sobriquet fâcheux.

Depuis que M. Thiers a le projet d'écrire l'histoire de Napoléon — et qu'il a écrit son nom sur les bottes de la statue de bronze de la place Vendôme, il s'identifie avec le personnage d'une façon extraordinaire, — chaque fois que, dans la discussion des fortifications, on a parlé de l'empereur, — et Dieu sait si on en a assez parlé ! — il a demandé la parole comme pour un fait personnel.

Un matin, — en lisant le compte rendu de la séance de la Chambre des députés, dans un journal partisan des fortifications — j'ai espéré qu'il était arrivé des forts détachés comme autrefois de la tour de Babel, et que nous en étions délivrés, — voici ce que disait le journal partisan des forts :

« L'agitation et les sentiments produits par ce discours se manifestent librement lorsque M. Soult est descendu de la tribune. M. Odilon Barrot essaye en vain de parler ; le tumulte couvre sa voix. M. Billault court à la tribune ; l'assemblée est hors d'état de rien entendre. Bientôt tous les membres quittent leurs places et descendent dans l'enceinte. Les ministres restent dans une solitude complète et dont ils paraissent effrayés. La séance reste suspendue. »

Cette chance de salut a manqué.

🐝 Tout en fortifiant Paris, — on a cependant, par un amendement, à peu près établi que la capitale ne serait pas classée dans les villes fortifiées. — C'est une critique assez heureuse de l'opération, — et, si M. *Lherbette* l'a faite exprès, je l'en félicite sincèrement.

Cela rappelle un peu l'histoire de ce monsieur qui, ne trouvant pas son parapluie, écrivit à un ami chez lequel il croyait l'avoir laissé ; — puis tout à coup, avisant qu'il l'avait serré, — cacheta cependant sa lettre après y avoir ajouté un *post-scriptum* :

« Mon cher ami, fais-moi le plaisir de chercher mon parapluie que je crois avoir laissé chez toi.  M***. »

« *P. S.* Ne t'occupe pas de mon parapluie, il est retrouvé. »

🐝 Paris non fortifié, — c'est le roi des échecs ; — quand il est *mat*, la partie est perdue ; — mais on ne le prend pas et on recommence.

🐝 Paris non fortifié, c'est une ville de rendez-vous pour le monde entier ; c'est la capitale du plaisir, de l'esprit et de la pensée.

C'est là où viennent se reposer les rois exilés par les peuples, et les peuples destitués par les rois ; — c'est là que de toutes parts on vient étaler ses joies et cacher ses misères. — Paris, c'est la grande Canongate du monde entier.

※ L'ennemi! mais, Parisiens, mes bons amis, — il est au milieu de vous; — l'invasion, mais elle est faite; — votre ville! mais elle est prise, — par les brouillons, par les bavards, par les ambitieux de bas étage, par les avocats parvenus et les fabricants de chandelles enrichis et mécontents.

※ Invasion plus cruelle mille fois que celle de l'étranger, — car l'étranger respecterait Paris, — Paris, où il vient s'amuser, — Paris, son rêve et son Eldorado, — Paris, qui appartient au monde et auquel le monde appartient.

※ Parisiens, — Parisiens, — vous me rappelez les Troyens introduisant dans leur ville le cheval de bois, — cette horrible machine, — *machina feta armis*, — pleine d'armes ennemies, — et moi, — semblable à Laocoon, — je lance ma javeline contre le cheval de Troie, et je m'écrie :

  O miseri! quæ tanta insania, cives?
 . . . . . . . . . . . . .

Mais je suis la Cassandre de Troie, — et je parle à des Cassandres.

  Aut hoc inclusi ligno occultantur Achivi,
  Aut hæc in nostros fabricata est machina muros,
  Aut aliquis latet error. . . . . . .

※ Les grands peuples libres se sont défendus avec des murailles de poitrines et de bras. — Les peuples fatigués ou déchus se cachent derrière des murailles.

※ N'avez-vous pas ri, — mon cher monsieur, quand vous avez vu que juste à l'instant où l'on votait une loi ruineuse, honteuse et ridicule pour préserver Paris des horreurs de l'ennemi et notamment de la *perfide Albion*, les membres des deux Chambres anglaises — parlaient avec affectation de leur estime et de leur sympathie pour la France, — et prononçaient à l'envi des paroles de paix et d'amitié, — comme pour rendre la chose plus drôle et y ajouter encore un peu de comique, s'il était possible.

Provisoirement, — il faut jeter les yeux sur les ravages que va faire autour de Paris le génie militaire, — et se demander — si une invasion de Tartares et de Cosaques causerait une pareille désolation.

TRACÉ DES FORTIFICATIONS. — Le tracé du rempart bastionné à élever à l'entour de Paris restant comme le génie l'a tracé, et la zone de servitudes étant fixée à deux cent dix mètres, ainsi qu'on l'annonce, voici, d'après le *Journal du Commerce*, la liste exacte des bois, plantations, maisons, usines, à raser :

1. Une partie du village du Point-du-Jour, sur la route de Sèvres ;
2. Près de la moitié du bois de Boulogne, car la zone actuelle a à peine cinquante mètres devant le fossé ;
3. Toute la porte Maillot, au bois de Boulogne ;
4. Tout le quartier d'Orléans ou de la Mairie, à Neuilly et aux Thernes ;
5. Une bonne partie du parc royal de Neuilly ;
6. Plusieurs usines et maisons particulières situées au levant de la route de la Révolte ;
7. Tout le village situé entre les Batignolles et Clichy, sur la route de la Révolte ;
8. Plus de quarante maisons, bâtiments, auberges et usines sur la route de Saint-Denis à la Chapelle ;
9. Une partie de la Petite-Villette ;
10. Presque tout le village des Prés-Saint-Gervais, qui se trouve à la gueule du canon du rempart couronnant les hauteurs de Belleville à l'ouest ;
11. Une partie du village de Pantin ;
12. Toutes les maisons de la rue qui conduit de la place des Communes de Belleville à Romainville ;

13. Toutes les plantations des lieux dits les Bruyères et la Justice;

14. Une partie du village de Bagnolet;

15. Plus de la moitié du village de Saint-Mandé;

16. Plus de cinquante maisons de maraîchers dans la vallée de Féchamp;

17. Le parc et le château de Bercy tout entiers;

18. Une partie du village de la Maison-Blanche, sur la route de Fontainebleau;

19. Une partie de Gentilly;

20. Presque tout le Petit-Montrouge;

21. Enfin plus de deux cents maisons, usines et manufactures, à Vanvres, Clamart, Vaugirard, Issy, Grenelle et Beau-Grenelle.

Quant aux arbres à abattre, aux jardins à détruire, aux clôtures à renverser, aux carrières à fermer, le nombre en es énorme.

Toutes les voies de petite communication se trouveront interceptées; les embarras et la gêne qui en résulteront sont incalculables.

Puis enfin il faudra jeter des ponts-levis, masqués par des ouvrages avancés, sur toutes les grandes routes.

Donc, par un vote de la Chambre des députés, — Paris est détruit. — Il faut créer un autre Paris morne, — ennuyeux, ennuyé; — tu l'as voulu, — Georges Dandin; — ce n'est pas cependant que ceux qui le demandaient avec le plus de ferveur y tinssent en réalité beaucoup; non, il faut crier pour ou contre quelque chose; — l'enthousiasme avec lequel on crie n'a pas de rapport à la chose pour laquelle ou contre laquelle on crie; — pour crier, — tout est bon pour prétexte. Vous rappelez vous, — il y a deux mois à peine, — l'indignation, les cris, les lithographies, — les plâtres — pour Mehemet-Ali, — qui allait être abandonné par la France; — le jour où son affaire a été décidée, vous auriez cru que les cris allaient redoubler? — pas du tout; on n'y pensait plus. — Mehemet-Ali, — qu'est-ce que Mehemet-Ali? — Ah! oui, — un vieux, — un Égyptien. — Oh! bien, oui; mais il s'agit des fortifications.

Parmi les choses que l'on fait croire aux Français, — il faut compter celle-ci : qu'ils ont un gouvernement constitutionnel composé de trois pouvoirs égaux.

Il serait curieux de savoir quel est le pouvoir qu'exerce la Chambre des pairs; — elle n'a pas encore voté la loi des fortifications, et il n'est personne qui ne la considère comme parfaitement établie.

Cependant, messieurs les pairs, vous qui comptez parmi vous la plupart des grandes illustrations du pays, — ce serait là pour vous l'occasion d'un beau réveil.

Ce serait une grande et belle chose, — qu'un vote à une immense majorité, qui dirait :

« Halte-là, messieurs les avocats parvenus, — messieurs les marchands de bas retirés, — messieurs les épiciers enrichis; — nous, les derniers gentilshommes; — nous, les descendants des héros qui ont rendu la France glorieuse et triomphante; — nous, les restes de la vieille noblesse française; — vous avez assez ruiné, dévasté et avili ce pauvre pays, — nous vous défendons d'aller plus loin. »

*N. B.* Deux ou trois pairs feront des discours spirituels contre le projet de loi; — après quoi la Chambre votera *pour* le projet de loi.

La France est jouée — à pile ou face entre les talons rouges du comptoir et les tribuns de l'estaminet. La pièce tombe face.

Et ici, avec le vote de la Chambre, commence
LE RÈGNE PROVISOIRE *des talons rouges du comptoir*, —

Qui, au moyen des fortifications, se font hauts barons et seigneurs féodaux.

## FÉVRIER 1841.

※ M. Casimir Delavigne a eu l'honneur de faire hier la *révérence* au roi; on a remarqué, comme costume de bon goût, son habit de taffetas céladon, et ses bas de soie de couleur de rose; — il aurait bien voulu *monter dans les carrosses du roi*, — mais il n'a pu *faire ses preuves*, quoiqu'il se pique de bonne maison; mais sa famille était de robe et n'a jamais été dans les grandes charges.

※ On a hier promené par la ville, en grande procession, le *chef de saint Jean-Baptiste*, pour empêcher les vignes de geler par le froid qui a repris.

※ MM. T. de R., — R. de G., — et Eug. B., les deux premiers jeunes gentilshommes *appartenant à monseigneur le Dauphin*, et le dernier *de plume*, sont sortis hier d'un *cabaret* de la place de la Bourse, après le couvre-feu, et un peu *jolis garçons;* arrêtés par le *guet*, ils ont battu l'*exempt* et ses *archers;* — M. le *lieutenant* civil en a été informé et veut, dit-on, porter l'affaire au parlement.

※ On assure que la petite***, de l'Opéra, plus connue sous le nom de *Fifille*, qui a été à M. le duc de***, et qui a passé depuis au comte de***, va entrer *en religion*.

※ M. Alphonse Karr, *gazetier*, qui s'est permis de réciter dans quelques *ruelles* une épigramme contre monseigneur Thiers, grand connétable de France, a été rudement *bâtonné* par sa *livrée*. — Il a chargé M. Léon Gatayes d'*appeler* M. Thiers, mais MM. les *maréchaux* — ont décidé que M. Karr, n'étant pas d'*épée*, n'avait aucun droit à une réparation de ce genre.

※ M. Roussin vient d'être nommé général des galères de Sa Majesté.

※ MM. Th. Burette et Léon Bertrand, pris en flagrant délit de braconnage *sur les terres du roi*, — ont été condamnés à être *pendus haut et court*. — Leurs parents ont voulu se jeter aux pieds du roi, — mais, malgré la protection du R. P. Oll***, confesseur de Sa Majesté et de M. Barthe, qui vient de *traiter de la charge de premier président de la cour des aides* avec M. Persil, ils n'ont pu parler à Sa Majesté.

🐝 Au bal de l'ancienne liste civile, la société a paru mieux composée qu'au bal au profit des inondés de Lyon, où il faut dire qu'elle était beaucoup plus nombreuse. — M. de Ganneron, duc de la Cassonnade, l'un de nos plus élégants seigneurs, — y a dit ce mot, qui a été approuvé : « Le Parisien est généreux, mais très laid. »

🐝 Monseigneur le *Dauphin* — y a paru avec une magnifique cotte de maille *de Milan* et un *pourpoint garni de vair.*

🐝 Les jeunes gens du commerce semblaient s'y être donné rendez-vous, ils étaient tous si frisés et si pommadés, que la réunion de ces divers cosmétiques produisait un mélange horriblement nauséabond.

Une femme du monde disait : « C'est singulier, à chaque instant, je crois voir une figure de connaissance, et ce n'est qu'après que je me rappelle que ce monsieur que j'ai failli saluer n'est connu de moi que pour m'avoir vendu du satin ou de la dentelle. — Celui-ci — est très-cher, — celui-là surfait beaucoup, — cet autre aune à ravir. — La Truie qui file y avait ses représentants, — ainsi que l'Y grec, — les Deux Magots, — le Chat qui pêche, — et la Balance d'or.

🐝 On remarquait la fleur de la nouvelle noblesse française, de puissants barons et des seigneurs avec leurs dames :

M. GENTIL, vidame de Saint-Ouen, — duc du Chat qui pêche, — avait un costume des plus galants : surcot mi-parti avec blasons de l'un en l'autre doublé de petit-gris et menu vair, tricot également mi-parti d'écarlate verte et d'écarlate blanche, manches déchiquetées en barbe d'écrevisse, souliers à la poulaine, rattachés au genou avec une chaîne de pierreries, camail nacarat à queue du même, aumônière en dague, gants de fauconnerie en buffle, garnis avec un tiercelet d'autour dûment chaperonné et clocheté.

On a remarqué sa voiture : il porte de sinople à deux ablettes d'argent, adossées, écartelé de gueules à trois chats au naturel, passant, avec un bonnet de coton, en abîme au trescheur d'or, le tout timbré d'un chapeau de soie imperméable avec des lambrequins assortis, et l'ordre de la Légion d'honneur *contournant.*

Madame MARTIN (du Nord), la chancelière, avec la tunique à la Spartiate, fendue sur la cuisse, et retenue d'agrafes de pierreries, le manteau de peau de panthère, la demi-lune de diamants et les cothurnes opales glacées de paille, et le sourire bleu de ciel de Diane allant visiter Endymion ; elle a sur le dos la trousse *(pharetra)* de rigueur où elle serre ses gants, ses flacons de sels d'Angleterre, son mouchoir de Chapron (spécialité), et les trente-deux sous pour son fiacre.

Madame BARTHE, — *femme du lieutenant criminel,* — rotonde goudronnée et fenestrée en truelle de poisson, béguin à la Médicis- *orlé* de perles, corsage à pointe, manches déchiquetées et tailladées à l'espagnole, vertugadin à sept pans, souliers carrés losangés de rubans feu, gants cousus et brodés d'or de Florence, parfumés de benjoin et de civette, aumônière de velours incarnadin, ouvré et ramagé de la façon la plus galante du monde, chemise et robe de dessous garnies de point de Venise.

M. FOULD, — *comte de Jérusalem,* — turban à l'orientale, caftan de brocart, barbe pailletée de limaille d'or, l'anneau de Salomon à l'index de la main gauche, une roue jonquille au milieu du dos, et les pantoufles jaunes de rigueur.

M. DE RAMBUTEAU, — *échevin de la ville de Paris,* — poudré à frimats, coiffé à l'oiseau royal, habit à la française de velours épinglé, gorge de colombe, boutons tabatière, renfermant chacun une lettre du nom de ce monsieur, veste lilas glacé, brodé de soie couleur sur couleur, boutons en pointe de diamants, culotte de drap d'or doublée de toile d'argent, claque garni de plumes, à un louis le brin, cravate en maline de la bonne faiseuse épée la poignée en bas, à lame de baleine, fourreau de chagrin, dragonne de rubans d'argent, baudrier congrant deux montres à miniature, bonbonnière en ivoire de Dieppe, garnie de pralines à la Reine.

Madame LEBŒUF, *duchesse du denier douze*, — coiffée en hérisson avec un œil de poudre, deux repentirs au naturel des assassins au coin de la bouche, un corset cuisse de nymphe émue, lacé d'une échelle de rubans assortis, jupes de linon des Indes, à paniers relevés de roses pompon et de papillons de porcelaine de Saxe, les bas chinés à coins, mules à talons rouges, patin d'un demi-pied de haut, du rouge.

Monseigneur GOUIN, *baron de la rue Tiquetonne.* — Ancien surintendant général des finances, perruque in-folio, canons du grand volume, juste-au-corps à brevet, veste mordorée, jarretière de diamants, souliers à oreilles, canne d'ivoire à tête de porcelaine, tabac d'Espagne dans les poches, à la façon de M. le prince, solitaire extravagant au petit doigt de la main droite.

M. ROGER (du Nord), *grand maître de l'artillerie.* — Juste-au-corps de buffle, ceinturon bouclé de fer, bottes à entonnoir, grègues de cuir de Cordoue, agréments de non-pareille rouge, col rabattu, colichemarde de Tolède, baudrier piqué, feutre à plume rouge, gilet de flanelle à maille d'acier, royale et moustaches poignardant le ciel.

A la Chambre, pendant la discussion des fortifications, M. de Lamartine s'est embrouillé dans les nouvelles mesures et a proposé de charger un canon avec plusieurs milliers de poudre.

A la représentation au bénéfice de Mario, mademoiselle Albertine avait un diadème en pierreries si indécent, — que le prince de Joinville et le duc de Nemours, ne pouvant en supporter l'éclat, se sont retirés au fond de leur loge, — pendant tout le temps qu'elle a dansé.

M.\*\*\*, qui m'a paru un honnête garçon de quarante-cinq ans environ, a eu autrefois le bonheur de rendre un service important à madame Adélaïde, sœur du roi.

Tout récemment, et peut-être en voyant l'état peu agréable des rues de Paris, il a pris fantaisie à M.\*\*\* de travailler à l'embellissement et à l'assainissement de la grande cité. — Il se rend alors chez son ancienne obligée, lui expose des plans, des résolutions, et reçoit d'elle, avec l'accueil le plus gracieux et le plus cordial, une lettre de recommandation pour le chef de l'édilité parisienne.

Cette lettre était conçue en termes tellement vifs et pressants, que M.\*\*\* dut penser naturellement à l'embarras qu'éprouverait M. Delessert pour satisfaire la princesse sans se démettre de ses fonctions en faveur du recommandé.

La lettre remise, on annonça une réponse prochaine. Il fallait bien, en effet, prendre au moins quelques jours pour se décider à accomplir le sacrifice que la princesse paraissait désirer, ou du moins, pour l'éviter d'une manière convenable et par un palliatif suffisant.

Enfin, la lettre d'investiture arrive, et voici ce qu'elle contenait :

« Monsieur, j'ai l'honneur de vous annoncer que vous serez *incessamment* admis PROVISOIREMENT à remplir les fonctions « D'ASPIRANT AU SURNUMÉRARIAT dans l'administration de la salubrité publique.

« J'ai l'honneur d'être, etc. »

M.\*\*\* assure qu'il a répondu par une lettre très-piquante.

Il y a en Belgique plusieurs contrefaçons des *Guêpes* — — à divers prix. — Mon ami Gérard de Nerval m'écrivait dernièrement : — « J'ai vu votre portrait dans la contrefaçon belge, — je ne vous cache pas que vous êtes fort contrefait. »

Un autre voyageur m'écrit aujourd'hui même :

« J'ai vu les *Guêpes*, je te porterai le volume où est ton portrait. — Dieu! que tu es laid. »

La contrefaçon belge, — pardon, messieurs les libraires belges, de vous faire imprimer ceci — la contrefaçon belge est appelée par les gens sévères — un vol.

Car, sans faire entrer les auteurs dans le partage d'aucun bénéfice, la librairie belge — fournit à leur détriment leurs ouvrages à toute l'Europe, — à un prix naturellement inférieur à celui auquel les vendent les libraires français, qui sont obligés de partager avec les auteurs.

🐝 Pour moi, je ne me plains jamais de ces choses-là, — et, chaque fois que je mange un pain et deux harengs, — je serais enchanté que les miettes pussent nourrir cinq mille hommes, — et je n'élèverais aucune réclamation — quand ces miettes auraient un peu l'air de rognures.

M. Jamar, — celui qui, je crois, contrefait les *Guêpes* en Belgique avec le plus de succès, connaît sans doute cette insouciance, car, en me priant de faire quelque chose qui lui sera agréable, — il commence ainsi sa lettre :

« Monsieur A. Karr,

« En ma qualité d'éditeur de votre ouvrage, les *Guêpes*, à Bruxelles, je me crois permis de vous adresser une demande, etc., etc.                JAMAR. »

🐝 On disait hier, en grosse compagnie, que M. Couveley, peintre du roi, qui a l'habitude de porter beaucoup d'or sur lui, — a été assailli par des malandrins qui lui ont pris la bourse et ses deux montres.

🐝 M. Cousin a acheté la charge de premier porte-parasol du roi.

A une soirée, un de ces jours derniers,

Un jeune homme, appelé Batta, a joué du luth avec quelque succès; — on a également applaudi le téorbe du sieur Artot.

❧ Malgré les craintes sinistres inspirées par M. Gabrie, le maire de Meulan, les cultivateurs de cette commune ne sont pas encore venus sur Paris. — Puissent les fortifications être prêtes à temps pour repousser ces barbares. M. Chambolle, nommé mestre de camp par ordonnance royale, vient de lever une compagnie de mousquetaires.

❧ M. de Montalivet, intendant de la liste civile, va prendre le titre de trésorier de l'épargne.

❧ Un monsieur, qui occupe une position assez importante sous ses ordres, — a trouvé un moyen ingénieux d'augmenter ses appointements; il écrit de temps à autre des lettres très-menaçantes — aux gardiens, — portiers ou conservateurs, — je ne sais comment on les appelle, — des résidences royales et des châteaux appartenant à Sa Majesté. — Il leur annonce que divers rapports l'obligent à mettre en doute leur zèle et leur activité dans les fonctions qui leur sont confiées — Certes, il lui répugnerait beaucoup de leur causer du chagrin; mais, cependant, il ne peut, sans manquer lui-même à son devoir, se taire plus longtemps sur l'inexactitude de celui-ci, sur la négligence de celui-là, etc., etc.

Ces braves gens, qui savent parfaitement ce que veut dire le monsieur, — font tuer quelques chevreuils, — quelques lièvres, — quelques faisans, sur les terres du roi, — et les expédient en bourriches à leur farouche censeur, qui les vend immédiatement à madame Chevet, veuve d'un célèbre maître queux du Palais-Royal.

❧ Au bal de l'Opéra, on a toujours l'usage de souper après le bal, vers trois heures du matin, — usage charmant qui méritait bien d'être conservé comme il l'est. — En effet, on passe la nuit au bal, morne, froid, taciturne, endormi. Après quoi on fait un excellent souper qui vous réveille pour aller vous coucher, vous met en belle humeur et vous inspire les plus jolis mots que vous dites au cocher de fiacre. — Vous frappez à votre porte avec une gaieté folle. Il n'est pas de mots piquants, fins, spirituels, que vous n'adressiez à la portière. — Vous montez votre escalier en riant vous-même de ce que vous vous dites de joli. — Vous faites à votre domestique des épigrammes sanglantes, et vous vous couchez en proie à la plus heureuse disposition d'esprit pour veiller et amuser vous et les autres.

🐝 M. Paul Foucher a, hier, donné les violons à mademoiselle de C\*\*\*. — Le guet a voulu s'y opposer à cause de l'heure avancée; mais ce jeune gentilhomme l'a mis à la raison, lui et ses hallebardes, au moyen de quelques pistoles.

🐝 M. Lherminier, qui est, dit-on, grand clerc, vient d'être, par lettres du roi, nommé conseiller au parlement de Rennes.

🐝 Le même jour, on a donné à M. Roger (du Nord) le gouvernement de Beauvoisis.

🐝 A la dernière représentation de la petite Rachel, — on a étouffé deux portiers du théâtre. — MM. les échevins de la ville devraient bien faire en sorte que de tels accidents ne se renouvelassent pas. — On a remarqué sur les bancs du théâtre la fleur de la noblesse française. — M. Barthe, ex-procureur au Châtelet, a voulu s'y aventurer; mais, quoiqu'il fût mis au goût du jour, avec un habit de satin à fleurs, des culottes fleur de pêcher et des bas verts, — les jeunes seigneurs se sont arrangés pour qu'il n'y pût trouver place.

🐝 Plusieurs journaux ont imprimé des lettres du roi — assez bizarres. — Ces lettres traitent fort mal la France et Paris et ses *aimables faubourgs*. — Elles manifestent de temps à autre un vif désir de voir les *Français écrasés*, etc., etc.

Certes, si les lettres étaient authentiques, le roi n'aurait absolument qu'à s'en aller.

Mais les journaux qui les ont publiées sont déférés au procureur du roi sous l'accusation de faux et de diffamation.

## FÉVRIER 1841.

Il paraît cependant que les trois premières sont vraies et qu'on ne peut leur reprocher que des interpolations ; les autres sont, dit-on, fabriquées à Londres.

On assure que l'on a déjà fait acheter au roi plusieurs lettres de ce genre, et que cette fois on espérait le même résultat.

On dit que la *Contemporaine* est compromise dans ce trafic.

Mais, comme le roi demandait ce que c'était que ces lettres et combien on en voulait, on lui répond : « Trois mille francs de chaque.

— Elles sont apocryphes ! » s'écria-t-il.

C'est sur le refus de la liste civile qu'on les a données ou vendues aux journaux. Le ministère espérait mettre la main dessus dans les nombreuses saisies qui ont été faites, — mais on n'a pas réussi.

Il serait bien singulier que l'humanité, sous prétexte de progrès, fût dans une fausse route et qu'il lui fallût essayer maintenant de revenir sur ses pas. — Voici le résumé d'un travail statistique fort important ; les recherches que nous venons de faire nous ont conduit à établir.

1° Qu'à mesure que l'instruction s'est propagée d'année en année, le nombre des crimes et des délits s'est accru dans une proportion analogue ;

2° Que, dans le nombre de ces délits ou de ces crimes, la classe des accusés sachant lire et écrire entre pour un cinquième de plus que la classe des accusés complétement illettrés, et que la classe des accusés ayant reçu une haute instruction y entre pour *deux tiers* de plus.

En d'autres termes, quand 25,000 individus de la classe totalement illettrée fournissent 5 accusés,

25,000 individus de la classe sachant lire et écrire en donnent plus de 6 ;

25,000 individus de la classe ayant reçu une instruction supérieure en donnent plus de 15 ;

3° Que le degré de perversité dans le crime et les chances d'échapper aux poursuites de la justice sont en proportion directe avec le degré d'instruction ;

4° Que les récidives sont plus fréquentes parmi les accusés ayant reçu l'instruction que parmi ceux qui ne savent ni lire ni écrire.

J'ajouterai que ce résultat ne m'étonne pas le moins du monde, — et, s'il me restait du papier blanc, — je développerais ma pensée, ce qui sera pour un autre jour.

Passons à d'autres progrès.

L'asphalte des boulevards, qui fond l'été, rend le nettoyage plus difficile l'hiver et a causé un nombre effroyable d'accidents.

Le gaz se gèle — ou éclate — et a asphyxié une famille de six personnes.

Le chemin de fer de Saint-Germain met souvent trois heures à faire la route, une heure et demie de plus qu'un bon cheval.

Les caisses d'épargne ont élargi la conscience des domestiques — et leur permettent de se figurer que le vol n'est que de la prudence ; — ils dépouillent leurs maîtres sans scrupule, maintenant que cela s'appelle : — *Songer à l'avenir*

Il viendra un jour un homme qui inventera les routes pavées de grès et bordées d'ormes, — et cet homme sera appelé le bienfaiteur de l'humanité.

La baronne de Feuchères a laissé par son testament cent mille francs à M. Ganneron, duc de la Cassonade, — et cent mille francs à M. Odilon Barrot, marquis de la Basoche. — Ces deux seigneurs ont d'abord laissé dire qu'ils avaient donné leurs legs aux pauvres. — Puis ils ont fait mettre dans les journaux qu'ils ne pouvaient avoir donné des legs qu'ils n'avaient pas encore reçus. — Sans dire cependant ce qu'ils en comptent faire ultérieurement.

Or, j'ai la douleur de dire à ces deux seigneurs que je ne trouve pas qu'ils manifestent en cette occasion suffisamment de courage et de loyauté. — Si madame de Feuchères leur a laissé ce souvenir, — c'est qu'ils étaient non-seulement ses conseils, — mais ses amis fort dévoués, — du moins ils le lui disaient, ce que je sais de fort bonne part. — Laisser penser par de semblables réticences qu'ils n'accepteront peut-être pas le legs, — c'est donner une force nouvelle à tout ce qui a été dit contre madame de Feuchères.

⁂ Le libraire Ladvocat m'est venu voir il y a quelques jours et m'a dit :

— Je ne suis plus libraire ; — considère-moi comme un billet de faire part de la librairie.

— Et pourquoi ? lui demandai-je.

— Ah ! pourquoi ! c'est que, pour vendre des livres, — il faut d'abord qu'il y ait des livres.

— Eh bien ?

— Eh bien ! la politique et les affaires m'ont pris tous *mes* écrivains, — tous mes ouvriers.

S'il n'était pas ministre,

M. Villemain ferait son *Histoire de Grégoire VII et des Pères de l'Église*, — pour laquelle il avait déjà rassemblé des matériaux. Sans la politique qui les a tous pris,

M. de Barante écrirait son *Histoire du Parlement de Paris ;*

M. Thiers, celle du *Consulat et de l'Empire ;*

M. Mignet, l'*Histoire de la Ligue ;*

M. Guizot, l'*Histoire de la Révolution d'Angleterre ;*

M. Malitourne, l'*Histoire de la Restauration ;*

M. de Salvandy, l'*Histoire de Napoléon ;*

Etc., etc. ; à peu près soixante-dix volumes.

Tous travaux commencés et qui m'étaient promis.

⁂ Les difficultés qu'a faites l'Académie pour recevoir M. Hugo l'ont fait plus honnir depuis quelques années peut-être qu'elle ne l'a jamais été. — Les académiciens, du moins le parti Joconde, lui attribuent ces avanies, et l'un d'eux a dit le jour de la nomination: « M. Hugo entre à l'Académie comme on épouse une fille qu'on a deshonorée. »

🐝 Au moment où on faisait semblant d'enlever les neiges et les immondices, ainsi que je l'ai raconté dans le volume précédent, je descendais la rue Laffite dans un cabriolet de louage; — je remarquai un tombereau arrêté, — ce tombereau était chargé de neige, et le charretier qui le conduisait jetait cette neige dans la rue Laffitte. « C'est étonnant, — pensai-je en regardant d'énormes tas contre les maisons; — il y a cependant assez de neige dans la rue Laffite. Pourquoi y en apporte-t-on? » Après avoir longtemps réfléchi, je demandai à mon cocher s'il savait pourquoi on apportait de la neige rue Laffitte; — le cocher le savait parfaitement, et il m'expliqua le mystère.

Les conducteurs de tombereaux, à mesure qu'ils sont chargés, reçoivent, pour chaque tombereau, un cachet que plus tard ils échangent contre deux francs, prix fixé pour chaque voyage. — Mais, au lieu de conduire le tombereau à la rivière ou à tout autre endroit désigné, — ils rejettent dans une rue ce qu'ils ont pris dans une autre; — par ce moyen, ils ménagent leurs chevaux, et font quatre fois autant de voyages dans une journée.

🐝 — Dis-moi donc, Gustave, à quelle époque, au collége, — commencions-nous à fumer de l'anis dans des pipes neuves, et des morceaux de baguettes à habit?

— C'était, je crois, en troisième.

— Eh bien! — aujourd'hui, on fume en troisième du tabac de caporal dans une pipe culottée.

Te souvient-il qu'en sixième, nous étions — tout déchirés, déguenillés, — montant aux arbres, — jouant à la balle et aux barres; — les élèves de sixième aujourd'hui sont des messieurs, ont des cannes, et le fils de***, du Théâtre-Français, lisse ses cheveux avec des bâtons de cosmétique.

Voici du reste une annonce que je prends dans un journal:

A l'occasion de la Saint-Charlemagne et *à la demande des*

FÉVRIER 1841.

*élèves*, on donne aujourd'hui au Palais-Royal *Vert-Vert, Madame de Croutignac, Indiana* et *Charlemagne*, le *Lierre et l'Ormeau*.

C'est-à-dire les pièces les plus libres du répertoire.

L'éducation du collége est bien plus complète que de notre temps.

Je ne m'aperçois pas que M. Villemain fasse la moindre attention à cela.

🌸 A propos d'une pièce de M. Gozlan, ridiculement tour à tour permise, — défendue, repermise et définitivement défendue,

On raconte que M. Boccage, artiste dramatique, — voulant rassurer le ministre de l'intérieur, qui craignait que cette pièce ne fût le prétexte de quelque tumulte, dit à M. Duchâtel : « Monsieur le ministre, je réponds de tout, — je réponds qu'il n'y aura pas de bruit. — Monsieur Boccage, aurait répondu le ministre, je m'en rapporte bien à vous; mais si, par hasard cependant, vos prévisions étaient trompées, et si on me demandait des explications à la Chambre, j'aurais mauvaise grâce à monter à la tribune et à dire : « Messieurs, M. Boccage m'avait répondu » qu'il n'y aurait pas de bruit. »

🌸 A propos de la même pièce, M. Boccage a, dit-on, écrit à M. Perpignan, censeur : « Je vous jetterai *par les fenêtres.* »

M. Perpignan lui a répondu :

« On ne jette plus par les fenêtres, — c'est une expression vieillie qui m'obligerait à vous répondre par une locution non moins surannée, — je vous couperai les oreilles. »

🌸 Outre les vaudevillistes invalides que j'ai déjà signalés comme se reposant de leurs travaux dans les sinécures administratives, il faut remarquer, — à propos de la Chambre des députés, — qu'elle renferme un grand nombre de commerçants qui, à l'âge où ils se retirent du négoce, c'est-à-dire quand ils ne se sentent plus capables du commerce de détail et de demi-gros, — se mettent à gouverner le pays, — au lieu de se retirer à la campagne et de se livrer à la pêche à la ligne, — comme ils faisaient avant l'invention du gouvernement dit représentatif.

🐝 Au sujet des lettres attribuées au roi, on a fait arrêter le gérant et le rédacteur en chef du journal la *France*, — contrairement aux lois qui régissent la presse.

Le *National*, qui a fort poussé aux fortifications, s'en étonne et s'en indigne. Pour moi, je m'étonnerais plus qu'un roi auquel on donne des citadelles et des bastilles plus qu'il n'en demande ait la magnanimité de ne pas faire pendre M. de Montour et M. Lubis. — A propos de quoi, je prie S. M. Louis-Philippe d'agréer l'hommage de mon admiration pour sa mansuétude extraordinaire. — Mais un roi qui sort de dix ans de constitutionnalité — ressemble beaucoup à un oiseau échappé de sa cage : — il ne prend pas son vol tout de suite.

🐝 La plaisanterie si ingénieuse qui consiste à me faire passer pour mort n'est pas une nouvelle invention. Il y a quelques années, — M. C. avec M. D. et quelques-uns de leurs amis, en imaginèrent une semblable au Café anglais, sur M. Duponchel, alors directeur de la scène à l'Opéra.

On fit imprimer des lettres de faire part, annonçant la *perte douloureuse* qu'on venait de faire de M. Duponchel, et on envoya à toutes les personnes qui tenaient de près ou de loin à l'Opéra une invitation *d'assister aux convoi, service et enterrement; on se réunira à la maison mortuaire à neuf heures.* Puis on alla à l'administration des pompes funèbres commander un convoi convenable.

A huit heures, le portier de la maison de M. Duponchel vit arriver avec étonnement des ouvriers de l'administration, qui tendirent la porte de noir ; — puis arrivèrent le corbillard et six voitures de deuil, — et au même instant se présentaient, vêtus de noir et avec une figure de circonstance, — les chanteurs, les danseurs, les choristes, les machinistes, les lampistes, se disant:

« Est-ce étonnant, je l'ai encore vu avant-hier !

— Et moi aussi. »

Enfin, on frappe discrètement au logis du mort, et c'est lui qui vient ouvrir.

❧ Je remarquais dernièrement au bal de la liste civile jusqu'où peut conduire le funeste avantage d'avoir un signe dans le dos. — J'ai vu une femme qui a dû avoir à soutenir une grande lutte entre la modestie, que je lui suppose, et l'irrésistible besoin de montrer un signe qui relevait d'une manière invincible la blancheur de sa peau. — Le signe était fort bas.

❧ M. Auguis, baron de la rue de la Huchette, a annoncé qu'il renonçait à exercer le droit de jambage dans ses domaines.

❧ Les nommés Victor Hugo, — Ch. Delaunay, — A. de Vigny, — Théophile Gautier, — et A. de Musset, — vilains, taillables et corvéables à merci, — ont, dit-on, refusé d'aller battre la nuit les fossés qui entourent le château de M. Jacques Lefebvre, trésorier de l'épargne, comte de Onze pour cent, afin d'empêcher les grenouilles de crier. — M. le lieutenant criminel a mis quelques exempts à la poursuite de ces manants.

❧ Parisiens, mes amis — et vous mes bonnes gens de la province, qui aviez, je suppose, envoyé vos députés à Paris pour tout autre chose; — les affaires vont ainsi parce que la pièce est tombée face, — il arrivera une autre fois qu'elle tombera pile, — et vous m'en donnerez de bonnes nouvelles.

Je n'ai pas besoin d'apprendre au roi Louis-Philippe qu'à dater du vote de la Chambre des députés sur les fortifications de Paris, il n'est plus roi constitutionnel, — à moins que ce ne soit tout à fait son bon plaisir.

Mars 1841.

L'auteur au Havre. — La ville en belle humeur. — Popularité de M. Fulchiron. — Ressemblance dudit avec Racine. — La Chambre des pairs. — Le duc d'Orléans. — Le roi et M. Pasquier. — M. Bourgogne et madame Trubert. — Les femmes *gênées* dans leurs corsets par la *liberté* de la presse. — M. Sauzet invente un mot. — M. Mermilliod en imagine un autre. — Les masques. — Lord Seymour. — Mésaventure du préfet de police. — Histoire de François. — Sur les dîners. — La liste civile fait tout ce qui concerne l'état des autres. — A M. le comte de Montalivet. — Le roi jardinier et maraîcher. — Plaintes de ses confrères. — Les *Guêpes* n'ont pas de couleur. — Un poëme épique. — Un bienfaiteur à bon marché. — Une croix d'honneur. — La propriété littéraire — Une prétention nouvelle du peuple français. — M. Lacordaire et mademoiselle Georges. — Les princes et les sergents de ville. — Une anecdote du général Clary. — M. Taschereau. — M. Molé. — M. Mounier. — M. de la Riboissière. — M. Tirlet. — M. Ancelot. — M. de Chateaubriand.

MARS. — J'arrive du Havre, — jamais je n'ai vu une ville en aussi belle humeur. — M. Breton, du *Journal du Havre*, avait, dans un article fort bien fait, dénoncé à la ville un discours prononcé à la Chambre des députés par M. Fulchiron, — et la ville riait à perdre haleine.

J'allai sur la jetée, on parlait de M. Fulchiron, et on riait.

— M. Fulchiron a découvert les vents *alisés*, disait Corbière, enveloppé dans son manteau brun.

— Il a bien découvert *le* mousson, — répondait le capitaine Lefort.

— Ce que nous appelons *la* mousson?...

— Précisément, — à moins cependant que ce ne soit toute autre chose, car *son* mousson à lui *mène* DIRECTEMENT *aux îles de la Sonde*, — ce que ne fait nullement *la* mousson, — attendu qu'elle ne règne pas par là — et qu'on n'arrive aux îles de la Sonde qu'en courant des bordées.

— Il ajoute que cela se fait *sans aucune peine.*

— On voudrait l'y voir.

— Il assure qu'*il n'y a qu'à tendre les voiles et à marcher devant soi.*

— Certainement, — disait M. Baron, — c'est juste comme pour jouer de la flûte ; il n'y a qu'à souffler dedans et à remuer les doigts.

— Venez-vous dîner?

— Je ne mangerai pas, j'ai réellement trop ri.

Je descendis sur les quais ; — des calfats qui travaillaient à la coque d'un navire — parlaient et riaient à la fois. — Je m'approchai d'eux, — et ils disaient :

— Dites donc, M. Fulchiron qui dit à la Chambre des députés — que, *pour aller à Pondichéry, il faut* SORTIR *des vents réguliers et entrer dans les vents variables.*

— Comme si les enfants ne savaient pas qu'il faut, au contraire, *entrer* dans les vents réguliers et *sortir* des vents variables.

Et les calfats riaient aux éclats.

Le lendemain, — j'avais passé du Havre à Honfleur, et j'étais à *Trouville*. — C'était la marée basse, — et les filles pêchaient aux *équilles*, les pieds et les jambes nus sortant de leurs jupons courts.

Il y en avait une brune fort belle qui disait à une autre :

— M. Fulchiron a dit qu'il fallait *deux ou trois fois plus de temps pour aller à Pondichéry que pour aller à Java.*

— Deux traversées égales.

Et les filles riaient à se faire mal.

Il y avait au bord des enfants qui jouaient dans une flaque d'eau qu'avait laissée la mer en se retirant. — Ils avaient fabriqué un navire avec une petite planche ; — le mât était une grosse allumette et la voile une feuille de chou. — L'un d'eux dirigea mal le vaisseau, car il resta en panne au milieu de la mare. « Il faut, disait l'*armateur* au pilote maladroit, que tu sois bien *Fulchiron.* »

🐝 Racine, qui faisait des tragédies comme M. Fulchiron, — a commis également, — autre point de ressemblance, — une faute du même genre quand il a fait dire à Mithridate :

> Doutez-vous que l'Euxin ne me porte en deux jours
> Aux lieux où le Danube y vient finir son cours?

« Oui, certes, j'en doute, » s'écria un spectateur.

Il est fâcheux que M. Fulchiron ne réserve pas ces choses-là pour ses tragédies.

🐝 Le duc d'Orléans et le roi se donnent un soin extraordinaire pour entraîner le vote des pairs en faveur des fortifications. — M. Pasquier, qui a le bon esprit d'y être fort résolûment opposé, a passé deux heures avec Sa Majesté. Le soir, M. Pasquier disait : « J'ai longtemps causé avec le roi ; — j'espère l'avoir ébranlé. »

Le roi, de son côté, disait : « J'ai eu avec M. Pasquier une longue conversation ; je crois l'avoir ébranlé. »

🐝 Le lendemain, le roi a dit : « Si cependant mes arguments n'ont pas produit sur M. Pasquier plus d'effet que les siens sur moi, — il doit être bien affermi dans son opinion. »

Au moment où j'écris ces lignes, — je ne sais pas encore ce qu'il adviendra des fortifications à la Chambre des pairs, — je crains bien qu'il n'arrive précisément ce que j'ai annoncé le mois dernier; — cependant les hommes les plus considérables de la Chambre sont tout à fait contraires au projet ; — il restera toujours ceci de fort honorable pour eux, que le parti qu'ils prennent les prive à la fois de la faveur et de la popularité.

En effet, d'ordinaire, en France, — il suffit de déplaire à la cour pour mériter les amours du public; — mais dans cette circonstance, unique peut-être dans l'histoire, — le gouvernement et l'opposition sont d'accord pour forger une arme dont chacun espère se servir pour écraser l'autre, pour piper des dés avec lesquels chacun espère tricher l'autre.

Certes, si les pairs voulaient se donner le libertinage de se mettre mal avec la cour — pour laquelle on leur reproche tant de complaisances, il leur était facile de choisir une occasion dans laquelle cet accès d'opposition leur attirât la bienveillance publique; — mais, en prenant celle-ci, ils mécontentent tout le monde, — et on ne peut attribuer leur résistance qu'à une opinion fondée sur le bon sens.

Dans l'*Auberge des Adrets*, Serres, auquel les gendarmes demandent sa profession, répond : « Ma femme prend des enfants en sevrage. » — M. Bourgogne, si on lui adressait une semblable question, répondrait : « Ma femme fait des corsets. »

Voici un bienfait incontestable de la presse. Madame Bourgogne fait des corsets; — madame Trubert n'est pas contente d'un corset que madame Bourgogne a fait pour sa fille; — M. Bourgogne fait imprimer une brochure qu'il répand dans Paris — avec ce titre :

Lettre adressée à madame Trubert, rue Miroménil, 29, par M. Bourgogne, rue Hauteville, 28.

*Paris, — typographie de Firmin Didot frères, — imprimeurs de l'Institut, rue Jacob, 56. — 1841.*

Ce n'est plus le temps aujourd'hui où on pouvait impunément, abusant d'un odieux privilége, ne pas prendre chez une marchande de corsets un corset que l'on ne trouvait pas fait à son goût; — le peuple a reconquis ses droits; — le marchand de corsets, grâce à la presse, appelle, de votre refus de prendre son corset, à la France, à l'Europe, au monde entier; — honneur donc à M. Bourgogne! — il a accompli un devoir — sans se laisser arrêter par cette futile objection, que la liberté de la presse menace de s'engraisser du carnage qu'elle fait des autres libertés; — que bientôt elle sera seule; — et qu'enfin la liberté de la presse semble un peu ici restreindre celle qu'on aime à trouver dans son corset, — et la liberté de choisir ses fournisseurs.

J'ai pris tant de plaisir à lire la brochure de M. Bourgogne, que je veux faire participer mes lecteurs à ma satisfaction, et en même temps contribuer à donner à cette œuvre de courage une publicité dont son auteur doit être désireux.

LETTRE ADRESSÉE A MADAME TRUBERT PAR MONSIEUR BOURGOGNE. — Madame, en me présentant chez vous, lundi dernier, j'espérais que vous voudriez bien m'entendre, afin de juger avec connaissance de cause une affaire *grave*, puisque les rapports mensongers et malveillants qu'on a pu vous faire pourraient compromettre la réputation de notre maison. N'ayant pas été reçu, j'ai l'honneur de vous écrire.

Je vais, madame, vous dire l'exacte vérité : *J'ai tout entendu;* ce que mademoiselle Marie pourra confirmer.

Lorsque ces dames vinrent la première fois, mademoiselle Trubert aînée, en entrant dans le salon, commença par dire : « Nos corsets vont bien, madame Bourgogne; » la gouvernante ajouta : « Quant à celui de la petite, il va comme un *cochon.* »

N'attendant pas qu'une dame considérable, qui se trouvait dans le salon, eût fini de lui faire ses observations, elle répéta : « Il va comme un *cochon.* »

Lorsque cette dame fut partie, madame Bourgogne demanda à voir le corset sur mademoiselle, à quoi ces dames répondirent avec un peu d'aigreur qu'elles étaient beaucoup trop pressées, qu'elles reviendraient mercredi ou jeudi.

Ainsi, on est venu *seulement* avec l'intention d'humilier madame Bourgogne devant le monde, sachant qu'à cette heure on en trouve toujours.

Elle fit observer à la gouvernante que ce mot inconvenant la blessait, qu'elle lui renvoyait ce mauvais compliment. (*Comme qui dirait : Vous en êtes un autre.*) Mademoiselle Trubert aînée dit alors : « Mais voilà comme nous parlons à tous nos fournisseurs. — Tant qu'il vous plaira, mademoiselle, moi, je ne le souffrirai pas. » (*Dignité, — leçon donnée à propos.*)

La seconde fois, lorsque la gouvernante vint avec mademoiselle Marie, pour faire voir le corset, il y avait encore des dames qui faisaient à madame Bourgogne de sincères compliments (*douce consolation pour une artiste méconnue*), et qui avaient la bonté de rire aux éclats avec elle (*bonté touchante en effet*) ; ce qui augmenta sans doute son impatience, car, sachant ce qui s'était passé, j'entrai dans le salon pour arranger le feu, afin de l'observer. Je la vis assise derrière la porte du boudoir, à l'endroit le plus sombre, feignant de lire un journal de modes ; mais, à ses mouvements convulsifs, elle me parut fort agitée.

Lorsque ces dames furent sorties, madame Bourgogne l'engagea, ainsi que mademoiselle Marie, à entrer dans le boudoir, en la saluant humblement, sans recevoir aucun signe de politesse. Elle la salua une seconde fois, auquel salut elle répondit par un bonjour bien sec. Le corset étant mis, madame Bourgogne demanda si madame Trubert l'avait vu sur mademoiselle. « Pourquoi me demandez-vous cela ? reprit la gouvernante d'un ton hautain. — Parce que ce corset n'est qu'un peu aisé dans toute sa longueur, ce qui convient aux jeunes personnes, et que je ne trouve pas qu'il aille comme vous avez dit (1). » Alors, sa fureur commença. « Je n'ai pas dit cela, vous en avez menti ! c'est mademoiselle Trubert qui l'a dit, et vous devriez me faire vos excuses. Je représente ici madame Trubert ; voyez votre corset, et taisez-vous ; je vous défends de causer avec moi, vous

---

(1) On se rappelle comment avait dit la gouvernante. — On doit remarquer ici la délicatesse avec laquelle madame Bourgogne évite de répéter le mot.

ignorez qui je suis, je ne veux pas vous répondre. » Madame Bourgogne fit alors la même question à mademoiselle Marie ; mais, en anglais, elle lui défendit de répondre. Sans doute, mademoiselle Trubert aînée, par bonté pour sa gouvernante, a voulu prendre ce mot sur elle ; mais j'affirme que c'est elle qui l'a dit et répété plusieurs fois.

« Comment ! dit alors madame Bourgogne, vous niez ce fait, ayant vu les paroles sortir de votre bouche ! D'ordinaire, une personne qui s'estime soutient ce qu'elle a dit. (*Haute moralité.*) Quoi qu'il en soit, je ne souffrirai pas qu'on me parle sur ce ton. Je reçois des personnes de distinction, qui toujours sont polies envers moi, et jamais une gouvernante ne m'en imposera. »

Alors sa fureur augmenta ; levant la main sur madame Bourgogne... (Je vis ce mouvement à travers le rideau.)

(*Pardon, — que faisait M. Bourgogne derrière le rideau d'une pièce où on essaye des corsets ?*)

... Disant avec une exaspération violente : « Taisez-vous, ou sinon ! Je vous l'ordonne, taisez-vous ! Vous êtes une bête ! Je vous méprise profondément ; vous ignorez qui je suis ; vous aurez de mes nouvelles : il vous en coûtera cher. Taisez-vous ! »

Il fut impossible à madame Bourgogne de se taire (*aveu naïf*) ; elle répliqua vigoureusement et sur le même ton ; alors, le scandale fut au comble. (*Cela devait être gentil.*)

Voulant mettre un terme à un pareil train, je frappai à la porte et lui imposai silence. (Lui, *pourquoi pas* leur, *puisque ces dames parlaient* du même ton ?)

Elle se calma peu à peu, mais en répétant dans ses dents : « Je vous méprise, vous aurez de mes nouvelles, vous ne savez pas à qui vous parlez... »

Lorsqu'elle sortit, elle ferma la dernière porte avec fracas, et criant sur le palier de toute la force de ses poumons : « Je vous méprise *tous, tous*, je vous méprise ; » elle parlait avec tant de véhémence, que les voisins se mirent aux fenêtres.

Voilà, madame, à peu près comme cette scène de désordre se passa.

S'il n'en eût rien résulté, j'aurais dédaigné la conduite et les emportements de cette furibonde ; mais elle a agi contre l'honneur et l'intérêt de notre maison : je dois les défendre.

Le soir même, ses menaces furent suivies d'effets ; vous écrivîtes, madame, que vous ne prendriez pas le corset que mademoiselle Marie avait laissé à corriger, de vous renvoyer *de suite*, sans y toucher, le corset que vous veniez de donner à blanchir et réparer, et de vous envoyer votre mémoire, ne voulant plus avoir aucun rapport avec madame Bourgogne.

Le lendemain, madame Damaison, femme du notaire, et sa demoiselle vinrent, courroucées, demander leur facture en disant : « Nous avons passé hier la soirée chez madame Trubert, et, au salon, nous avons appris de belles choses sur votre compte.

« Vous ne saviez donc pas à qui vous répondiez de la sorte ? c'était à la comtesse\*\*\*, de la famille de la branche aînée des Bourbons... (*Ce n'est pas la branche cadette qui ferait des choses pareilles ; aussi M. Bourgogne doit-il se féliciter d'avoir jonché Paris de son cadavre en 1830, comme tout le monde, pour l'expulsion de ladite branche*) ; que madame Trubert considère et chérit depuis douze ans. Vous avez cru parler à une femme de chambre : cela vous fera un tort immense ; nous et toutes nos connaissances ne mettrons plus jamais les pieds chez vous. »

Madame Bourgogne répondit qu'elle n'avait offensé personne ; qu'au contraire on l'avait insultée chez elle, qu'elle ignorait que la gouvernante fût comtesse (*concession légère, il est vrai, et corrigée par le reste de phrase, — mais concession cependant aux préjugés aristocratiques, qui m'étonne de la part de madame Bourgogne*), qu'en tout cas madame la comtesse s'était grandement oubliée.

En remettant la facture à madame Damaison, je lui dis : « Quel que soit le titre de cette *femme (très-bien)*, elle n'avait pas le

droit de venir faire du scandale dans une maison honorable. »
A ce mot *honorable*, madame Damaison hocha la tête et regarda sa fille en souriant de pitié.

Je ne sais où la comtesse-gouvernante (*sarcasme*) a puisé ses renseignements, mais, assurément, elle a été mal informée ; ce ne peut être qu'une machination d'intrigants qui, jaloux de la prospérité de notre maison, et dans l'intention de la déprécier, ont fait agir cette méchante dame : car, de la manière dont elle a osé parler, il semblerait que madame Bourgogne est de la plus vile extraction, que sa vie est immorale et honteuse ; bien que madame Bourgogne n'ait pas de titres de noblesse en parchemin (*autre sarcasme*), elle n'est pas non plus de basse naissance. (*Elle n'était pas née pour faire des corsets.*)

Je me trouve ici obligé, à regret, de dire un mot sur son origine et sa vie tout entière. (*Modestie honorable.*)

Sa mère, Dorothée Young, était d'une des meilleures familles de Mayence, fille du célèbre statuaire Young, dont les ouvrages sont considérés aujourd'hui comme des chefs-d'œuvre. Elle épousa, malgré l'aveu de son père (*mépris des préjugés dans le sang*), François Krempel, honnête artiste attaché à la chapelle du prince de Metternich ; le mariage fut signé du prince ; le père, irrité, deshérita sa fille. M. Krempel, sans fortune, n'eut que son talent pour soutenir et élever sa famille. Il était, à Coblentz, voisin et ami intime de M. Weskers, qui est encore aujourd'hui à Paris premier secrétaire à l'ambassade de Prusse. Par suite, les Français envahirent l'Allemagne ; le prince quitta le pays. (*Était-ce bien une raison suffisante d'envahir l'Allemagne, et les Français n'ont-ils pas agi un peu légèrement?*)

Kunégonde Krempel, aujourd'hui madame Bourgogne, naquit (*remarquez tout ce qu'il y a d'aristocratique dans ce prétérit*) au château de Coblentz ; la comtesse Kunégonde, parente du prince, voulut qu'elle fût tenue en son nom sur les fonts de baptême.

Elle perdit sa mère à l'âge de neuf ans ; son père la mit en pension, et vint à Paris, où le comte sénateur Saur le fit entrer à la chapelle de Napoléon, pour la contre-basse ; il entra aussi premier pour cet instrument au théâtre des Variétés (*première contre-basse aux Variétés !*), était compositeur et professeur de plusieurs instruments.

Il est mort chez lui (*chez lui !*) en 1833, rue de Rochechouart, 7 (*de sorte que moi, je me trouve voisin de M. Krempel, comme M. Krempel était voisin de M. Weskery* âgé de quatre-vingt-trois ans, après vingt-trois ans de service à son théâtre (*au théâtre des Variétés comme première contre-basse*), qu'il ne quitta qu'à la mort.

En 1813, M. Krempel, étant remarié en secondes noces, fit venir sa fille à Paris ; mais elle ne put sympathiser avec sa belle-mère (*indépendance de caractère*) ; elle préféra se placer, persuadée que, ayant reçu les principes de morale et de vertu de sa mère, elle pourrait se conserver dans toutes les positions. (*Belle pensée !*)

Ne sachant pas un mot de français, elle entra d'abord chez une maréchale, duchesse allemande ; et plus tard dans d'autres honorables maisons que je pourrais citer.

Le 10 janvier 1820, je l'épousai (*juste récompense !*) à la mairie du deuxième arrondissement ; la cérémonie eut lieu le même jour à Saint-Vincent-de-Paul. Étant moi-même sans fortune (*aveu plein de noblesse*), sa position ne fut pas améliorée (*conséquence rigoureuse*) ; elle se résigna, fit des économies, espérant un avenir meilleur.

En 1827, elle commença son établissement ; là, de nouvelles peines l'attendaient. Elle éprouva des difficultés et des embarras de toute nature, que sa religion (*l'application de la religion à la fabrication des corsets est une découverte de ce siècle*), son courage surnaturel et son grand amour du travail lui firent surmonter.

Ce n'est que depuis 1832 que sa maison prend chaque année une extension croissante; elle est aujourd'hui une des plus fortes de son genre.

Étant arrivée, après tant d'années de tribulations, à former une maison *honorable*, je puis le dire hautement, peut-elle, de sang-froid, laisser un libre cours à la calomnie? Parce qu'elle n'a pu supporter les impertinences d'une gouvernante, verrait-elle ternir une réputation si bien acquise?

Ce n'est pas possible.

Ainsi donc, madame, jai l'honneur de vous prévenir que si une seule de ces dames venait encore lui parler de cette affaire, que pour son honneur la comtesse-gouvernante aurait dû taire, je distribue cette lettre à toute sa clientèle, qui se compose en grande partie de la haute société.

VICTOR BOURGOGNE.

Il faut croire que quelqu'une de ces dames a encore parlé de cette affaire à madame Bourgogne, car M. Bourgogne a rendu sa lettre publique. Comme on pourrait croire que j'invente la lettre et M. Bourgogne, la lettre restera déposée pendant trois jours au bureau du journal, rue Neuve-Vivienne, 46.

M. Sauzet, président à la Chambre des députés, — a dit: « L'honorable membre consent-il au *retirement* de son amendement? »

M. Mermilliod, avocat et député, a dit: « Le *réclamataire*. »

Le dimanche gras, — je me suis trouvé pris dans la file des voitures qui couvraient le boulevard; — tout Paris était là pour voir les masques, — sans songer qu'il faudrait que quelqu'un se décidât à être masqué. — C'est le contraire du gouvernement représentatif, où tout le monde veut jouer les rôles, et où personne ne veut être spectateur.

Comme tout le monde regarde les masques, il s'ensuit naturel-

lement qu'il n'y a pas de masques, — et les bonnes gens disent :
« Ce n'est pas étonnant : *le commerce va si mal* à présent ! »

Disons en passant que jamais on n'a vu une époque où on ait dit : *Le commerce va si bien !*

Il faut remarquer, au contraire, que jamais on ne s'est tant déguisé qu'aujourd'hui. — Autrefois on ne se déguisait que pendant les *trois jours gras.* — Aujourd'hui, trois fois par semaine, pendant deux mois, dix bals masqués sont encombrés chacun de plus de masques chaque jour qu'il n'y en a jamais eu à aucune époque sur le boulevard.

Je suis curieux de savoir pendant combien de temps on ira voir le jour, sur le boulevard, — les masques qui sont la nuit dans les théâtres, — et pendant combien de temps on s'étonnera de ne pas les voir où ils ne sont pas.

Par une bizarrerie assez ridicule, — l'autorité a fait ce jour-là traverser Paris à quinze canons, avec des artilleurs à cheval, — la mèche à la main. — On s'est obstiné à prendre le tout pour des masques, — et plusieurs personnes du peuple ont dit : « C'est lord Seymour. »

Ce pauvre lord, — qui n'a à se reprocher aucune manifestation en ce genre, est victime d'un préjugé populaire, qui s'obstine depuis dix ans — à lui attribuer toutes les mascarades, à le reconnaître dans toutes les extravagances, — à lui mettre sur le dos tous les verres qu'on casse, — tous les cochers qu'on rosse, — toutes les vieilles femmes qu'on écrase.

Faute de masques, les gamins ont pris le parti de se réjouir de toutes les figures un peu singulières qui circulaient sur le boulevard. — Plusieurs promeneurs, non déguisés, se sont vus, à leur grande surprise, déclarés masques, — et, comme tels, poursuivis de huées et de cris joyeux.

Il y a quelques mois, arriva à Paris un M. Penckel ; — c'est un Allemand qui a voyagé longtemps en Russie, et qui s'est ensuite marié en Italie.

Il descendit d'abord rue du Helder, n°..., jusqu'à ce qu'on lui eût préparé un logement, après quoi il s'en alla demeurer au faubourg Saint-Germain.

Une fois installé, il se rappela qu'il avait un frère qu'il avait laissé à Paris dix ans auparavant, et dont jamais, depuis, il n'avait reçu de nouvelles. — Il se transporta chez M. le préfet de police, lui fit part de sa pieuse inquiétude en le priant de faire faire toutes les recherches nécessaires pour le découvrir. — I donna sa propre adresse, rue du Bac. Deux mois après, — comme il allait se mettre à table pour dîner, un homme se présenta, qui annonça avoir à lui parler de la part de M. Delessert ; — il le fit passer dans le salon, et l'étranger lui dit :

— Le M. Penckel sur lequel vous avez demandé des renseignements est retrouvé.

— Grand Dieu ! — où est-il ? — menez-moi près de lui.

— Je ne le sais pas, — je ne peux vous conduire que chez M. le préfet, qui vous attend.

— Où est-il ?

M. Penckel — descend sans chapeau, — prend un cabriolet qui passait, — abandonne le messager dans la rue, et arrive, pâle d'émotion, à la rue de Jérusalem. — Il demande à parler à M. le préfet. — M. le préfet dîne, — il attend, ses pensées se pressaient tumultueusement dans sa tête, — il allait revoir son frère.

Réjouis-toi, — honnête Penckel, tu sauras plus tard qu'à la fin de la vie les gens que tu aimes t'auront causé plus de chagrins, et de plus profonds, que tes ennemis. — Il est introduit.

— Monsieur, lui dit M. Delessert, — le M. Penckel dont vous êtes inquiet est retrouvé, du moins à peu près.

— Où est-il ?

— Je ne le sais pas précisément, mais on est sur sa trace, et on ne peut tarder à connaître son adresse. — Voici ce qu'à force de soins, de recherches et de peines, la police a découvert. — Ce M. Penckel est Allemand.

— Je le sais.
— Il a été en **Russie.**
— Vraiment !
— Puis en Italie.
— Pas possible !
— Où il s'est marié. — De là, il est rentré en France, et il a logé rue du Helder, n°... C'est là qu'on a perdu ses traces, on ne sait plus où il est allé et on l'a perdu de vue.
— Eh bien ! monsieur le préfet, je puis compléter vos renseignements.
— Comment cela ?
— De la rue du Helder, M. Penckel est allé demeurer rue du Bac.
— Ah !
— Numéro...
— Vraiment ?
— Et, aujourd'hui même, — comme il allait se mettre à table, — on est venu le chercher de votre part, — il est accouru sans chapeau, — et il est devant vous, où il admire votre profonde sagacité.
— Monsieur...
— Monsieur, — ce M. Penckel dont vous me parlez, sur lequel vous avez découvert tant de choses, — et dont vous avez perdu la trace rue du Helder, — c'est moi ; — celui sur lequel je vous avais demandé des renseignements, c'est mon frère, Ludwig Penckel. — Vos gens se sont trompés.

Il y avait à la Salpêtrière un garçon de salle appelé François.

Un jour, à l'heure du dîner, on appelle François.

On cherche François ; pas de François ; — c'était lui qui servait à table ; — grand embarras. — Cependant on se passera de lui.

On sert le potage.

Les malades le trouvent excellent.

La marmite de la Salpêtrière est grande comme une chambre. — On met et on retire la viande avec un croc pendu à une poulie.

Le potage mangé, on descend le croc et on retire le bœuf.

— Ah ça! s'écrie un des domestiques, j'ai vu ce bouilli-là quelque part.

— C'est étonnant, dit un autre, comme il ressemble à François.

— Mais il a la veste de François!

— Mais c'est François!

C'était François qui, las de l'existence, s'était jeté dans la marmite. — On ne l'a pas mangé.

🐝 L'homme commence par l'enfance et finit par l'enfance; — mais ces deux états de faiblesse sont séparés par un long intervalle, un intervalle de vie, de force, d'action, de puissance. Le gouvernement représentatif, lui, a réuni ses deux enfances en une seule : enfance de faiblesse et enfance de décrépitude; — enfance qui suit le néant et enfance qui le précède. — Le gouvernement représentatif, semblable aux enfants morts sans baptême, ne tardera que quelques années à s'en aller dans les limbes; — enfant ridé et décrépit, enfant mort de vieillesse avant d'avoir vécu.

🐝 C'est singulier comme l'habitude nous rend indifférents pour les choses les plus révoltantes, à un tel degré que nous ne les voyons pas, quoique tous les jours elles se passent sous nos yeux.

Ainsi, une petite bourgeoise qui a de l'ordre et qui tient bien sa maison, quelque jolie, mignonne et dégoûtée qu'elle puisse être, — envoie le matin sa cuisinière à une de ces morgues où les bouchers étendent des cadavres d'animaux — sans que cela attriste ni dégoûte les passants.

Puis, vers six heures, on se met à table, — et la maîtresse du logis, — bourgeoise — ou non, — supposez-la, si vous voulez, la plus élégante et la plus belle, — la plus éthérée et la plus diaphane, — dissèque et fouille successivement divers cadavres, s'efforçant de se rappeler de quel morceau du corps mort aime à se repaître tel ou tel convive.

Celui-ci veut que le cadavre soit encore saignant ;

Cet autre le préfère un peu plus cuit ;

Elle engage son voisin à manger l'œil du veau, — ou telle autre partie du cadavre qui passe pour plus délicate et plus recherchée.

Voici un homme qui n'a plus faim, — mais il mange encore. — C'est si amusant de faire tenir dans son estomac le plus de cadavre possible ! — D'ailleurs, quelques-uns se font gloire d'être gros mangeurs, — et c'est leur position dans le monde.

Et puis, on a mêlé à tous ces corps morts des ingrédients qui en hâtent la décomposition dans l'estomac et permettent d'en entasser davantage. — Entre les animaux qui mangent de la chair, — l'homme est le seul qui en mange pour son plaisir, c'est-à-dire au delà de sa faim.

De telle sorte qu'il m'est arrivé plus d'une fois — de voir à mes yeux se métamorphoser tout à coup la femme la plus gracieuse, donnant à dîner, — en une goule partageant un cadavre à une volée de corbeaux affamés.

Il est vrai qu'on a ajouté à tout cela l'usage dégoûtant de se rincer la bouche à table, — sordide propreté dont, pour ma part, j'ai soin de m'abstenir.

A propos de dîner, il faut encore remarquer que beaucoup de gens, en invitant, songent beaucoup moins à être agréables aux gens qu'ils reçoivent qu'à les écraser par l'opulence de leur maison, — beaucoup plus à les étonner qu'à les nourrir. — C'est dans ces maisons surtout qu'on mange des primeurs, — c'est-à-dire des légumes qui ont besoin d'être étiquetés pour qu'on ne les prenne pas au goût pour une seule et même herbe sans saveur. Beaucoup de personnes, en vous donnant *des pois verts* à certaines époques, n'ont évidemment d'autre intention que de vous *montrer* des pois *chers*.

&#x2741; J'ai déjà, à plusieurs reprises, donné à M. le comte de Montalivet la preuve d'estime de lui dénoncer à lui-même les abus qui se commettent dans son administration.

Je viens aujourd'hui lui apprendre qu'on fait du roi de France un jardinier et un fruitier, — et que les autres jardiniers et les autres fruitiers, ses confrères, se plaignent amèrement de lui.

Il y a à Versailles, — au château, — un potager fort beau et fort bien cultivé par le jardinier Grison. Ce potager produit beaucoup au delà de la consommation du château, surtout en fruits et en légumes de primeurs; — vous croyez peut-être que le surplus est consacré à des présents.

Nullement, — on le vend à beaux deniers comptants à divers fruitiers de Paris.

Et, comme ceux qui vendent les produits de Versailles les ont pour rien, ils les donnent aux marchands à un prix auquel les producteurs industriels ne peuvent abaisser les leurs.

Pour vous montrer que je suis bien instruit, nous allons procéder par exemples.

EXEMPLE : — Il n'y a qu'un seul jardinier qui *fasse* des haricots verts de primeur, — c'est un nommé Gauthier qui demeure au Petit-Montrouge.

Cette année, au 20 février, on n'avait encore vendu que deux fois des haricots verts à Paris.

Les premiers par le roi, — les seconds par M. de Rothschild, qui a un jardin à Boulogne, — à Maillez, fruitier, marché Saint-Honoré.

Aujourd'hui Gauthier, qui, avec moins de ressources que ses deux rivaux, arrive cependant presque en même temps qu'eux, — est obligé, pour rentrer dans ses frais, de vendre ses haricots vingt ou vingt-quatre francs la livre, — tandis que ses concurrents, le roi de France et M. de Rothschild, les donnent à meilleur marché.

L'année dernière, — Gauthier, plutôt que de donner ses haricots à vil prix, a mieux aimé en faire des présents.

C'est agir royalement.

AUTRE EXEMPLE : — L'an dernier, à Trianon, pour un dîner qui devait avoir lieu, on avait demandé trente ananas au potager de Versailles ; — le dîner n'eut pas lieu, et le lendemain les ananas étaient vendus à Bailli, glacier, rue Neuve-des-Petits-Champs, — à un prix auquel ne peuvent les céder les producteurs, auxquels chaque ananas coûte de huit à quinze francs.

Autrefois, les cultivateurs de Versailles obtenaient la permission de faire prendre dans la forêt de la terre de bruyère, nécessaire à leur travail, qui y est fort bonne ; — mais la liste civile a pris le parti de la réserver pour le potager de Versailles et pour les pépinières de Trianon, — tandis que les jardiniers marchands sont obligés de la tirer de Palaiseau et de Saint-Léger, c'est-à-dire de quatre à cinq lieues de là.

Les jardiniers ont un si grand besoin de feuilles d'arbres ramassées et de mousse, qu'ils les payent, l'hiver, huit ou neuf francs par voiture. Il y a quelques années, les pépiniéristes ont fait une pétition pour demander la réforme de quelques abus, et on leur a supprimé la permission de ramasser des feuilles,—permission qui, du reste, leur a été rendue depuis.

Je sais bien, — monsieur le comte, — qu'Abdalonyme était jardinier avant d'être roi, — et que Dioclétien le fut après avoir été maître du monde ;

Mais je ne vois aucun prince qui ait cumulé ces deux professions de roi et de maraîcher, et qui les ait exercées simultanément.

J'en excepterais un duc de Pirmasentz, ville de soixante-dix-huit maisons, dont j'ai raconté l'histoire dans un livre appelé

*Einerley*, et qui cultivait des œillets, — mais celui-là ne les vendait pas.

Croyez-vous, monsieur le comte, qu'il soit bien utile à la gloire du roi Louis-Philippe qu'il soit le premier à donner ce spectacle ?

Voici ce que me rapporte une guêpe, qui a passé les barrières et qui est allée du côté de Versailles *pour voir si le printemps s'avance.*

On lit dans un journal, sous la rubrique de Calais : « L'éclipse de lune a été la cause *bien involontaire* de l'échouement d'un de nos bateaux pêcheurs. »

Voici des choses un peu fortes que me dit une guêpe nouvellement enrôlée dans mes escadrons. — Si quelqu'un avait des preuves à me donner contre les assertions de ma nouvelle recrue, — je les accepterais et les enregistrerais avec plaisir, — ainsi que je le fais et le ferai toujours chaque fois qu'on me démontre ou me démontrera que j'ai été ou que j'aurai été mal informé.

Le maréchal Soult nous a appris entre autres choses, dans la séance du 22 janvier, qu'il avait gagné la bataille de Marengo tout en défendant Gênes.

Cette victoire, si opiniâtrément disputée par les Autrichiens au premier consul Bonaparte, ne lui est pas moins vivement contestée par les Français.

Du vivant de l'Empereur, certaines gens prétendaient que c'était le général Desaix qui avait gagné la bataille. Le fait est qu'il y fut tué.

Sous la Restauration, feu le duc de Valmy passait pour avoir gagné la bataille par une certaine charge de cavalerie.

Voici maintenant M. le maréchal Soult qui nous apprend qu'à lui seul est dû l'honneur de cette victoire, de même que celle d'Austerlitz.

Il y a trois ans, M. le maréchal Clauzel, dans ses *Explications*, apprit à toute la France qu'il avait gouverné Raguse et couvert de belles routes toute la côte dalmate. Il se vantait, en outre, d'avoir amené son *corps d'armée* à l'Empereur sur le champ de bataille de Wagram.

Vérification faite, il se trouva que tout ce que ledit maréchal Clauzel croyait avoir fait appartenait en propre au maréchal Marmont, duc de Raguse, sous les ordres duquel M. Clauzel était alors employé.

Pendant quinze ans le maréchal Macdonald s'est laissé appeler par tous les journaux *vainqueur de Raab.*

Cette bourde a été reproduite dernièrement par M. Ph. de Ségur dans un éloge qu'il a prononcé en Chambre des pairs.

Le fait est que la bataille de Raab a été gagnée par le prince Eugène Beauharnais, qui commandait l'armée d'Italie ; à la vérité, le maréchal Macdonald, alors général de division, servait sous les ordres de ce prince, mais il n'assista même pas à cette bataille, étant avec sa division à une journée en arrière.

Toutes ces choses pourraient bien devenir de l'histoire si la critique contemporaine n'y met bon ordre. Celui de nos maréchaux qui vivra le plus longtemps finirait par avoir gagné, à lui tout seul, toutes les batailles de la Révolution et de l'Empire.

Nous avons déjà parlé des avantages incontestables que procurent au pays les fréquents changements de ministère dont nous jouissons depuis quelques années. A peine les administrations et les institutions ont-elles commencé à recevoir une impulsion dans une ligne quelconque,—qu'un autre ministère vient changer la direction pour une autre, qui sera encore changée avant qu'on ait atteint aucun but.

Il y a encore d'autres agréments attachés à ce système, agréments qu'il n'est peut-être pas mauvais de dévoiler. Les ministres sortants — ressemblent à ces marins—dans une scène fort bien décrite par M. Sue, — qui, après dîner, s'amusent à jeter, par les fenêtres, la vaisselle et les meubles. On pourrait encore les comparer à ces marchandes de salade de la halle, qui, chassées à une certaine heure par les sergents de ville, — offrent, à un vil prix, le reste de leur marchandise.

Au moment du départ, toutes les complaisances, toutes les amitiés, tous les dévouements, sont admis à une grande curée de tout ce qui reste à la disposition des ministres · les croix, les emplois, l'argent, sont distribués à la manière des comestibles aux anciennes fêtes publiques. — Pendant que le ministre s'en va, — on l'arrête sur l'escalier, dans la cour, — à la porte du ministère ; — il est encore un peu ministre : on lui fait signer, signer, signer. Tout cela se fait avec tant de confusion, qu'il est arrivé quelquefois, par hasard, et sans mauvaise intention, que l'on ait commis quelque mesure utile, que l'on se soit laissé aller à décerner une récompense méritée. Le plus sûr est pourtant de ne pas s'y fier.

Il est un reproche qu'on me fait fréquemment.—Je reçois une lettre ce matin qui est la soixantième, contenant à peu près les mêmes choses ; je réponds aux soixante lettres et aux soixante reproches à la fois : Pourquoi n'avez-vous pas de couleur ?

Il faut que j'explique ce qu'on appelle, — en journalisme, — avoir une couleur. Quand vous voulez avoir une couleur, — je vous fais grâce des nuances, — vous annoncez que vous êtes pour ou contre le pouvoir

Si vous êtes pour le pouvoir, de ce moment vous êtes enchanté de tout ce qu'il fait et de tout ce qu'il fera ; s'il pleut, vous en rendez grâce à sa haute sagacité, à sa paternelle prudence. Si le pouvoir dit : « Comment vous portez-vous ? » vous citez le mot charmant ; les cheveux de M. Bugeaud vous paraissent blond cendré ; M. Fulchiron est un poëte distingué. Le pouvoir ferait guillotiner la moitié de la nation, brûler les moissons, rôtir les enfants, que vous n'en feriez pas moins l'éloge de son inépuisable bonté. — Si vous êtes dans l'opposition, tout ministre est un voleur, un traître. Le roi ne peut se promener dans son jardin sans que vous vous croyiez obligé de crier à la tyrannie et à l'arbitraire. A tout homme qui éprouve des contrariétés de la part de la police vous êtes obligé de tresser des couronnes. Le gouvernement répandrait l'abondance, la paix, l'union, dans toute la France, que ce n'en serait pas moins pour vous un gouvernement absurde, ennemi du pays, et qui pèserait sur la France.

Ne pas avoir de couleur, c'est ne suivre de règle que le sens commun, c'est blâmer le mal, louer le bien, rire du ridicule, quel qu'en soit l'auteur; c'est garder entre tous les partis du bon sens, de la bonne foi, du jugement et de l'esprit.

Grande nouvelle : les journaux nous annoncent que nous avons *enfin* un *poëme épique*, la divine épopée. — Il paraît que c'est une chose fort agréable et fort utile que d'avoir un poëme épique, — car dans tous les temps on a agité cette question : « Avons-nous un poëme épique ? » Tous les vingt ans — il en paraît un nouveau, — et on dit alors : « La France n'avait pas de poëme épique. »

Si un poëme épique se compose de quelques milliers de vers très-ennuyeux, nous avions la *Henriade* de Voltaire, dont la France — ce me semble — aurait pu se contenter.

J'ai toujours entendu dire que la *Henriade* est un poëme épique ;—un poëme épique est une chose dont on est fier, mais qu'on ne lit pas.

Je ne trouve pas que le peuple français, — en cette circonstance, — montre un enthousiasme suffisamment frénétique.

On a cependant fait beaucoup d'annonces pour apprendre audit peuple français l'événement qui devait le combler de joie.

Mais — entends donc, — peuple français, entends donc — la *bonne nouvelle*. — Peuple français, tu as un poëme épique ; — la nature non plus ne se met guère en harmonie avec la circonstance, — l'hiver recommence, — les sureaux et les chèvrefeuilles, qui étaient tombés dans le piége que leur tendaient quelques rayons de soleil, ont vu sécher leurs premières feuilles déjà sorties, — absolument comme si nous n'avions pas de poëme épique ; — mais qu'est-ce que cela te fait, — peuple français ? — tu as un poëme épique ; —du reste, c'était le vrai moment d'en avoir un.

On s'occupe beaucoup à la Chambre et dans les journaux de la loi sur la propriété littéraire. — On a déjà prononcé beaucoup de discours, on a écrit de longues pages, et nous ne sommes pas au bout. Il y a quelques années déjà, — au milieu d'une discussion sur le même sujet, — j'avais proposé une loi, qui a été jugée, en ce temps-là, par les meilleurs esprits, si simple, si raisonnable, qu'on n'y a pas trouvé la moindre objection. Ce projet de loi, le voici, —j'ai lu tout ce qu'on a dit, tout ce qu'on a écrit sur la question ; il répond à tout :

ARTICLE UNIQUE. *La propriété littéraire est une propriété.*

Et cette propriété, une fois reconnue, rentrerait dans toutes les lois et ordonnances relatives à la propriété en général. Cela est simple, — cela est facile à trouver, — ce qui n'empêche pas que cela ne sera pas pris en la moindre considération.

On a frappé de ridicule l'ancien amour romanesque, — qui attendait cinq ans un regard, — cinq autres années un ruban, — cinq autres années un baiser sur la main, et n'arrivait à recevoir le prix de son douloureux martyre que lorsque ce prix était considérablement avarié et décrépit. — Cependant l'amour ressemble beaucoup à un jardin au bout duquel on arriverait en trois pas, si le chemin à faire n'était prolongé en une foule de petites allées tournant capricieusement, fleuries et embaumées.

La nature avait donné à l'homme sa femelle, comme à tous les animaux ; — c'est l'homme qui a inventé la femme, — et c'est sa meilleure invention.

En ce temps-là, les romans et les romances ne vous peignaient que des Amadis ténébreux et des Galaors mélancoliques — *chantant leur martyre dans leur délire,* etc.

Aujourd'hui on a changé cela comme bien d'autres choses; les romans et les romances ne représentent plus que des femmes méprisées, — se roulant, se tordant aux genoux d'un homme, — ce qui est assez laid.

La même manie de changement qui a fait mettre sur les adresses le numéro avant la rue, — a amené quelque chose de plus grave et de plus satisfaisant pour la vanité des gens; — autrefois, quand on perdait un parent, — la formule des lettres de faire part était celle-ci :

« Nous avons l'honneur de vous faire part de la perte de M..., etc. »

Puis, au bas de la lettre, en caractères plus petits, on ajoutait : « De la part de M. et de M... »

Il est évident que le mort jouait le premier rôle et que les parents, simples comparses, — n'avaient que le petit plaisir collectif et indirect d'étaler les titres et les décorations de leur mort. Cela ne pouvait durer ainsi, et on a changé la formule; on écrit aujourd'hui : « M..., chevalier de... de... et de... ; M. le président de..., madame la marquise de..., etc.; » puis, quand il n'y a plus ni noms, ni titres, on ajoute au bas : « Ont l'honneur de vous faire part de la mort de... »

Ce qui me paraît peu décent; — mais de ce temps-ci tout le monde veut tellement paraître, qu'on est jaloux de l'attention posthume qu'usurpe le pauvre mort.

J'ai sous les yeux un exemple curieux de ce nouvel usage. Il s'agit de la mort de M. le baron Bl*** de B***, mort à Versailles. — Eh bien! si, averti par l'encadrement noir de la lettre, vous voulez savoir lequel de vos amis vous avez à regretter, il faut lire d'abord dix-sept noms suivis chacun de deux à trois lignes de titres et de décorations en petit texte, avant d'arriver au nom du mort, que rien ne sépare des noms de ses parents, afin qu'il soit impossible de le lire sans avoir préalablement lu les autres. Mais il s'est glissé dans cette lettre une singulière erreur : — on

La belle, un de ces jours derniers, — était en conversation avec un rival heureux de son bienfaiteur — lorsque tout à coup la sonnette se fait entendre.

— C'est lui !

M. de*** se trouble.

— N'aie pas peur, mon ami, — je l'aurai bientôt renvoyé : j'ai un moyen.

On cache l'ami dans un cabinet. — Le bienfaiteur arrive :

— J'ai sonné bien longtemps, — dit-il.

— J'étais occupée à mettre en ordre des mémoires ; — je dois à tout le monde, — vous êtes un horrible avare, — vous ne me donnez rien, — je suis dans la misère.

— Mais, ma bonne...

— J'attends des fournisseurs, — des créanciers.

— Mais...

— Tenez, allez-vous-en, — je ne peux pas supporter votre présence. — Allez-vous-en, — vous reviendrez demain.

Le bienfaiteur s'en va. — En sortant — il laisse clandestinement sur la cheminée un billet de mille francs. La belle ne s'en aperçoit pas et le reconduit — pour être plus certaine de son départ.

M. de***, qui a vu le geste, — sort de sa cachette, — voit le billet de mille francs et le met dans sa poche.

— Comment, mon cher ange, dit-il à la déesse, — tu es gênée, et tu ne m'en dis rien ; — tu me caches tes chagrins, à moi qui serais si heureux de les effacer ! — mais c'est mal, — c'est très-mal ! — Comment, — tu ne pouvais pas me dire : « J'ai besoin d'argent. » Je suis bien en colère contre toi. — Tiens, j'ai là un billet de mille francs, — je veux que tu le prennes ; — je ne te pardonnerai qu'à cette condition.

La belle hésite, — sans s'exposer cependant à être prise au mot. — M. de*** insiste, — fait accepter le billet de mille francs a confondu l'ancienne et la nouvelle formule, et on s'y est considérablement embrouillé.

Dans l'ancienne formule — on mettait : « De la part de MM. tels et tels, de mesdames telles et telles, — ses frère, — cousin, — neveu, — nièce, etc. »

Dans la nouvelle, — on doit mettre : « MM. et mesdames tels et telles vous font part de la mort de M. Bl*** de B***, leur frère, cousin, oncle, etc. »

Dans la lettre de faire part de M. Bl*** de B***, on a confondu les deux formules, — et on dit : « MM. et mesdames tels et telles vous font part de la mort de M. Bl*** de Bl***, — leur père, beau-père, etc., — nièce et petite nièce. »

De telle sorte que ce vieillard de quatre-vingt-trois ans se trouve, dans la lettre qui annonce sa mort, être la nièce et la petite-nièce de mesdemoiselles trois et quatre étoiles.

Je viens de lire dans un journal que feu M. de Quélen, l'archevêque de Paris, — s'était adjoint — je ne sais plus quel prélat, — pour l'aider à supporter le *fardeau de l'épiscopat.* — Cela me rappelle que je vois de temps à autre dans d'autres feuilles et j'entends dire à la tribune — le *poids* des affaires publiques, — le faix de la royauté, — etc., etc.

Ces phrases étaient bonnes à la rigueur et pouvaient espérer des dupes quand il était d'usage de couvrir son ambition et son avidité d'un manteau d'amour du bien public et de désintéressement ; — mais elles sont bien ridicules aujourd'hui — que l'on joue les plus vilains jeux, cartes sur table.

UN BIENFAITEUR A BON MARCHÉ. — Un homme fort riche se délasse des travaux qu'il ne fait guère à la Chambre et de ceux qu'il fait faire à son argent — par des amours cachées ; modeste, il n'a pas la prétention d'être aimé tout à fait pour ses avantages extérieurs. Il ne peut pas, comme César, donner un royaume à la femme qu'il aime ; — il n'a pas de royaume, et, s'il en avait un, il ne le donnerait pas, — il le prêterait plutôt à quinze pour cent.

de son rival, — et s'échapppe pour aller conter l'anecdote au foyer de l'Opéra.

🐝 M. le marquis de Basincourt, qui pendant les désastres de Lyon a négligé ses propriétés pour celles des pauvres habitants, qui a sauvé à la nage la vie de plusieurs personnes en danger, — a distribué de l'argent et du pain à ceux que l'inondation avait le plus maltraités, a été nommé officier de la Légion d'honneur.

C'est très-heureux et très-flatteur... pour la croix, — et c'est tout au plus si elle le mérite.

🐝 A la Chapelle-Saint-Denis, le cimetière est tenu par un homme qui n'a d'autre charge que d'enterrer les corps qui lui arrivent. — Il n'a pas de registres, et, conséquemment, ne peut donner aucun renseignement. — Une fois qu'il a mis ses morts en terre, tout est fini pour lui, et, à ce qu'il croit, pour les autres, tellement que l'autre jour il trouvait fort mauvais la colère où était un monsieur qui cherchait une fosse sans pouvoir la reconnaître ; il n'a jamais pu la lui indiquer. — Une autre personne, plus favorisée, a été guidée par lui ; mais, comme il ne va lui-même qu'au hasard, il l'a conduite sur une tombe où était un autre mort que le sien, — ce dont elle ne s'est aperçue — qu'après une assez considérable effusion de larmes pieuses.

Ce quiproquo de douleur rappelle ce qui se passa à Paris à l'église des Petits-Péres — à l'époque du choléra : — on prenait les morts dans des *tapissières*, où on en entassait une douzaine en ayant soin seulement de numéroter les cercueils.

Arrivé à l'église, le cocher faisait porter chaque bière pendant quelques instants dans le chœur.

Allons, n° 1 ; — les parents du n° 1, venez pleurer votre mort ; assez pleuré le n° 1 ; — passons au n° 2.

Allons, les parents du n° 2, — finissons-en, nous ne sommes pas ici pour nous amuser, — dépêchons la douleur, — pleurons un peu vite.

MARS 1841. 223

Tout cela alla fort bien jusqu'au moment où on arriva au n° 6 : — comment distinguer le n° 6 du n° 9 ; — l'un de ces deux chiffres peut être l'autre renversé.

A qui le mort? — voyons ; — eh bien! les parents du n° 6 et les parents du n° 9 ; — pleurez ensemble et partons.

Les Français ont eu longtemps un ridicule qu'on retrouve du reste plus ou moins chez les autres peuples,— c'est la prétention d'être invincibles. — On en a vu récemment une dernière manifestation lorsque messieurs les députés s'emportèrent si fort contre M. Bugeaud, qui avait osé dire que les Français avaient été quelquefois battus dans le commencement des guerres de la République.

Remarquons en passant, à propos de M. Bugeaud, — que son discours en faveur de la paix a été récompensé par un commandement militaire.

Revenons à notre sujet : — la nouvelle prétention des Français est aujourd'hui d'être humiliés, insultés, foulés aux pieds ; — vous avez vu le gâchis où ont failli nous mettre M. Thiers et les affaires d'Orient ; — depuis ce temps il est impossible qu'un cuisinier anglais fasse une sauce, — qu'un serf russe coupe un arbre, — sans que les journaux annoncent à la France que c'est dans l'intention de l'insulter ; — les bonnes gens le croient et sont prêts à crier comme le père du Cid :

> C'en est fait, — prends ma vie avec un tel affront,
> Le premier dont ma race ait vu rougir son front.

On prend des attitudes abattues, — des airs déshonorés à n'en plus finir.

Dernièrement des carrés de papier (organes de l'opinion publique) avaient fait croire aux Français que l'on jouait à Londres une pièce injurieuse pour notre honneur national, — intitulée le *Coq gaulois chante, mais il ne se bat pas.*

Les Français se sont indignés, sans penser que pendant quinze ans, en France, il ne s'est pas joué un seul vaudeville, — où il n'y ait eu un Anglais bafoué et battu.

Indignation de plus en plus véhémente des carrés de papier, — et par contre-coup du peuple français.

Pendant ce temps, Victor Bohain, — qui est aujourd'hui à Londres, et qui,—lorsqu'il demeurait à Paris, n'allait au théâtre que pour y dormir,—s'est mis à courir les théâtres de Londres; et n'a pu voir ni la pièce en question, ni rencontrer quelqu'un qui l'eût vue quelque part.

※ PROGRÈS DE L'ANNONCE : — On lit dans divers journaux :

« M. Lacordaire prêchera dimanche à Notre-Dame, *en habit de franciscain.* »

Cela rappelle beaucoup les affiches des théâtres de province qui annonçaient que mademoiselle Georges jouerait *avec tous ses diamants*.

※ Au bal déguisé de lundi chez la reine, où toutes les femmes étaient brillantes, on a remarqué madame la duchesse de Nemours, qui était admirablement belle dans un costume choisi par le roi, qui avait mis tous ses soins à la rendre encore plus jolie.

Les princes étaient tous fort exactement costumés. On a dansé jusqu'à cinq heures.

Le lendemain, — le prince de Joinville, — le duc de Nemours — et le duc d'Aumale — ont demandé à M. L... un bal où ils sont arrivés déguisés, le premier en débardeur, — le second en hussard, — le duc d'Aumale en marin ; — ils se sont fort amusés, — et se sont laissés aller à mille folies, entre autres de déchirer les habits de ceux qui n'étaient pas déguisés. — Leur danse a été si animée, que, dans un établissement public, elle eût inévitablement éveillé la sollicitude des sergents de ville. — Le duc de Nemours a ôté son habit.—Il est possible, — comme dit le vieux journal, le *Constitutionnel*, dans ses jours de terreurs, — que nous dansions sur un volcan ; — mais il faut dire que nous y dansons beaucoup.

Voici une anecdote que m'a racontée un jour, — en dînant chez notre ami G***, — ce bon général Clary, qui vient de mourir subitement :

Il était lieutenant, et se trouvait à dîner à la campagne avec le général Lasalle. — Un bourgeois arriva un peu en retard et fort en désordre, — et dit pour s'excuser qu'il avait mis pour la première fois au cabriolet un cheval très-vigoureux qu'il avait ; — que le cheval s'était emporté, avait rompu les brancards ; que son domestique était blessé, et que c'était un grand hasard si lui n'avait pas été tué ; — que, du reste, il avait donné ordre à son domestique de reconduire le cheval sans l'atteler.

— Il est donc bien difficile ? — demanda le général Lasalle.

— Si difficile — que je considère comme impossible de l'accoutumer jamais à la voiture.

— Voulez-vous me prêter votre cheval et votre cabriolet pour m'en retourner à la ville après dîner ?

— D'abord, mon cabriolet est brisé, — et, ne le fût-il pas, je ne voudrais pas vous exposer à un danger que je crois très-grand et inévitable.

— C'est égal, j'y tiens. — Obligez-moi, mon cher, dit le général au maître de la maison, de me faire avoir un cabriolet.

On veut détourner le général, mais il se montre si décidé, qu'on lui cède.

— Lieutenant Clary, dit-il, voulez-vous m'accompagner ?

— Certainement, général.

Après dîner, — on attelle le cheval ; — Clary et Lasalle allument chacun un cigare, — et montent dans le cabriolet après avoir subi de nouvelles observations.

Le cheval gagnait à la main, et portait le nez au vent. — Le bruit des roues l'effrayait au point de lui faire faire des bonds convulsifs. — Lasalle, qui était très-vigoureux, — le maintenait de toutes ses forces. — Bientôt il fut obligé de tourner chacune des rênes autour de ses mains ; — mais on arriva à une chaussée pavée, — le bruit des roues augmenta ; — le cheval devint fou et s'emporta tout à fait, malgré les efforts de Lasalle. — La situation se trouva bientôt très-aggravée par cette circonstance qu'il se rencontra une colline à descendre. « J'avais assez peur, » disait Clary en racontant le fait.

Lasalle me dit : « Faites comme moi. » — Il me donna une des rênes, — il se mit à tirer sur l'autre de ses deux mains.

Mais bah ! — le cheval ne courait que plus fort.

Alors Lasalle me dit froidement : « Rendez-moi la rêne. » — Je la lui donnai ; — il noua les deux ensemble et les jeta par-dessus le tablier du cabriolet, sur le dos du cheval, croisa les bras et se remit à fumer son cigare, qui n'était pas éteint, — le mien l'était. — Le cheval alors — n'étant plus gêné, — se lança à travers la campagne, franchissant les fossés.

— Voulez-vous du feu, Clary? — me dit le général.

Mais à ce moment — le cheval, le cabriolet, Lasalle et moi, fûmes précipités au fond d'un ravin, — le cheval à moitié mort, le cabriolet brisé, — moi fort étourdi ; — Lasalle, debout, — me répéta : « Voulez-vous du feu? » — Ma foi, — je rallumai mon cigare, qu'au moment de la chute j'avais machinalement et convulsivement tenu serré entre mes dents, — et nous continuâmes la route à pied.

🐝 Dans la discussion des fonds secrets, M. Thiers a dit qu'il n'y a plus à faire que de la politique extérieure, — le tout parce que sa femme ne veut recevoir que des étrangers, et parce qu'elle a du ruban violet et blanc. Ceci veut dire que, manquant d'idées pour gouverner et organiser son pays, il demande à remuer l'Europe pour que le bruit du monde empêche de voir le trouble de la France.

La gauche, — qui faisait de si longs discours contre les fonds secrets, — les a votés, — *comme un seul homme*, — en faveur de M. Thiers, — les marchande cette fois-ci à son successeur. — On n'est violée qu'une fois, ô gauche! et il est ridicule de jeter de si grands cris à la seconde.

🐝 Éloquence de M. Taschereau : « Ah! — oh! — hi! — han! — je demande l'appel nominal. » — (A propos de l'armée) : « A bas les sinécures! » — A M. Guizot : « Allez à Gand! » — A M. Soult : « Vous n'étiez pas au siége de Troie. »

🐝 Le rapport des fortifications traîne en longueur à la Chambre des pairs, c'est déjà quelque chose que cette lenteur, comparativement à la pétulance de l'autre Chambre.

🐝 Nous avons cependant la douleur de répéter ici — que la coalition des Tuileries et du *National* l'emportera, — que les ambassadeurs, les généraux, les hommes dépendants, et tous ceux qui veulent le devenir, — se joindront pour voter le projet de loi — à une portion de la Chambre très-prononcée contre le projet en paroles, et qui se laissera *attendrir*. On craint la *faiblesse* de MM. Pasquier et Portalis.

🐝 M. Ancelot a été élu à l'Académie; — cette élection est entachée de vaudeville, — il faut l'avouer.

🐝 M. de Chateaubriand, qui n'écrit plus une ligne sans parler de sa mort et de sa sépulture, — semble s'être fait le saule pleureur de sa propre tombe.

🐝 La direction de l'Opéra, qui n'est que l'application du 1er mars à l'art dramatique, est menacée d'un changement de ministère. — C'est vers le 1er juin qu'aura lieu cette révolution; — on remarque déjà qu'il n'y a plus que la *Favorite* et plus de répertoire.

Avril 1841.

Histoire d'un monsieur auquel il manquait trente quatre sous. — Sur la propriété littéraire. — M. Berville. — M. Chaix d'Est Ange. — M. Lherbette. — M. Durand de Romorantin. — M. Hugo. — M. de Lamartine. — Histoire de M. M*** et d'un commissaire de police. — Un mot d'ami sur M. Villemain. — De la valse à deux temps. — Des miracles du puits de Grenelle. — Une histoire d'un voleur. — Sur les fortifications. — A quoi tient un vote. — M. Thorn. — Les fleurs des critiques et des romanciers. et, en particulier, de quelques fleurs de M. Eugène Sue. — Un œillet. — Un mot d'amie. — Un distique sur un avocat. — De la tyrannie et de l'inviolabilité de MM. les comédiens. — La vérité sur mademoiselle Elssler aux États-Unis. — Le timbre, les *Guêpes* et les cachemires. — De l'éloquence du Palais. — M. Léon Bertrand. — Deux nouvelles étoffes. — L'exposition de peinture.

Pour cette fois, je commence bien. — J'ai envoyé mon sommaire aux journaux, et on me fait remarquer que je suis coupable d'un délit. — La loi est formelle.

J'ai dit trente-quatre sous, j'en ai le droit dans mon volume; mais, dans les annonces, je dois dire un franc soixante-dix centimes. — Dans un pays où quatre cents hommes passent leur vie à faire des lois avec d'autant plus d'empressement que, pour les uns, — leur âge, leur fortune et leur position ne les soumettent pas aux lois qu'ils font; — que pour les autres, — tous avocats, toute loi enfante des procès, — il est impossible d'aller de l'église Notre-Dame-de-Lorette au boulevard sans avoir contrevenu à deux ou trois lois et à cinq ou six ordonnances.

Ainsi, si un libraire, — par fantaisie, — s'avisait de mettre dans les annonces qu'il ferait d'un livre de M. *** ces deux vers qui se trouvent dans l'ouvrage :

> Le soleil se levait dans une vapeur bleue,
> Au bout d'un chemin vert long de plus d'une lieue.

Il voudrait bien dire :

Le soleil se levait dans une vapeur bleue, [dix-huit mètres.
Au bout d'un chemin vert long de trois mille neuf cent quatre-vingt-

Autrement, — ceci n'est pas une plaisanterie, — il peut être poursuivi et condamné.

J'ai quelque raison de m'alarmer à ce sujet, — parce que la semaine ne m'a pas été favorable. — J'ai été condamné à la prison pour la garde nationale, et au timbre par je ne sais quel tribunal. — Par suite de quoi, mon premier numéro sera timbré. — Avec quelque pureté de cœur que je me réveille chaque jour, j'ai, depuis quelque temps, bien du mal à me coucher innocent.

Parlons de l'homme aux trente-quatre sous : — l'homme aux trente-quatre sous (vieux style) est M. Pelletier-Dulas, — élu député à Château-Chinon, dont l'élection a été annulée par la Chambre à cause qu'il s'en faut de un franc soixante-dix centimes — qu'il paye le cens d'éligibilité.

Ce monsieur a paru plus qu'assez audacieux de s'aller ainsi glisser en la compagnie de gens qui payent trente-quatre sous de plus que lui ; — on l'a renvoyé avec ses pareils, c'est-à-dire avec des gens qui payent trente-quatre sous de moins que M. Auguis. — Si M. Auguis lit les *Guêpes*, il doit rire dans sa barbe de ce que je le prends ici pour exemple.

Toujours est-il que M. Pelletier-Dulas, — qui, avec trente-quatre sous de plus, — eût fait des lois pour les autres, s'en est retourné à Château-Chinon subir les lois qu'il plaira de faire à ceux qui ont trente-quatre sous de plus que lui. — Et, s'il veut parler en public, il sera obligé de se faire membre de quelque société philanthropique ou scientifique, ou patriotique ou religieuse, — toutes ayant divers prétextes, — mais n'ayant qu'un seul et même but, — ainsi que j'ai déjà eu occasion de le dénoncer, à savoir : de monter sur quelque chose et de parler devant d'autres gens.

🐝 C'est pourquoi — je suis décidé à ne plus laisser faire cette vieille plaisanterie usée sur la loquacité des femmes — à une époque où les hommes feignent une foule de goûts, de vertus, de vices, de sciences, de missions, de devoirs, etc., pour se rassembler dans des endroits et y parler d'abord, chacun à son tour, au commencement des séances, puis tous à la fois, pour ne pas perdre de temps à écouter.

🐝 DE LA PROPRIÉTÉ LITTÉRAIRE. — Une des plus grandes preuves de l'amour de la parole dont sont possédés les gens en ce temps-ci est sans contredit — la ridicule discussion sur la propriété littéraire.

Je commencerai par dire que je suis aussi désintéressé dans la question que M. Lherbette ou M. Chaix-d'Est-Ange, — qui n'écrivent pas.

Si j'avais eu besoin ou désir d'argent, — j'aurais fait un tout autre métier que celui de poëte, — métier auquel je ne demande que l'indépendance, — la paresse et la dignité, — acceptant comme argent trouvé — celui qui me revient de mes vers ou de ma prose.

De quoi je donnerai pour preuve, — seulement en ce qui regarde les *Guêpes*, — que depuis un an et demi que je les publie — je n'ai jamais prétendu tirer aucun bénéfice des reproductions qu'en ont faites les journaux de Paris et surtout de la province, — ne suivant pas en cela l'exemple de mes confrères de la Société des gens de lettres, — Société sur laquelle je me suis suffisamment expliqué — dans mon volume du mois de mars 1840;

Que j'ai refusé formellement de joindre à mon volume quelques pages d'annonces, — pour lesquelles on m'offrait d'assez fortes sommes, — ce que je ferai seulement à prendre du mois prochain, — pour m'aider à payer le timbre, auquel j'aurai à donner six cents francs par mois, — ce que je serais assez embarrassé de faire sans cet expédient.

⁂ J'avais proposé une loi, — claire et simple suffisamment : *La propriété littéraire est une propriété.*

M. de Lamartine et quelques bons esprits étaient de mon avis; — mais ils n'ont pas osé proposer à la Chambre quelque chose d'aussi raisonnable, et ils ont pris un terme de cinquante ans qui a été repoussé.

⁂ On ne peut, — disait-on, assimiler les œuvres de l'esprit et de l'intelligence aux propriétés grossières et matérielles ; —ces œuvres appartiennent à la société,

Tudieu! messieurs, quel respect aujourd'hui et quelle humilité! — cela ressemble beaucoup à l'action de Jacques Clément, qui se met à genoux pour mieux poignarder Henri III.

⁂ La société, — qu'entendez-vous par ce mot? Qu'est-ce que la société a en commun? — La société qui profitera des œuvres de l'esprit, ce sera, dans vingt ans, — un libraire, — un marchand de quelque chose ; — ce sera un Lebigre ou un Ledentu d'une autre époque. — Hélas ! — hélas ! — mes bons messieurs de la Chambre, — je vous le dis, en vérité, — c'est une loi agraire que vous nous proposez là ;—c'est un partage des œuvres de l'intelligence ; — et, — je suis forcé de le faire remarquer, messieurs mes représentants, — j'ai toujours vu que les gens qui criaient le plus fort pour le partage étaient ceux qui mettaient le moins à la masse.—Les lois agraires n'ont jamais, à aucune époque que je sache, — été présentées par les gros capitalistes et les riches propriétaires. — Je ne pense pas que M. Roy — ou M. de Boissy — soient fort partisans d'une loi agraire, — messieurs. — C'est un rapprochement qui n'est peut-être pas très-heureux pour vous, messieurs.

⁂ Je l'ai déjà dit, — ce n'est pas la chose en elle-même qui me frappe ; — pour moi, je n'ai jamais demandé beaucoup d'argent à la littérature, — et je puis, quand je voudrai, gagner ma vie à deux ou trois autres métiers que j'ai appris. — Je suis jardinier et laboureur, et je compte pour un bon travailleur sur les bateaux de pêche d'Étretat.

Mais je prends en grande pitié — ces pauvres gens qui s'intitulent conservateurs, — et auxquels on a tant de fois demandé déjà avec raison : « Mais que conservez-vous donc ? »

Voici que l'on attaque la propriété — par un de ses côtés, il est vrai, les moins respectés ; — mais, quoi qu'il en soit, — c'est toujours la propriété.

Et il ne s'est pas trouvé, à la Chambre, un homme pour dire :

« Messieurs, — il n'y a pas plusieurs sortes de propriété ; — la question qui nous est soumise n'existe pas, — la propriété littéraire est garantie par les lois, déjà au moins assez nombreuses, sur la propriété. — Nous n'avons rien à faire ; — si nous faisons une loi sur la propriété littéraire, il n'y a pas de raison pour que nous ne fassions pas une loi spéciale sur toutes les formes de la propriété ; — et je vous propose une loi — sur chacune des formes que voici :

» Sur la propriété des chapeaux ;
    Idem        melons cantaloups ;
    Idem        maraîchers ;
    Idem        abricots ;
    Idem        prunes ;
    Idem        pêches ;
    Idem        — à l'eau-de-vie ;
    Idem        de l'habit vert de M. Auguis. »

Accordez, messieurs, aux œuvres de l'esprit — l'admiration ou le mépris que vous voudrez, — mais, comme propriété, je n'admets ni l'emphase de votre éloge hypocrite, — ni votre dédain superbe ; les deux vers dont je viens de trouver la dernière rime — m'appartiennent juste et sans aucune différence comme la planche appartient au menuisier qui vient de la raboter.

Il y a un monsieur payant trente-quatre sous de plus

que M. Pelletier-Dulas, je retrouverai son nom, — je l'espère.
— Ceux qui liront les *Guêpes* plus tard et qui y verront l'histoire de ce temps-ci — ne me pardonneraient pas de ne leur avoir pas conservé ce nom.

Ledit monsieur a remarqué — que les poëtes avaient plus de talent quand ils étaient plus pauvres, — et qu'il n'y avait conséquemment pas lieu à garantir leurs propriétés, ni à assurer leur fortune.

C'est absolument — comme les huîtres que l'on fait jeûner pour qu'elles soient meilleures à manger ; — comme les pauvres volatiles auxquels on crève les yeux pour qu'ils engraissent plus vite ; — comme les carpes que l'on fait cuire toutes vivantes pour augmenter leur saveur.

Pourquoi, — ô mon bon monsieur ! pendant que vous y étiez, — n'avoir pas rédigé la chose en un petit aphorisme, — comme celui de la *Cuisinière bourgeoise* ?

« Le lapin *aime* être écorché vif, le lièvre *préfère* attendre. »

« Le poëte *aime* mourir de faim, le député *préfère* manger. »

Mais, messieurs les conservateurs, si vous aviez, faute de mieux, conservé un peu de sens et de raison — au milieu de la folie universelle, — n'auriez-vous pas remarqué quels terribles arguments vous donnez à l'émeute ?

Si moi, par exemple, je croyais et tenais à ma propriété littéraire, — que répondriez-vous à ces paroles que je vous dirais :

« Comment ! vous, — monsieur un tel, — vous me niez la propriété des œuvres de mon esprit, de ce que j'ai créé, — de ce qui n'existait pas avant moi ! — et vous voulez que je reconnaisse votre droit et celui de vos descendants sur cette belle campagne où vous passez les étés, — sur une portion de la terre, de l'herbe, de l'eau et des fruits, qui existaient avant vous, — qui existeraient sans vous, — qui existeraient malgré vous, — que Dieu nous a donnés à tous en commun, sans que rien en indique le partage ; — tandis qu'il a pris la peine de partager à chacun l'intelligence et l'esprit! — Voyez plutôt votre part. »

🐝 Messieurs, — a dit M. Berville, — il me semble que l'homme de lettres n'est pas trop malheureux ;—le président du conseil est un homme de lettres, — le ministre de l'instruction publique est un homme de lettres, — le président du dernier conseil était un homme de lettres, — et le rapporteur de la loi est un homme de lettres.

Très-bien, monsieur Berville,—vous en verrez bien d'autres, je vous assure. — Puisque vous voulez absolument les mettre hors du droit commun, — ils arriveront à tout, — comme cela commence déjà assez bien ;—mais ils arriveront comme on entre dans un pays conquis, — en ravageant et en détruisant.

Messieurs les conservateurs, que Dieu vous conserve! car vous vous conservez bien peu vous-mêmes.

🐝 Il s'est élevé à la Chambre une facétieuse discussion,— qui a donné à MM. Chaix d'Est-Ange, — Lherbette et Durand de Romorantin—une occasion de développer un esprit de galanterie qui doit les avoir mis au mieux dans l'esprit de nos bas-bleus. — Que leurs faveurs leur soient légères!

Ces messieurs voulaient que la femme de lettres fût placée au-dessus de la loi qui régit toutes les autres femmes, — et peu s'en est fallu qu'il ne fût voté cette monstruosité : — « Qu'une femme pourrait publier malgré son mari des ouvrages dont il est moralement, matériellement et légalement responsable,—c'est-à-dire des ouvrages dont chaque ligne peut lui amener un duel ou un procès ruineux. » C'est Me Dupin qui a sauvé la Chambre de ce vote par trop saint-simonien.

🐝 Voici deux vers faits d'avance pour la postérité, que j'ai trouvés l'autre jour au bas du portrait d'un avocat—chez un de ses amis : —

L'avocat C*** D*** était un vrai malin
Qui défendait la veuve — et faisait l'orphelin.

🐜 Voici un mot qu'un ami de M. Villemain disait en l'entendant causer l'autre soir : « Mon Dieu ! que Villemain est donc aimable ! Il ne dit pas un mot de ce qu'il pense, il ne pense pas un mot de ce qu'il dit, — mais qu'il est donc spirituel et gracieux ! »

🐜 M. Mac ***, citoyen médiocre, monte rarement sa garde. — Dernièrement il avait laissé amasser sur sa tête douze jours de prison ; — comme tout le monde, — après avoir échappé vingt fois à la vengeance de la société, représentée par MM. — Ripon, — Begouin, Verther, Rostain, etc., et autres gardes municipaux, il fut une fois pris au gîte par un commissaire dûment escorté et orné de son écharpe.

— Messieurs, vous me permettrez de m'habiller ?

— Oui, monsieur, — mais je ne vous quitte pas, — nous connaissons les tours, — et cette fois vous ne nous échapperez pas.

— Comme vous voudrez. — Joseph, donne-moi des bas.

— Voici les bas que demande monsieur.

— Quels bas est-ce que tu me donnes là ?

M. Mac *** jette les bas sur son lit avec impatience et dit :

— Donne-m'en d'autres.

— En voici d'autres.

— Que diable veux-tu que je fasse de ceux-ci ? — Tiens, décidément j'aime mieux les premiers.

M. Mac *** va reprendre les bas qu'il a jetés sur son lit, — mais ils sont tombés dans la ruelle ; — il tire un peu le lit, — passe derrière et se baisse pour les ramasser.

— Allons, monsieur, — disait le commissaire, — avouez que vous espériez n'être pas encore pris de sitôt. — Vous en avez attrapé plusieurs. — Mais je me suis chargé moi-même de votre affaire, — et je me suis dit : « Voyons donc le monsieur qui est si malin. » — Eh bien ! vous ne trouvez donc pas vos bas ? — c'est singulier, ce qu'on perd de temps à chercher ses bas ; — moi, c'est mon chapeau que je perds sans cesse. — Dites donc, monsieur, ils sont peut-être restés dessus.— Je suis sûr qu'à la fin de ma vie j'aurai passé huit ans à chercher mon chapeau. — Oh ! ça, c'est une plaisanterie. — Monsieur le comte, relevez-vous donc, —je sais bien où vous êtes, —il ne faut pas un quart d'heure pour ramasser une paire de bas. — Allons donc.—Nous n'en finirons jamais.

— Monsieur le commissaire, — dit Joseph, —écoutez un peu.

Le commissaire prêta l'oreille et dit :

— Eh bien ! c'est un bruit de voiture ? qu'est-ce que ça me fait ? — Allons donc, monsieur le comte, finissez donc, — relevez-vous.

— Mais c'est sa voiture qui s'en va, — dit Joseph.

— Qu'est-ce que ça me fait? — répéta le commissaire.

— Ah ! c'est que M. le comte est dedans, — ajouta Joseph.

— Comment, comment?

Le commissaire se lève effaré,—tire le lit, cherche—derrière, dessus,—dedans,—dans les armoires,—dans la cheminée ; —il s'égare, il perd la tête, — il ouvre deux tiroirs et une tabatière.

— Où est-il ?

— Je vous l'ai dit, dans sa voiture—et loin d'ici maintenant.

Enfin, à force de perquisitions,—le commissaire découvre,— derrière le lit, — une porte très-basse— et très-cachée dans la draperie, — qui communiquait avec une autre pièce.

DE LA VALSE ET DE LA CONTREDANSE. — Les gens de goût se plaignent de l'invasion de la valse à deux temps qui a été essayée l'hiver dernier, — et est fort à la mode cet hiver ; — cette valse est disgracieuse pour les femmes et pis que cela pour les hommes. « Si ceux qui valsent à deux temps, — disait une femme l'autre jour, — se voyaient si ridicules ensemble,— ils ne voudraient plus se retrouver jamais. » — La valse à deux temps fait manquer bien des mariages.— Il n'y a pas d'infidélité ou de caprice qui ne soit justifié par ce mot : « Je l'ai vu valser à deux temps. »

## AVRIL 1841.

🐜 Il y a deux ou trois ans, — j'ai écrit en parlant de la contredanse et de la figure du cavalier seul — les lignes qui suivent. — Cette figure a été supprimée depuis. — Il ne tient qu'à moi de prendre cette conséquence pour un résultat, — et, en rapprochant les dates, de m'ériger moi-même en réformateur de la contredanse française.

🐜 J'ai souvent écouté des gens échanger en dansant des mots — toujours les mêmes — qui semblent faire partie de la contredanse ; on dirait un dialogue enseigné par les maîtres de danse au son de la pochette, et pouvant se chanter sur l'air de la *trénis* ou de la *pastourelle*, et que l'on répète à toutes les danseuses pendant toute une nuit, sans y rien changer. L'*été*, — en avant deux, — à droite, chassez à gauche, traversez, balancez vos dames.

— Il fait bien chaud. Ah ! oui, — ou — mais non. Vous avez une robe rose ; c'est une bien jolie couleur que le rose. (Variante si la robe est bleue : Vous avez une robe bleue ; c'est une bien jolie couleur que le bleu).

— Avez-vous été beaucoup au bal cet hiver ?

— Il y a beaucoup de bals cette année. J'ai eu le *bonheur* de vous voir chez (nommer une maison dans laquelle il soit du bon ton d'être admis ; il n'est pas nécessaire que vous y alliez réellement).

— Main droite, main gauche, — balancez, — à vos places.

— Finissez par un *jeté battu* et un *assemblé*.

— En avant deux.

— On ne fait plus le dos à dos.

— A vos places, — tour de main.

La connaissance devient plus intime, la phrase monte.

— J'adore les cheveux noirs (ou les cheveux blonds, ou les cheveux d'or, selon que la personne est brune, blonde ou rousse).

(— C'est ce que les moralistes appellent :

« Ces danses mêlées de paroles brûlantes et pleines d'enivrements où l'amour prend les formes les plus séduisantes et achève par la parole ce qui n'est que trop bien commencé par la musique et de *voluptueux entrelacements.* »)

— *Pastourelle,* — conduisez vos dames, — *en avant trois,* cavalier seul!

J'ai connu des hommes braves et intrépides, dont le corps était couvert de blessures, des hommes que j'avais vus affronter la mort avec le sourire sur les lèvres et un visage impassible. Eh bien! à ce moment solennel du cavalier seul, il n'en est pas un que je n'aie vu hésiter, arranger sa cravate, passer sa main dans ses cheveux pour se donner une contenance, s'embarrasser et sentir rougir de honte, de timidité, de peur, la cicatrice faite à son front par le sabre ennemi.

En effet, l'espace est là ouvert devant vous ; un espace qu'il faut remplir de grâce et d'élégance, devant des yeux qui ne sont distraits par rien. Vous êtes sur un théâtre, sans être plus élevé que les spectateurs. Tous les yeux sont sur vous. Votre habit vous gêne ; vous rougissez rien que de la peur de rougir ; vos yeux se troublent, ne voient plus ; vos genoux flageolent et se dérobent ; il vous semble à vous-même que vous êtes devenu un de ces pantins dont les jambes et les bras sont mal attachés et prêts à tomber ; votre respiration est pénible et embarrassée.

Vous voudriez que le lustre tombât, sinon sur vous, du moins sur quelqu'un, ou que le feu prît à la cheminée.

Le plus funeste accident vous ravirait, pourvu qu'il vînt mettre un terme à votre angoisse.

Vous usez d'une foule de petits subterfuges, vous n'osez regarder ceux qui sont en face de vous. Mais vous êtes embarrassé de sentir que vous baissez les yeux, vous voulez les relever et ils ne vous obéissent pas, ou partout ils rencontrent des regards embarrassants.

Vous avez commencé par marcher, mais vous vous faites des

reproches de votre lâcheté; il faut *danser* franchement, et, dans votre élan de courage, vous commencez un pas que vous n'achevez pas; vous êtes en avance de trois mesures; vous avez fini, la musique va encore, vous vous arrêtez en face des deux *dames ;* — le *cavalier* médite déjà son pas et s'embarrasse par avance; il aurait pitié de vous, car tout à l'heure il aura besoin de votre pitié; il vous tendrait la main, — mais les *femmes !* elles vous voient là, rouge, essoufflé, le corps légèrement penché, les mains tendues vers elles, avec un sourire niais et contraint, et elles ne livrent leurs mains aux vôtres pour le tour de main que quand la mesure viendra l'ordonner rigoureusement.

J'ai appris à danser, et je suis assez habile à tous les exercices; je rencontre parfois, dans les rues, un brave homme, maigre et grêle, qui m'a donné des leçons; ce professeur est danseur et joue les *diables verts* à l'Opéra quand M. *Simon* est malade. M. *Simon* est premier *diable vert* de l'Académie royale de musique et a reçu la croix d'honneur en 1838.

Une fois j'ai essayé de pratiquer les leçons de mon professeur.

Mais, arrivé au cavalier seul, j'ai appelé la mort de meilleur cœur que le bûcheron de La Fontaine.

J'étais si désespéré, que je ne sais si je me serais contenté de la prier de finir, pour moi, mon cavalier seul.

Tout se mit à tourner devant moi : les danseurs avaient des formes étranges.

Le piano ricanait et se moquait de moi.

Les figures des tableaux se tenaient les côtes et riaient aux éclats.

Les bougies dansaient dans les candélabres en me contrefaisant; et le cornet à piston me sembla la trompette du jugement dernier; hélas! on me jugeait, en effet, un sot et un maladroit.

Tout disparut; je ne sais comment cela finit, je me retrouvai à ma place, près de la femme que j'avais engagée à danser; je n'osai plus lui parler, ni la regarder. Je ne voyais pas son visage, mais il me semblait apercevoir du mépris jusque dans ses pieds, et dans les plis de sa robe.

Jamais, depuis, je n'ai osé m'exposer à un pareil supplice.

ÉLOQUENCE DU PALAIS. — Le 6 mars 1841, devant le premier conseil de guerre de la ville de Paris, M⁰ Pinède, avocat, a dit : « Le poignard est un instrument odieux ; — il est le symbole de la lâcheté, aussi, *c'est dans d'autres climats* qu'on le CULTIVE, *mais en France jamais.* »

LES MIRACLES DU PUITS DE GRENELLE. — Les bourgeois les plus notables de Paris ont reçu sous enveloppe un billet rose dont voici le spécimen :

*Ministère de l'intérieur.*

Ce billet est personnel.

M                    est autorisé à visiter, avec sa société, l'intérieur du puits de Grenelle.

*Le directeur des Beaux-Arts,*

CAVÉ.

*Nota.* Ce billet n'est valable que pour une fois, et doit être déposé en descendant. Les cannes, paquets, parapluies et chiens, doivent être déposés à l'orifice, chez le concierge du puits.

Beaucoup desdits bourgeois s'y sont présentés, et ont été fort surpris quand on leur a fait remarquer qu'on ne pouvait les introduire, *eux et leur société, dans l'intérieur du puits*, dont l'orifice n'a que quelques centimètres de largeur. — On a eu beaucoup de peine à leur faire comprendre qu'ils avaient été mystifiés.

Lors de l'érection de l'obélisque, — des billets semblables ont été envoyés pour visiter *l'intérieur* de l'obélisque. Après avoir frappé aux quatre faces du monolithe sans qu'on leur ouvrît, — plusieurs privilégiés s'en sont pris au marchand de dattes qui se tient d'ordinaire à ses pieds de granit.

On vend trois sous, par les rues, — avec l'autorisation du préfet de police, — une brochure grise, — dans laquelle on trouve l'anecdote que voici :

« Un riche chaudronnier, demeurant rue Louis-Philippe, 17, le sieur D..., atteint de la goutte, ayant entendu dire que l'eau du puits de Grenelle le guérirait immédiatement, parvint, avec la protection d'un des principaux ouvriers de M. Mulot, ingénieur en chef, à approcher du jet ; il emplit une bouilloire de cette eau bienfaisante, et, rentré chez lui, il se préparait à en faire usage lorsqu'il ne fut pas peu étonné de trouver au fond de sa bouilloire un anneau dit alliance en or. Il ouvrit la bague en présence de sa femme ; mais à peine eut-il jeté les yeux sur les chiffres gravés à l'intérieur, qu'il devint presque fou de surprise et de joie. La femme, effrayée de cet état de délire, appela les voisins, et, quand le sieur D... fut un peu calmé, il leur raconta que le jour où il quittait le département du Puy-de-Dôme pour venir à Paris, n'emportant pour toute fortune que l'anneau d'alliance de sa mère, il laissa tomber cette même bague dans une espèce de lac très-profond, situé au versant d'une des montagnes de l'ancienne Auvergne ; les noms de son père et de sa mère, qui se lisent parfaitement dans la partie concave de l'anneau, ne peuvent lui laisser aucun doute sur l'identité. La science se charge d'expliquer ce que ce brave homme regarde comme un miracle, ou, pour mieux dire, ce singulier événement ne fait que venir à l'appui de tout ce que les savants ont avancé pour expliquer le jet des puits artésiens.

» On assure que depuis ce temps une foule de gens se pressent pour recueillir de cette eau souterraine, que l'on continue de vanter pour la guérison des rhumatismes aigus et des douleurs de toute sorte. »

Voilà la littérature que le gouvernement protége et entoure de sa sollicitude éclairée.

🐝 UNE HISTOIRE DE VOLEUR. — On a ri beaucoup ces jours derniers de l'embarras d'un homme qui, reconnaissant sur le dos d'un voleur un habit qui lui avait été dérobé, prit son voleur au collet, et, après une lutte de quelques instants, le lâcha dans la crainte de déchirer son habit.

🐝 M. TH. — D'UNE FEMME DU MONDE, D'UN SOULIER ET D'UNE MAISON SUSPECTE. — J'ai parlé déjà d'un Américain qui donne à Paris des bals, dans lesquels il impose une étiquette de son invention, et des conditions humiliantes auxquelles se soumettent les gens les mieux nés et les mieux élevés pour ne pas être exclus des invitations, et j'ai reproché à ces derniers le peu de dignité de leurs concessions. Au dernier de ces bals, M. le duc ***, nom dont la terminaison ressemble beaucoup à celle du mien, — devait être présenté chez M. Th... par madame de ***. Cette dame arriva dans la maison plus tard qu'elle ne l'avait prévu, — et le duc l'attendit dans un des premiers salons. M. Th... se promenait alors d'une façon toute royale, — jetant un mot aux uns, jetant un signe de tête aux autres, — lorsqu'il avisa M***, qui se perdait de son mieux dans la foule, pour ne pas être remarqué du maître de la maison avant que la présentation fût faite. — Mais M. Th... alla droit à lui et lui dit : « Monsieur, je n'ai pas l'honneur de vous connaître, — comment vous appelez-vous ? »

Cette question, peu convenable en elle-même et fort peu corrigée par l'urbanité de ton avec laquelle elle était faite, — troubla un moment M***, accoutumé à d'autres façons; cependant il répondit : « Je suis M***, » et il prononça son nom, en ajoutant: « Je dois vous être présenté par madame ***. » M. Th..., — frappé de la consonnance, s'écria :

— Comment, monsieur, vous vous permettez de venir chez moi, — après vos plaisanteries...

— Mais, monsieur, — reprit M***.
— Mais, monsieur, — répliqua M. Th...
— Je ne vous comprends pas.
— Ni moi, — vous.
— Je suis le duc ***.
— Le duc?
— ***.
— Ah! pardon, j'avais entendu un autre nom.

Si vous me connaissiez, mon bon monsieur Th..., — vous sauriez — que je ne vais pas dans le monde, — que je ne vais pas partout, — que mes goûts et ma paresse me rendent peu assidu dans des maisons meilleures et plus haut placées que la vôtre — où l'on m'accueille avec bienveillance, — que je ne me glisse nulle part, — que je refuse beaucoup d'invitations et n'en ai de ma vie sollicité aucune ; — je ne suis pas assez grand seigneur pour pouvoir me permettre de ne pas choisir beaucoup ma société.

SUR LES FORTIFICATIONS. — *A quoi tient un vote.* — La discussion de la Chambre des pairs, qui n'est pas encore terminée au moment où j'écris ces lignes, est entièrement conforme à ma prédiction. — Les antifortificationnistes — (c'est le barbarisme qu'amène aux Chambres toute loi nouvelle) ont eu sur leurs adversaires un immense avantage, et ont démontré, jusqu'à l'évidence, l'absurdité du projet.

Les bonnes gens s'étonnent de ceci, que, grâce à quelques bons esprits qui se glissent dans les Chambres, — et en plus grand nombre à la Chambre des pairs, — il arrive presque toujours que les questions importantes sont présentées sous leur véritable jour, — et que, cependant, après que le vrai, le juste et le raisonnable ont été démontrés, les Chambres ont assez fréquemment le malheur de voter le contraire de ce qui ressort évidemment de la discussion.

Il faut dire aux bonnes gens, — d'abord que le nombre fait

loi, — et ensuite que le plus grand nombre vote pour ou contre le ministère systématiquement, — et que les lumières qui jaillissent de la discussion (quand elles jaillissent) peuvent avoir de l'influence sur l'esprit des votants, mais pas sur leur vote.

On racontait à la dernière représentation de l'Opéra qu'un général, connu par la protection libérale qu'il accorde aux arts, — avait consulté, dans le vote qu'il a promis, beaucoup moins ses connaissances et son expérience — que la promesse exécutée d'avance du rengagement de mademoiselle *** à l'Académie royale de musique.

## DES FLEURS, DES CRITIQUES ET DES ROMANCIERS, — et, *en particulier*, — *de* quelques fleurs de M. EUGÈNE SUE.

Il semblerait que, pour être journaliste, — c'est-à-dire pour distribuer chaque jour, sans appel, — la louange et le blâme aux hommes et aux choses, — pour assigner à chacun son rang et son mérite, il faudrait avoir affermi son esprit par l'étude, son jugement par l'expérience, et son impartialité par une position acquise assez élevée pour se sentir inaccessible à l'envie. Il semble que le journalisme devrait être réellement un sacerdoce au lieu de se décerner à lui-même ce nom comme il fait ; — et se composer d'écrivains émérites, — de prud'hommes reçus et assermentés.

Au lieu de cela, — c'est par les journaux que l'on débute aujourd'hui, et que les plus jeunes gens et les plus inexpérimentés — commencent par attaquer et assiéger par la critique et le dénigrement — les positions qu'ils ne se sentent pas le courage ni la force d'emporter par le travail et le talent.

Aussi n'y trouve-t-on que ce que vous savez, — et ce n'est qu'après sept ou huit années d'autocratie au bas d'un carré de papier, — sept ou huit années pendant lesquelles il a maltraité tous les talents de l'époque, qu'un feuilletoniste — essaye presque toujours infructueusement de donner enfin le modèle après le précepte ; — d'écrire un livre qui montre au monde ravi comment il faut faire, et qu'il s'efforce de monter personnellement sur les piédestaux dont il a renversé les statues importunes. Ce sont des tentatives fécondes en avortements, — et, si le plus fameux critique de ce temps-ci, — *Gustave Planche*, — a imaginé le titre de *Beatrice deotati* qu'il a fait annoncer sur la couverture des livres mis en vente par le libraire *Gosselin*, il est juste de dire, — qu'il n'a jamais rien imaginé au delà — et qu'il lui a été impossible d'écrire la première ligne de l'ouvrage annoncé.

M. de Balzac, mon ex-ami, est en ce moment très-fâché contre moi, — il est décidé à ne plus me voir, quoique nous soupions quelquefois ensemble, — et, quand je me trouve placé devant lui, — pour ne pas tourner les yeux de mon côté, il se prive volontairement de toute la partie de l'univers qui se trouve derrière moi. Je n'en dois pas moins dire que, dans la petite revue parisienne qu'il a publiée pendant quelques mois, — il a fait quelques chapitres de critique littéraire fort remarquables — et qui avaient toutes sortes de mérites, — outre celui de venir d'un homme expert en la chose dont il parlait, — et du premier de nos romanciers.

Quand la critique n'est pas faite par un homme de semblable portée, — par un homme qui a fait ses preuves, — et son *chef-d'œuvre*, comme disent les compagnons du devoir, — c'est un métier un peu plus humble que ne semblent le croire ceux qui l'exercent. — C'est, — on l'a dit avec raison, — le métier de chiffonniers, qui gagnent leur vie en cherchant des ordures. — Le premier des critiques est immédiatement au-dessous du dernier des producteurs, — et le ton de supériorité que prennent ces messieurs à l'égard des écrivains les plus distingués a pour eux-mêmes le désagrément d'être parfaitement ridicules.

Vous me permettrez, mon cher Sue, d'être un peu aussi critique et envieux, et de me venger sur quelques-unes de vos lignes du succès de vos ouvrages.

Si je parle souvent des fleurs et des arbres, — et des prairies, et des bois, et de la mer, — c'est que c'est là que s'est passée toute ma jeunesse et que se passe encore la meilleure partie de ma vie. — Aussi, suis-je fort expert en ces choses, — et n'est-il personne qui me puisse prendre, en aucun de mes livres, à donner à une fleur une autre couleur que la sienne, — ou à la faire épanouir en une autre saison que celle qui lui a été assignée par la nature. — Je les connais parce que je les aime, — parce que je vis avec elles. — Si je vous dis aujourd'hui que les cerisiers sont en fleurs, — ce n'est pas un effet de style que je cherche, c'est que j'ai dans mon jardin des cerisiers en fleurs, et que je viens de quitter la plume pour les aller voir un moment, c'est que c'est pour moi un événement, et des plus importants, qu'une belle journée de soleil.

Comment, vous, — vous qui avez des fleurs et une serre dans votre charmante retraite, — vous avez commis les énormités que voici :

Vous faites fleurir non-seulement l'*aubépine* en même temps que les *premières violettes*, mais encore — l'*héliotrope* et le *jasmin*, — vous faites des bouquets dont chacune des fleurs qui les composent est séparée des autres par deux ou trois mois.

Mais je vois la source de votre erreur, — vous êtes un jardinier fashionable, — vous vous en êtes rapporté à votre serre, qui vous a trompé — en vous donnant en mars des fleurs du mois de juin et du mois de juillet.

Mais il y a quelque part un homme qui, depuis une dizaine d'années que je fais par-ci par-là quelques livres, — a passé une partie de sa vie à me reprocher de parler trop des fleurs et de parler trop de moi, — qu'il soit content, je vais un peu parler de lui. — Je l'attendais au coin de la première phrase qu'il ferait lui-même.

La fantaisie vous en a donc pris aussi de parler de vous-même, monsieur, — dans les conseils, assez raisonnables du reste, que vous donnez à des jeunes gens, — en leur montrant les écueils de la carrière littéraire et en leur disant : « J'étais bien plus heureux quand *j'étais* obscur et ignoré, — quand je voyais le soleil à travers la *clématite* rose de ma fenêtre. »

Je ne ferai pas remarquer — l'ambition de ce temps passé *j'étais*, — mais je vous dirai — que vous me semblez mettre de côté quelques lambeaux des livres que vous déchirez, un peu comme les tailleurs rognent le drap qu'on leur confie, et vous vous parez de ces lambeaux avec peu de discernement. Tenez, monsieur, voyez à quoi vous vous exposez, — vous donnez le droit à tout le monde de vous dire : « Non, monsieur, vous n'avez jamais vu le soleil à travers les clématites roses de votre fenêtre. »

Parce qu'il n'y a de clématite rose sur aucune fenêtre ; — parce que je vous offre dix mille francs de votre clématite rose.

Et de quoi voulez-vous que je parle, — si je ne parle de moi ? — Où voulez-vous que je prenne les incidents, les passions, les joies et les douleurs que je vous raconte dans mes livres, — si ce n'est dans ma vie et dans mon cœur : — on n'invente qu'avec le souvenir.

Il y a eu au Luxembourg une exposition d'horticulture, — dans laquelle figurait un œillet de mon nom ; — je ne sais pas celui de l'horticulteur que je dois remercier du plaisir que cela m'a fait.

※ DE LA TYRANNIE ET DE L'INVIOLABILITÉ DE MESSIEURS LES COMÉDIENS. — Messieurs les comédiens plus ou moins *ordinaires* persistent dans leurs prétentions, non pas d'être bons comédiens, — mais d'être bourgeois estimés dans leur quartier, — gardes nationaux exacts, — bons époux et enterrés au Père-Lachaise.

M. de Longpré a fait une comédie sur les comédiens, les comédiens du Vaudeville ont refusé de la jouer, sous prétexte que leur profession n'y est pas représentée avec les égards convenables. — Je ne connais pas la pièce de M. de Longpré, — mais je le défie bien de nous montrer des comédiens plus ridicules que ceux que ces messieurs nous montrent quelquefois pour notre argent et aujourd'hui pour rien.

Comment, messieurs, vous acceptez parfaitement des appointements avec lesquels on payerait six présidents de cour royale et vingt-cinq juges d'instruction, —le dernier d'entre vous refuserait ceux d'un sous-préfet ; — je ne trouve pas cela mauvais, — mais on ne peut séparer la médaille de son revers ; — sans cela, les sous-préfets, les présidents de cour royale et les juges d'instruction joueraient vos rôles et vous feraient jouer les leurs.

Comment, messieurs, vous qui, par état, jouez et ridiculisez tout, les rois, — les prêtres, — les poëtes, — les savants, — les médecins, — les diplomates, — non-seulement par des comédies,—mais parfois aussi par les façons grotesques dont vous les représentez au sérieux, vous avez la prétention d'être seuls à l'abri de la satire ! — Allons, messieurs, à notre tour nous réclamons le bénéfice de l'égalité que vous continuez à demander du haut de votre supériorité actuelle.

On reprochait à madame *** d'être un peu sévère pour un de ses amis,—lequel est, il faut le dire, un de ces caractères bourrus, désagréables, pour lesquels il faut toujours se rappeler qu'ils sont les plus honnêtes gens du monde pour pouvoir les supporter un instant.

Il vous est si dévoué, lui disait-on, — il se jetterait à l'eau pour vous sauver. « Que voulez-vous, reprit madame ***, je ne me noie jamais et il m'ennuie toujours. »

M. Bertrand, — dont j'ai raconté la fin déplorable il y a deux mois, n'est pas si pendu que je l'avais cru, — il a pris, au contraire, la direction du *Journal des Chasseurs*, un des plus amusants recueils que je connaisse ; — il n'en est pas moins la *bête noire* de ces messieurs de la liste civile. M. de *Sahune* a dit qu'il donnerait plutôt sa démission au roi qu'une permission à M. Bertrand.—M. de *Fos* en a perdu le sommeil ;—enfin, pour éviter qu'il soit introduit par ruse dans les forêts de l'État, — on va faire une nouvelle rédaction de permission : — au nombre des défenses expresses expliquées sur chacune, on ajouterait celle d'emmener M. Bertrand.

M. Bertrand ne se rappelle avoir tué depuis 1830, — sans jamais avoir été pris par les gardes, — quoique l'objet d'une surveillance spéciale, — que cent cinquante mauvais chevreuils.

🕷 Maintenant que les journaux nous ont fait assez de récits prodigieux sur les succès, — que dis-je ? sur les triomphes de mademoiselle Elssler aux États-Unis ; — qu'ils nous ont montré assez de magistrats dételant les chevaux, s'attelant à la voiture et la traînant au théâtre, — il est bon de dire la vérité : — mademoiselle Elssler n'a pas même pu obtenir qu'on abolît pour elle l'usage de faire cirer et frotter les planches du théâtre ; — elle a objecté qu'elle se tuerait ; — on lui a répondu un peu brutalement que cela serait malheureux, — mais que, si on ne cirait pas le théâtre, ce serait inconvenant, et que, entre une inconvenance et un malheur, on ne pouvait pas hésiter, — qu'ainsi on continuerait à cirer et à frotter.

🕷 J'ai inutilement demandé à l'administration du timbre qu'on fît un timbre particulier pour les livres, — qu'il s'agit, je crois, non pas de salir, mais de marquer. — A la Chambre des députés, il a été un moment question d'apposer un poinçon, une sorte de timbre, sur les châles de Cachemire, — on a repoussé la proposition parce que cela gâterait les châles.

🕷 Je vais probablement adresser une pétition à la Chambre à ce sujet, — mais il y a là plus de marchands de châles et de représentants de marchands de châles que d'écrivains, — et cela ne servira qu'à faire constater la supériorité des châles sur les livres.

🕷 J'ai vu dans un article de modes — les noms de deux nouvelles étoffes : — l'une, qui se vend chez Delille, s'appelle *ailes de Guêpes*, — l'autre, je ne sais où, — s'appelle *baarpoor*.

— Comment aller demander du baarpoor, — comment se rappeler cela, — et ensuite comment le prononcer ?

🐜 MUSÉE DU LOUVRE. — Ici encore, je n'ai ni le droit ni l'intention de répéter ce que j'ai dit l'année dernière sur ce sujet. — Vous me permettrez de vous renvoyer au volume des *Guêpes* d'avril 1840, page 171, — où vous trouverez des choses fort bonnes à lire.

J'ajouterai à ce que j'ai dit alors sur le jury que ce n'est pas à MM. Garnier, Picot, Bidault et autres académiciens de l'école de David pour le moins que je m'en prendrais de la partialité quelquefois choquante de leurs jugements ; — mais à MM. Horace Vernet, Delaroche, Blondel, Abel Pujol, Hersent, etc., qui, portés par la jeune école, s'abstiennent d'assister aux délibérations du jury, sous prétexte d'indignation, — et laissent sans contre-poids et sans protestations les décisions de leurs confrères plus assidus, — semblables en cela aux gens qui ne soignent pas leurs amis malades, sous prétexte de sensibilité.

🐜 Joignez à cela que MM. Ingres et Schnetz sont tous deux en sens inverses sur la route d'Italie.

L'année passée, le duc d'Orléans a acheté un tableau de M. Rousseau, paysagiste habituellement repoussé par le jury.

🐜 Cette année, — mon ami Couveley avait envoyé deux tableaux, résultats d'études très-intéressantes, faites dans un voyage récent dans l'Orient ; le premier, acheté par M. Aguado, avait été loué par le roi lui-même ; — le second était une esquisse de très-petite dimension, à peine terminée et sans aucune importance aux yeux de son auteur ; — le jury a accepté l'esquisse et refusé le tableau. — Couveley a fait savoir à M. Aguado qu'il lui rendait sa parole et ne le considérait pas comme obligé de prendre son tableau déshonoré. — M. Aguado a eu le bon goût de s'en rapporter à lui-même et de répondre qu'il gardait la parole et le tableau de Couveley, — et que de plus il permettrait qu'il fût visité dans sa galerie.

Un autre de mes amis, — Ferret, — l'homme le plus consciencieux dans son travail, le plus dénué d'intrigue, — qui a exposé depuis plusieurs années des œuvres de peinture sévère qui ont attiré l'attention des peintres et des connaisseurs, a été repoussé.

Madame*** avait présenté quatre tableaux peints par elle, deux sous son nom, deux sous le nom de ses élèves ; — on a accepté les derniers et refusé les autres. — Un des tableaux refusés est exposé chez Giroux, — avec une inscription constatant le fait, etc., etc.

Je vais maintenant vous parler au hasard de quelques tableaux qui ont attiré mon attention dans les visites peu fréquentes que j'ai faites au Louvre, pour les raisons que j'ai déduites l'année dernière.

196. — *Chinois* qui d'abord ont l'air d'être peints par eux-mêmes, comme les *Français* de M. Curmer, — mais en réalité le sont par M. Borget.

1429. — *Deux joueurs d'échecs*, par M. Meissonnier ; — c'est un petit tableau grand comme une tabatière, — mais plein d'esprit et de finesse.

2018. — *Portrait en pied de madame la duchesse de Nemours*, par M. Franck Vinterhalter. — On sait que la duchesse de Nemours est une très-charmante personne. — Je ne trouve pas que M. Vinterhalter ait réussi dans toutes les parties de son ouvrage ; — tout ce qui est costume est peint d'une façon remarquable, les fleurs qui entourent la princesse sont rendues avec une rare perfection et une grande richesse, — mais le ton de la chair manque de distinction.

1037. — Le *Relancer du sanglier*, par M. Jadin. — Magnifique cadre de bois sculpté. — Un des chiens n'a que trois pattes. — La funeste habitude qu'a prise M. Jadin de ne donner que trois pattes aux chiens est encore bien plus évidente dans le tableau 1036 : *Hallali*, — cadre encore plus beau que le précédent ; c'est le même, doré.

24. — Les *Bergers de Virgile*, par M. Aligny, sont d'un vert que j'ai eu le plaisir de ne jamais rencontrer jusqu'ici sur des figures humaines. On me dit que cela a du style, — je laisse dire.

1050. — Une fantaisie de Tony Johannot; une des figures n'est pas aussi jolie que celles qu'il fait d'ordinaire ; elle est surtout trop grande; — les accessoires sont peints avec beaucoup de bonheur.

1717 — 1719, — par M. Robert Fleury, — les deux meilleurs tableaux de cette année à mon sens : — de la pensée et de la peinture. — C'est bien beau. — Je ne connais rien de plus beau, excepté les pastels si distingués, si purs, si nobles, de M. Maréchal, de Metz, 1772, — 1773, — 1774.

547. — Cette toile représente le portrait — d'un magnifique canapé de velours cramoisi. — Je voudrais qu'on ôtât le monsieur que l'on a mis dessus et qui me dérobe une partie du canapé.

704. — Une *Chasse au Lion*. — Une des manies des peintres est de donner au lion la figure humaine. — Qui veulent-ils flatter? — Un des lions de M. Finard a l'attitude d'un homme qui, dans un duel, les bras croisés, attend que son adversaire ait fait feu sur lui. — Il y a bien aussi un cheval bleu, — mais, comme je ne suis pas allé en Afrique, — je ne puis prendre sur moi d'affirmer qu'il n'y a pas de chevaux bleus en Afrique.

1131. — A la bonne heure : — voici une *Madeleine repentante*. — On nous fait toujours des Madeleines ravissantes de beauté, de jeunesse et de fraîcheur, — comme si on se repentait d'autres péchés que de ceux qu'on ne peut plus faire, — comme si on allait encombrer à la fois sa vie de crimes et de remords. — Les remords d'une belle femme, ce sont des regrets. La *Madeleine* de M. Laby — est à l'âge et dans l'état d'avaries où une femme peut se repentir sans que personne le puisse trouver mauvais.

1047. — Un monsieur laid et mal peint.

646. — Le ciel reflété dans l'eau de ce paysage a plus de solidité que le ciel réel, — qui a l'air d'être le reflet de l'autre.

1060. — Portrait d'un pâté de jambon.

1822. — Ce tableau représente des lions à deux fins. — C'est un animal ressemblant à la fois au lion et au chameau.

209. — Un portrait de femme. — Je ne dis que cela, et je gage qu'on ne m'en saura pas gré.

650. — M. E. L. dans un désert, avec des éperons et une cravache.

— La vue s'étend à trois lieues, et on n'aperçoit pas le moindre cheval.

108. — *Attaque du Teniah*. — Ce tableau est de M. Bellangé. — Malgré l'énorme et désagréable quantité de couleur garance dont il est tacheté par le sujet, il a des qualités remarquables.

— Les hommes tués et blessés sont bien tombés. — Les terrains sont très-bien peints.

1439. — A la bonne heure, voici la mer.

1373. — *Ève et le Serpent*. — Ève est rose vif, — le serpent lilas ardent, — l'arbre vert furieux. — Une grande plante assez bien peinte jaune féroce. — L'arc-en-ciel ferait soupçonner Dieu d'être élève d'Ingres, si on le compare à ce tableau. — Théophile Gautier me dit que c'est très-beau. — Je n'en crois pas un mot.

2013. — Voici un tableau aussi charmant que ceux de MM. Robert, Henry et Maréchal ; — c'est une grande mare l'hiver, par M. Wickembourg ; quelle vérité ! quelle perfection ! — la glace y est glissante ; — il y fait froid.

26. — Ceci a encore ses admirateurs : — c'est un rond de papier rose dans un rond de papier d'or qui est dans un carré de papier bleu

M. Amaury Duval, — jeune peintre fort estimé de ses confrères, — a encore exposé un portrait de madame Véry — qui est une très-belle personne. — Je ne sais vraiment pas comment je l'ai reconnue, — toujours est-il que je ne voudrais pas qu'elle le sût.

1892. — Portrait d'un foulard, — d'une touffe de capucines et d'une blanchisseuse. — La blanchisseuse et la touffe de capucines ne valent pas grand'chose ; — le foulard est *réussi* — assez pour indiquer à l'auteur sa véritable vocation. — Il peint très-bien les foulards.

210. — Une figure par M. Louis Boulanger. — Tant pis pour vous, madame, pourquoi vous faites-vous peindre et exposer ? — je dirai que vous avez la figure d'une poupée d'enfant, — que vos mains, qui sont belles et bien peintes, ont tort de faire tourner leurs pouces ; — quant à votre robe qui paraît être de papier peint, — ce doit être la faute de M. Louis Boulanger.

1745. — Tant pis pour vous aussi, madame : je dirai que vous êtes bleue.

1057. — Poissons rouges très-bien faits ; — beaucoup les préfèrent dans le bassin des Tuileries.

Mon voisin M. Alaux et M. Galait ont fait chacun un tableau très-estimé. — Les peintres préfèrent celui de M. Alaux, — moi j'aime mieux celui de M. Galait, quoiqu'il ait fait mieux d'autres fois.

Je continue à ne pas me rendre compte des tableaux de M. Delacroix, — La composition de la *Prise de Constantinople* ressemble beaucoup à celle de la *Justice de Trajan* de l'année dernière : — le groupe des cavaliers est assez beau ; — il y a là dedans, à la fois, de l'harmonie et une confusion qui fatigue. — Dans le tableau du naufrage, la mer est perpendiculaire ; — je la préfère horizontale, mais cela vient peut-être de ce que je l'ai toujours vue ainsi. Je n'aime pas beaucoup la peinture de M. Delacroix : ceci n'est pas un blâme, c'est une façon de sentir. — Je lui rends néanmoins la justice de dire qu'il est original et toujours lui-même, — et qu'on reconnaîtrait au milieu de deux mille toiles une esquisse de lui grande comme la main.

## MAI 1844.

❧ Encore un mot sur six petits tableaux de M. Gudin dans un même cadre; — plusieurs sont fort jolis ; — et sur une petite, toute petite toile de M. Diaz, d'une couleur féerique. — Le pauvre cadre de bois, si simple, qui entoure l'étude de femme de M. Jourdy, m'a fait désirer tout d'abord que son tableau fût bon, et j'ai été heureux de voir toutes les excellentes qualités de sa peinture. — J'en oublie des meilleurs et sans doute aussi des plus mauvais, mais j'ai la tête brisée, — je m'en vais, — je paye à la peinture chaque année un tribut de cinq migraines, — celle-ci est la cinquième, je suis quitte, — adieu.

---

### Mai 1841.

Les lettres attribuées au roi. — M. Partarrieu-Lafosse patauge. — Me Berryer. — Embarras où me met le verdict du jury. — Opinion de saint Paul sur ce sujet. — La Contemporaine. — Une heureuse idée de M. Gabriel Delessert. — Sang-froid de M. Soumet. — M. Passy (Hippolyte-Philibert). — Un mot de l'archevêque de Paris. — Le faubourg Saint-Germain et un employé de la préfecture de la Seine. — De M. Grandin, député, et de son magnifique discours. — J'ai la douleur de n'être pas de son avis. — M. Hortensius de Saint-Albin. — Deux petites filles. — Une singularité du roi. — Réalisation du rêve d'Henry Monnier. — Paris malade. — Vertus parlementaires. — A mes lecteurs. — Une église par la diligence. — Récompense honnête. — Récompense moins honnête. — Pensées diverses de M. C.-M.-A. Dugrivel. — Les concerts. — De M. S*** improprement appelé *Sedlitz*. — Steeple-chase. — Choses diverses. — M. Lehon. — Les gants jaunes. — Des amis. — Un proverbe.

❧ MAI. — *Les lettres.* — Voici ce qui est arrivé pour les lettres attribuées au roi dont j'ai déjà parlé. Il paraît qu'on en a autrefois déjà racheté quelques-unes, mais que Sa Majesté, impatienté d'en voir toujours reparaître de nouvelles, aurait dit à M. le comte de Montalivet, qui lui en parlait :

— Je ne réponds pas de ce que j'ai pu écrire il y a trente ans; j'étais en émigration; — je n'étais pas toujours sûr de mon dîner. — J'ai pu écrire des choses assez singulières. — Mais, pour ce qui est des lettres que l'on m'attribue depuis que je suis roi de France, je suis certain de ne pas les avoir écrites.

Et le roi, qui n'aime guère à donner de l'argent quand il ne s'agit pas de moellons ou de menuiserie, a défendu qu'on achetât les lettres.

Le journal la *France*, qui n'avait publié les lettres qu'après trois ou quatre autres carrés de papier, — a été mis en cause et accusé par M. Partarrieu-Lafosse — d'abord de faux, — puis ensuite d'offense à la personne du roi.

Le ministère public a abandonné l'accusation de faux par la raison qu'un faux ne pouvait être affirmé que par des experts écrivains, — que leurs erreurs ont une notoriété comique, et que, s'ils s'avisaient de déclarer les lettres réellement écrites de la main du roi, la monarchie dite de juillet — se trouverait dans une situation plus qu'équivoque.

Que si, au contraire, les accusés étaient condamnés, les experts, que la presse eût proclamés infaillibles dans le premier cas, seraient nécessairement, dans le second, accusés d'ignorance et de corruption.

Raisons qui ne me paraissent que spécieuses.

Pour moi, je ne crois pas les lettres vraies, — par cela seulement qu'il y a des choses qui s'enchaînent entre elles, — et que l'homme qui aurait eu de telles pensées, par cela même ne les eût pas confiées aux hasards du papier, en un mot, parce que cela serait trop bête.

Le jour de l'audience, M. Partarrieu-Lafosse, — monté sur son siége, — a commencé à travailler.

Il a parlé assez longtemps et assez mal. M. Berryer, qui est peut-être le seul orateur de cette époque où on parle tant, lui a répondu par une plaidoirie —forte, habile, perfide, insinuante et audacieuse.

MM. les jurés se sont retirés dans leur chambre et en sont sortis au bout d'une demi-heure, avec un verdict d'acquittement.

Comme la question primitivement posée était celle-ci :

« Le prévenu est-il coupable d'avoir, par la publication de telles et telles lettres, offensé la personne du roi ? »

Le verdict du jury aurait voulu dire seulement que—le gérant de la *France*, n'ayant fait imprimer lesdites lettres qu'après les avoir vues imprimées dans d'autres feuilles, sans que leur publication fût l'objet d'autres poursuites, — et aussi longtemps auparavant, en Angleterre, sans que l'ambassade s'en fût occupée, — a pu être de bonne foi.

Mais M. Partarrieu-Lafosse —ayant eu le malheur de dire dans son réquisitoire :

« Si les lettres étaient vraies, il en résulterait ceci : qu'un roi élu en 1830 pour répondre aux sentiments nationaux et aux sympathies patriotiques du pays, aurait, sur tous les points, déserté ces sentiments et ces sympathies ; qu'il aurait participé à l'écrasement de la Pologne pour servir les intérêts de la Russie ; qu'il aurait promis à l'Angleterre l'abandon d'Alger pour mieux assurer la perpétuité de sa dynastie, et non pas la perpétuité de l'ordre monarchique et constitutionnel, dont il semblerait préméditer la ruine ; qu'enfin, il aurait conçu des desseins tyranniques pour contenir à son gré la capitale du royaume, et pour tourner contre les citoyens un projet destiné uniquement à repousser les attaques des ennemis de la France.

» Voilà, messieurs, la pensée de ces lettres, et, je vous le demande, comment qualifieriez-vous un roi qui aurait pu les écrire ? Ne diriez-vous pas que c'est un de ces tyrans qui ne procèdent que par voie de dissimulation, et dont le langage public est en opposition flagrante avec les pensées qu'ils ont au fond du cœur ? »

La réponse du jury, — les journaux du lendemain aidant, a été prise dans le public — comme admettant l'authenticité des lettres.

Ce qui m'a, au premier moment, un peu embarrassé, moi qui, à propos de ces malheureuses lettres, dans le numéro des *Guêpes* de février 1841, me suis avisé de dire : « Certes, si les lettres étaient authentiques, le roi n'aurait absolument qu'à s'en aller. »

Et je ne serais pas sans inquiétude sur la manière dont le parquet apprécierait mon appréciation — si M. Partarrieu n'avait été beaucoup plus loin que moi dans sa plaidoirie. — Ce ne serait toujours pas lui, — il ne l'oserait pas, — qui porterait la parole contre moi ; — quoique j'aime mieux, le cas échéant, être accusé par lui que par un autre,—vu le peu de succès avec lequel il a travaillé dans cette circonstance.

Je ne félicite pas le parti légitimiste de la nouvelle recrue qu'il a faite dans la personne de la *Contemporaine*, — qui, il y a une douzaine d'années, a obtenu une sorte de célébrité en vendant le récit de ce qu'elle ne pouvait plus vendre en réalité ;—récit qui a servi de cadre à quelques hommes d'esprit pour faire les *Mémoires d'une contemporaine*.

N'est-ce pas saint Paul qui a dit : *La lettre tue ;*

Il a bien ajouté, il est vrai : *L'esprit vivifie ;*—mais c'est qu'il y a dans cette affaire *plus de lettres* que *d'esprit*.

Un empereur romain disait, dans une circonstance différente : « Je voudrais ne savoir pas écrire. »

Résumons : le public a pris le verdict du jury en ce sens que les lettres sont déclarées authentiques. — Le public se trompe, le jury n'a pas dit que les lettres fussent du roi, mais il n'a pas dit non plus qu'elles ne fussent pas de lui.—L'honneur de Louis-Philippe exige que cette question soit résolue sans la moindre ambiguïté.

TRAIT DE SANG-FROID DE M. SOUMET. —On a donné, le

même jour, au Théâtre-Français, deux pièces de M. Soumet ;— cet écrivain qui, depuis un mois, a publié un poëme épique (la *divine Épopée*), une tragédie (le *Gladiateur*), et une comédie (le *Chêne du roi*), me paraît produire dans des proportions telles, que l'on a à peine le temps de lire aussi vite qu'il fait imprimer; — certes, s'il continue à aller de ce train-là, il suffira seul à la consommation de ce qui reste de lecteurs en France, où tout le monde écrit aujourd'hui, — et on pourrait, je crois, sans inconvénient supprimer tous ses confrères.

M. Soumet, pour montrer son sang-froid et la certitude qu'il avait d'avance de son double succès, raconte lui-même qu'il a fort bien dîné ce jour-là, et qu'il a mangé un poulet aux truffes.

Un des collègues de M. Passy (Hippolyte-Philibert) — a dit de lui : « Il a toute la suffisance et toute l'insuffisance d'un parvenu. »

M. GABRIEL D'ELESSERT. — M. le préfet de police a eu une heureuse idée relativement aux voitures.

Les numéros qu'on oblige les propriétaires de faire peindre sur les panneaux ont pour but de les empêcher d'échapper par la fuite à la punition des accidents qu'ils peuvent causer.

Il a donc imposé aux fiacres et aux cabriolets de place,—voitures d'une lenteur notoire et proverbiale,—traînés par des restes et par des ombres de chevaux, — d'énormes numéros dorés.

Aux cabriolets de régie, — qui vont beaucoup plus vite, — des numéros très-petits et très-étroits.

Et, enfin, aux cabriolets et aux carrosses bourgeois, qui seuls ont des chevaux vifs, — vigoureux et indociles, — qui seuls peuvent causer des accidents, — qui seuls peuvent s'échapper rapidement, d'imperceptibles numéros, — dont s'abstiennent même tout à fait la plupart des voitures à quatre roues.

UN MOT DE L'ARCHEVÊQUE DE PARIS. — On raconte de monseigneur Affre, archevêque de Paris, — qui signe Denis, — que, n'étant encore que simple abbé, il se trouva dans une voiture publique avec un jeune homme du commerce, voltairien qui courait la France pour *placer* du calicot et décrier l'Être suprême, — parlait fort légèrement du gouvernement d'alors et réservait toute son admiration pour ses articles — tant en toile qu'en coton.

Le commis voyageur, voyant un prêtre, pensa qu'il serait de bon goût de l'insulter et d'amuser à ses dépens les autres personnes encaquées avec eux dans la diligence.

— Monsieur l'abbé, lui dit-il, savez-vous quelle différence il y a ent reun âne et un évêque?

— Non, monsieur, répondit modestement l'abbé.

— Eh bien! je vais vous l'apprendre : — c'est que l'évêque porte la croix sur la poitrine et que l'âne la porte sur le dos.

On rit beaucoup dans la voiture. — L'abbé laissa s'apaiser la joie de ses compagnons de voyage, et dit au jeune homme du commerce :

— Et vous, monsieur, pourriez-vous me dire, à votre tour, quelle différence il y a entre un âne et un commis voyageur?

Le jeune homme chercha longtemps et finit par dire :

— Ma foi, monsieur l'abbé, — je ne sais pas.

— Ni moi non plus, monsieur, reprit l'abbé.

J'aime mieux cela que son mandement à l'occasion du baptême du comte de Paris.

UN EMPLOYÉ DE LA VILLE DE PARIS. — Pendant que le faubourg Saint-Germain devient plus noble que jamais et recompte ses quartiers avec des scrupules inusités, l'homme qui est chargé par la ville de mettre les noms des rues retranche inexorablement tous les *de*, et intitule les rues

Rue Richelieu,

Rue Condé,

Rue Grammont,

Rue Béthisy,

Rue Astorg, etc.; etc.

Personne ne dérange ce monsieur, qui va toujours son train, dégradant tous les noms.

🙢 DE M. GRANDIN, DÉPUTÉ. — M. Grandin est député.— Je ne sais pas bien précisément ce que vend l'honorable membre de la Chambre basse, mais à coup sûr il est marchand de quelque chose. — Je crois qu'il vend du drap, mais je n'en suis pas sûr.

M. Grandin a cru devoir monter à la tribune, — et a dit :

« Messieurs, certes, c'est un homme estimable que celui qui abandonne sa famille et traverse les mers pour porter au loin les produits de son industrie ; — mais, il faut le dire, il y a des négociants indignes qui vendent sur les marchés étrangers des marchandises de mauvaise qualité, — des marchandises *impudiques.* »

On se demandait beaucoup dans la Chambre — ce que M. Grandin entend par les marchandises impudiques. — Au milieu d'un grand nombre d'avis, — on s'est généralement réuni à celui de M. Hortensius de Saint-Albin, jeune magistrat frisé, — qui a pensé que cela devait s'entendre — des sous-jupes, — dont on parle tant dans les journaux.

🙢 Pour ce qui est de la première partie du remarquable discours de M. Grandin, je dirai que *l'homme qui abandonne sa famille pour traverser les mers et aller porter au loin les produits de son industrie* — peut, au moins, à aussi juste titre, être appelé — pour ce fait, *intéressé* qu'estimable.

🙢 Il y a même bien peu de temps que je me laissai aller à rêver sur ce sujet et que j'arrivai à une conclusion toute différente de celle de M. Grandin.

🙢 C'était un peu avant le coucher du soleil, — une grande nuée grise voilait les riches reflets orangés de l'horizon, — le soleil, caché par ces tristes vapeurs, laissait tomber par une étroite déchirure du nuage de longs faisceaux de rayons pâles.

15*

La mer paraissait noire et roulait le galet avec un bruit sourd, quoique aucune agitation ne parût à sa surface;—par moments, des bouffées de vent venaient du sud-ouest.

La nuée grise s'étendait sur la mer en montant et laissait un moment l'horizon découvert;—il paraissait alors d'un bleu pâle légèrement cuivré; mais d'autres vapeurs plus noires, qui semblaient monter de la mer, ne tardaient pas à former de nouvelles nuées qui venaient épaissir celles qui tendaient le ciel d'un crêpe funèbre; — tout était sombre, le ciel et la mer; — le bruit intérieur de la mer augmentait;—on voyait par instants de longues lames blanches courir sur la mer et venir du large à la plage, où elles se brisaient écumantes en pluie fine que le vent emportait au loin.

Dans un moment — où l'horizon était clair et limpide, — je vis se découper sur son front verdâtre la silhouette noire d'un navire.

Et je trouvai l'homme plus grand que je ne l'avais jamais vu, — en pensant à l'audace qui le fait ainsi traverser les mers sur de frêles embarcations, et je me dis : « Est-ce que par hasard l'homme serait grand? »

Mais bientôt je pensai que ces hommes qui étaient sur ce navire étaient des marchands; — qu'ils allaient vendre et acheter, et gagner de l'argent, — et que tout ce grand courage n'était que de l'avidité. — Je m'écriai avec Horace : « Celui-là avait le cœur entouré d'un triple airain qui, le premier, confia sa vie à un navire; » — et je restai triste sur la plage.

DEUX PETITES FILLES. — M. Villemain a une petite fille qui a sur son gentil visage tout l'esprit de son père, — c'était la manière la plus adroite de lui ressembler. — Il y a quelques jours, elle jouait avec la plus jeune des filles de Victor Hugo.

(Victor Hugo a les plus beaux enfants du monde, — en les voyant on ne s'étonne pas qu'il parle si bien des enfants et qu'il les aime avec tant de tendresse. — Il y a quelque temps,—dans une maison — où étaient MM. de Lamartine, — de Balzac, — Théophile Gautier, — Eugène Sue — et madame de Girardin, on le pria de dire quelques vers, — j'insistai beaucoup pour les *Oiseaux envolés*, et pour cette autre pièce où il raconte son enfance dans un grand jardin ; — quand il s'arrêta, nous pleurions tous.)

La petite Hugo montra à la petite Villemain ses plus beaux joujoux ; — celle-ci ne voulut pas demeurer en reste, — lui fit des siens des récits superbes et ajouta —qu'elle avait planté dans le jardin du ministère des oignons de jacinthe et qu'ils avaient produit des fleurs magnifiques, mais déjà fanées.—« Tu viendras les voir au printemps, l'an prochain, » dit-elle ; — puis tout à coup sa figure devint pensive, — et, se ravisant, elle ajouta : « Ah ! c'est que *nous* n'y serons peut-être plus. »

Entre les enfants, les petits garçons—ne sont pas précisément des hommes plus petits, — ils n'ont aucun des goûts, aucun des intérêts qui occuperont plus tard leur existence ; mais les petites filles ont déjà toutes les grâces et toutes les coquetteries de la femme ; — une petite fille n'est qu'une femme trèspetite, une femme que l'on regarderait en retournant la lorgnette; on marierait une petite fille de six ans sans l'étonner ; — une petite fille de six ans est prête à tout.

Le roi, qui commande très-souvent des tableaux de bataille, a une singulière antipathie qui embarrasse quelquefois beaucoup les peintres ; —il ne peut pas voir un homme sous les pieds d'un cheval ;—s'il a trouvé une semblable scène dans une esquisse, il la fait effacer; —cela ôte de la vérité à une bataille, quelque peu sanglante qu'on la veuille faire.

Dans l'édition originale publiée par livraisons et timbrée ainsi que l'auteur l'explique plus haut, la page où chaque fois est placé le timbre—ne porte que ces mots : *Page salie par le fisc.*

LE VŒU D'HENRY MONNIER. — Henry Monnier — (que diable est-il devenu, que je ne le rencontre plus jamais?) nous a dit depuis longtemps, dans une de ses spirituelles boutades, que son vœu le plus ardent était de voir réunis les fils des pairs de France avec les fils des marchands de peaux de lapins. —Cette heureuse fusion est faite, — car on sait que l'honorable colonel Th...,—dont les fils ont pour camarades, et presque pour courtisans, des fils de pairs de France, — a fait sa fortune dans le commerce des peaux de buffles. — Les buffles étaient autrefois de très-gros lapins de l'Amérique.

PARIS. — Paris a été fort malade tout le mois dernier. — Depuis que le choléra y a passé,—il en reste toujours quelque chose.—Les médecins appellent cela des diminutifs les plus jolis et les plus coquets, — cholérine,—cholérinette, etc. Mais, néanmoins, quelques-uns en meurent, — et beaucoup en sont fort malades. — A d'autres, cela produit un effet meilleur pour eux, mais plus fâcheux : ils deviennent bêtes et méchants, de bons et spirituels qu'ils étaient.

VERTUS PARLEMENTAIRES. — La proposition Remilly s'est encore présentée sous une nouvelle forme.

Cette proposition, quelque figure qu'elle prenne, continue à n'être pas autre chose que ceci :

Deux partis se disputent le pouvoir.

Comme le pouvoir a ceci de particulier, à l'époque où nous vivons, qu'il ne peut rien ;—quand je dis pouvoir,— lisez places et argent.

Le parti vaincu met immédiatement en avant la proposition Remilly, qui a pour but de déclarer incompatibles les fonctions de député avec toutes fonctions salariées.

Le parti vainqueur, — qui est naturellement en majorité, puisque c'est le nombre qui a décidé de la victoire, — et que d'ailleurs une partie des vaincus s'est ralliée à lui avec fureur, — repousse ladite proposition Remilly.

Quand les autres arriveront au pouvoir (lisez places et argent) leur tour, — par trahison, coalition, etc., etc., —ils auront à repousser à leur tour la même proposition, qu'ils soutenaient si morale et si indispensable contre ceux qui la veulent aujourd'hui et qui la repoussaient hier.

La proposition Remilly, en un mot, sera toujours présentée, — et ne sera jamais admise.

🙦 A MES LECTEURS.—Je vous avais annoncé,—mes chers lecteurs, — que, pour payer une partie du timbre auquel je suis condamné, comme vous pouvez le voir,— j'admettrais une demi-feuille d'annonces.

Mais à peine cette résolution a-t-elle été connue qu'il s'est présenté de toutes parts — des sirops indécents,— des pastilles obscènes, — des vêtements immoraux, — des pâtes contraires aux bonnes mœurs, — des fécules barbares, — des instruments immodestes, — des bonbons immondes,—une foule, en un mot, de ces marchandises impudiques, comme dit l'honorable M. Grandin, — qui encombrent quotidiennement la quatrième page des grands carrés de papier — se disant les organes de l'opinion publique.

J'ai repoussé les annonces, — j'ai payé, je paye et je payerai le timbre de mon propre argent.

🙦 Pendant que je parle des grands journaux, il faut que je demande pourquoi on les lit.— Voici de quoi ils se composent invariablement :

Un grand article, — appelé *premier Paris*, — contenant des *réflexions sur la situation*, — c'est une tartine délayée,—c'est un insipide brouet clair,—dans lequel il n'y a rien que le lecteur puisse comprendre ;—cette série de longues phrases, de grands mots qui, semblables aux corps matériels, sont sonores à proportion qu'ils sont creux,—est un logogriphe qui veut dire. pour les initiés, différentes choses dont vous ne vous doutez pas, et qui n'ont aucun rapport avec ce que vous croyez y comprendre.

Voici un article *pour* les fortifications ;—que croyez-vous que cela veuille dire?—rien autre chose que ceci : « Mademoiselle\*\*\*, danseuse très-maigre, est rengagée à l'Académie royale de musique. »

Et cette longue dissertation sur la guerre d'Alger et contre le général Bugeaud?

Que la femme de M.*** n'a pas encore le bureau de tabac qu'elle sollicite, etc., etc., etc., etc., etc., etc., etc., etc., etc., etc., etc., etc., etc., etc., etc., etc., etc., etc., etc., etc., etc., etc., etc., etc., etc., etc., etc., etc., etc., etc., etc., etc., etc., etc., etc., etc., etc., etc., etc., etc., etc., etc., etc., etc., etc., etc., etc., etc., etc., etc., etc., etc., etc., etc., etc., etc., etc., etc., etc., etc., etc., etc., etc., etc., etc., etc., etc., etc., etc., etc., etc., etc., etc., etc., etc.

— Continuons :

*Nouvelles étrangères.* — Les mêmes, dans tous les journaux, — toutes puisées à la même source, — chaque journal les tient d'un seul et même M. *Havas*, qui en a l'entreprise.

*Nouvelles diverses.* — Les mêmes dans tous les journaux, — chacun prend celles que les autres donnaient la veille.

*Chambre des pairs.* — *Chambre des députés.* — Les mêmes dans tous les journaux, — les journaux du matin les prennent sur les journaux du soir.

*Réclames.* — Éloges divers, — tarifés et payés.

*Annonces.* — La kyrielle de marchandises dont je vous parlais tout à l'heure.

Ces deux articles n'ont pas plus de variété que les autres, — ils sont identiquement les mêmes dans les divers journaux, — qui sont parfaitement de même avis sur tout ce qui se paye un franc la ligne.

Amusez-vous bien.

UNE ÉGLISE. — Envoyer de Toulouse à Paris par la diligence une église que Clément Boulanger était allé y peindre, — cela eût été dispendieux ; c'est pour cela qu'il n'a rien au Salon cette année. Les Toulousains sont très-contents de ses tableaux et voudraient le garder, — lui, autant que je me le rappelle, aime le pâté de foie de canard,—je crains qu'il ne reste quelque temps encore.

Pendant ce temps, madame Élise Boulanger enrichit un catéchisme de ses gracieux dessins,—je n'en connais qu'une Madeleine pénitente beaucoup trop jolie — qui m'a fait m'écrier : « Quel dommage ! elle pécherait si bien encore ! »

UNE RÉCOMPENSE HONNÊTE. — En 1836, — M. Gudin a exposé un grand tableau qui a été fort remarqué.—Ce tableau représentait l'entrée du Havre, vu de la rade, — au moment où y entrait le navire le *Casimir Delavigne*.

Ce tableau fut donné par le roi à la ville d'Avignon, laquelle ville d'Avignon en a été fort reconnaissante, mais ne l'a jamais reçu. — Le député d'Avignon — dont je ne sais pas le nom, mais qui porte des moustaches — a été chargé de le réclamer instamment. — Il n'est pas probable que le tableau soit en route depuis cinq ans sans être arrivé à sa destination ; — on s'occupe de chercher ce tableau, qui n'a pas moins de douze pieds de haut, de la cave aux combles du Louvre ; — on ne le trouve pas.

Le parti légitimiste a manqué deux occasions de se montrer généreux.

A la vente des dames de la Miséricorde, faite dans les salons de M. J. de Castellane par toutes les belles dames légitimistes, il y avait plusieurs ouvrages de la duchesse d'Angoulême,—entre autres un coffre en tapisserie, qui était coté cent francs.

Pendant les cinq jours qu'a duré la vente, il ne s'est présenté personne qui voulût mettre ce prix à l'ouvrage de la dauphine.

Ce qui s'est le plus vendu, ça été des torchons ; on trouvait très-plaisant d'aller en marchander aux duchesses et aux princesses, qui les déployaient ; elles en ont vendu étonnamment.

Cet élan modéré rappelle celui qu'a excité la souscription faite par M. de Brézé pour le buste du duc de Bordeaux, — elle a rapporté fort peu de chose ; — on a remarqué, parmi les sous-

SEPTIÈME PENSÉE DE M. C.-M.-A. DUGRIVEL, p. 169. — « Je me venge des méchants par une pensée contre la perversité humaine, — mes armes sont bien innocentes. »

Très-innocentes, en effet, monsieur C.-M.-A. Dugrivel.

HUITIÈME PENSÉE DE M. C.-M.-A. DUGRIVEL, p. 171. — « Il est tout naturel que l'homme cultive les arts et l'industrie, puisqu'ils contribuent à augmenter son bonheur. »

NEUVIÈME PENSÉE DE M. C.-M.-A. DUGRIVEL, p. 210. — « Si la brutalité produit des êtres vivants, comment la pensée ne produirait-elle rien ? »

DIXIÈME PENSÉE DE M. C.-M.-A. DUGRIVEL, p. 211. — « La vie est un songe. »

Pardon, monsieur C.-M.-A. Dugrivel, — ceci n'est-il pas un peu risqué ?

ONZIÈME PENSÉE DE M. C.-M.-A. DUGRIVEL, p. 200. — « La fortune est aveugle et rend aveugle. Paradoxe ! »

DOUZIÈME PENSÉE de M. C.-M.-A. DUGRIVEL. — « L'amabilité est un agrément qui n'est pas propre à embellir toutes les personnes. »

Je ne puis citer davantage : je vous renvoie au livre imprimé en 1841, — qui se vend chez Debécourt, à Paris, rue des Saints-Pères, 69. Le volume se compose de deux cent quinze pages, chaque page renferme au moins cinq pensées. — C'est-à-dire mille et soixante-quinze pensées.

LES CONCERTS. — Je divise les choses dites *plaisirs* en deux classes : — les plaisirs qui m'amusent et les plaisirs qui m'ennuient ; — je préfère les premiers, et je m'abstiens obstinément des seconds.

Ceci vous paraît, au premier abord, une pensée dans le genre de celles de M. C.-M.-A. Dugrivel ; — eh bien ! soyez de bonne foi, et vous verrez que c'est plus difficile que vous ne pensez. — Repassez dans votre mémoire la semaine qui vient de s'écouler, et voyez si vous n'avez pas consacré quelque soirée à quelque plaisir qui vous aura parfaitement ennuyé.

criptions envoyées à M. Vernes, celle-ci, qui montre un touchant sacrifice :

« M. B***, vingt francs — qu'il a trouvés. »

Les belles vendeuses ont prié M. de Castellane, en récompense de leur zèle charitable — de leur donner sur son théâtre une représentation secrète de *Passé Minuit*. — Il est toujours bon et encourageant que la vertu soit récompensée... ne fût-ce que par le vice.

La pièce n'a pas été jouée sur le théâtre, mais dans un petit salon.

Une des scènes les plus piquantes de la pièce est celle où l'acteur au lit, — en costume de nuit, — semble toujours sur le point de se lever brusquement, — et entretient le public dans une appréhension continuelle de ce qu'il va montrer,—jusqu'au moment où il se lève en chemise.

C'est M. de Tully qui a joué le rôle d'Arnal, et qui s'en est, — dit-on, — tiré à merveille.

Ces dames n'ont nullement paru embarrassées de revoir, quelques instants après, dans le salon, l'acteur qui venait de jouer devant elles un rôle aussi singulier.

Ces façons-là deviennent fort à la mode ; — j'avouerai qu'entre deux excès, puisque la plupart des femmes ne peuvent faire autrement,—je préférerais encore la pruderie. Mais je ne dis plus un mot de toutes ces choses ; — on prend trop mal les observations que j'ai faites en d'autres circonstances, et je suis assez lâche avec les femmes.

— Comme l'autre matin j'attendais qu'une personne à laquelle je faisais une visite, pût me recevoir, — je trouvai dans le salon un petit volume intitulé :

## PENSÉES DIVERSES

par C.-M.-A. Dugrivel.

Et je me mis à le parcourir au hasard.—Je veux vous donner part au plaisir que j'y ai pris.

PREMIÈRE PENSÉE DE M. C.-M.-A. DUGRIVEL, p. 23. — « Ce que l'on dit et ce que l'on pense NE SONT pas toujours d'accord. »

Cela a déjà été dit, — mais est heureusement rajeuni par l'expression *ne sont*.

DEUXIÈME PENSÉE DE M. C.-M.-A. DUGRIVEL, p. 96. — « La plupart des hommes, vus de près, sont rarement ce qu'ils paraissent de loin. »

Celle-ci est hardie, mais le moraliste, le philosophe, ne doit pas reculer devant sa pensée, quelque choquante qu'elle puisse être pour les opinions reçues. — D'ailleurs, quelque audacieuse qu'elle puisse paraître, cette pensée de M. C.-M.-A. Dugrivel n'est contraire ni aux bonnes mœurs, ni à la religion, ni à la charte.

QUATRIÈME PENSÉE DE M. C.-M.-A. DUGRIVEL, p. 100. — « L'ingratitude est la monnaie dont se paye le plus souvent un bienfait. »

Il faut l'avouer, — cette pensée est triste ; — est-il donc vrai que le philosophe ne peut se livrer à une étude un peu approfondie sans y découvrir des choses aussi affligeantes,—et doit-on réellement lui savoir gré de sa découverte ?

CINQUIÈME PENSÉE DE M. C.-M.-A. DUGRIVEL, p. 111.—« L'avarice, examinée de près, sent bien la crapule. »

Attrape ! — j'aime qu'on dise leur fait aux hommes et à leurs passions. — La philosophie n'a pas pour but de dire des douceurs à son semblable, — et je suis content de voir M. C.-M.-A. Dugrivel morigéner l'homme et le tancer de la bonne façon.

SIXIÈME PENSÉE DE M. C.-M.-A. DUGRIVEL, p. 117. — « Il est des gens toujours amis de ceux qui sont au pouvoir. »

Bravo !—il est possible que cela déplaise à M. Passy— (Hippolyte-Philibert), mais rien n'arrête M. Dugrivel : ni la hardiesse de la pensée, — ni les dangers de l'application.

Je ne vais jamais au théâtre, — et beaucoup moins encore dans les concerts.

Je l'ai déjà dit, si je n'étais pas fils d'un piano célèbre, les pianistes auraient affaire à moi.

Ils jouent aujourd'hui plus pour les yeux que pour les oreilles, — et frappent sur leur clavier comme s'ils avaient peur qu'on ne sût pas que c'est de bois. M. Listz a, presque chaque fois qu'il joue, un piano tué sous lui. Au dernier, il a joué debout; — il jouera couché au prochain. — Mais que voulez-vous que fassent ces pauvres diables ? — les éloges les perdent. — Dernièrement, un homme, qui du reste a ordinairement de l'esprit, — disait qu'il aimait voir un pianiste *pantelant.* — Il arrive très-souvent à M. Listz, — quand il vient d'exécuter sa musique pantelante, — de terminer en se laissant tomber inanimé sur son piano. — On trouve cela ravissant. Au concert de M. Chopin, — auquel je n'assistais pas, on m'a raconté que, le morceau fini, M. Listz, qui ne jouait pas du piano, mais qui voulait absolument jouer un rôle, — se précipita sur M. Chopin pour le soutenir, pensant qu'il allait se trouver mal.

Depuis que Schubert est mort, — sous prétexte de trois belles mélodies qu'il a laissées, — tout le monde s'amuse à faire des choses plus ou moins incolores et ennuyeuses et surtout dénuées de mélodie, qu'on publie sous son nom, — et auxquelles les gens accordent la même admiration qu'à ses meilleurs ouvrages.

Dans une maison — où je me trouvais dernièrement, — on a amené un jeune phénomène : — c'était un enfant de douze ans très-fort sur le piano. Il s'est assis et a commencé, puis imperturbablement — a joué plus d'une heure — sans être arrêté par les applaudissements, qui avaient pour but de le faire finir et qu'il prenait pour des encouragements. — En vain, on se disait : « Charmant enfant ! à quelle heure le couche-t-on ? »

Il ne s'arrêta qu'à la fin de son morceau, — si toutefois ce qu'il a joué peut s'appeler un morceau, car je ne connais rien d'entier qui soit de cette longueur.

Quelqu'un que je ne nommerai pas — disait :

— Eh bien! cela m'intéressait davantage au commencement.

— Pourquoi cela?

— Parce que l'enfant était plus jeune.

🐝 Il y a peu de choses auxquelles je doive d'aussi ravissantes sensations qu'à la musique; — mais je finirai par n'en plus vouloir entendre à cause des différents bruits prétentieux dont on m'assourdit sous prétexte de musique.

Je n'ai plus de ressources que dans de petites mélodies, franches, — vraies, — qui me bercent l'esprit et me font rêver.

L'autre jour, j'ai entendu une jolie voix chanter — une chanson, — une romance, — je ne sais quoi, — mais c'était ravissant. Cela s'appelle : — *Je n'ose la nommer!* — La chose est de F. Bérat.

Si ceci te tombe sous la main, — tu verras en même temps, — mon ami Bérat, — que tu me feras plaisir de m'envoyer cette romance, que je voudrais tenir de toi.

🐝 Beaucoup de braves gens, — quand je me plaignais d'avoir été ennuyé par des chefs-d'œuvre, objets de leur admiration la plus furieuse, — m'ont dit : « Il faut entendre cela plusieurs fois. »

J'ai trouvé le piége grossier : — comment! j'entendrai seulement une fois la musique qui me charme, — et plusieurs fois celle qui m'ennuie!

Travaillez donc douze ans à passer pour un homme d'esprit, pour qu'on ose encore vous dire de semblables choses!

Non, — mes braves gens, — je ne tombe pas dans le panneau, — j'entends le plus souvent possible la musique qui me plaît, — et, quand il m'arrive d'en entendre d'autre, — je regrette qu'il n'y ait pas un autre moyen de faire savoir qu'elle m'ennuie.

## MAI 1841.

Un étranger, M. S — z, a cherché à Paris la célébrité par un moyen bizarre : — il a gagé consommer dans sa matinée — une promenade de deux lieues, trois bouteilles de vin et trois femmes.

Du temps d'Hercule, pour attirer l'attention, — il ne fallait pas moins d'un bœuf et de cinquante vierges. — C'est un des douze travaux. — Je n'aime pas beaucoup que l'on fasse passer l'amour à l'état de travail.

Il est du reste triste de voir de telles prouesses, — qui ne servent qu'à montrer la pauvreté des choses ordinaires, — et l'humilité de ceux qui parient contre.

Une veuve à laquelle on racontait le fait — a dit : « Mais, — autant que je puis me rappeler, — ça n'est pas très-extraordinaire. »

M. S — z, se voyant célèbre, se fait beaucoup présenter aux femmes dans le monde.

Mais il a été puni d'une manière bien cruelle. — Son vrai nom, que je n'écris pas ici, — pour m'associer à la punition, — n'a pu entrer dans la tête des gens, et on l'appelle obstinément M. Sedlitz.

Son exploit est plus ou moins admiré sous un nom qui n'est pas le sien. — On ne peut l'annoncer dans un salon sans qu'on se pousse du coude en se disant : « C'est lui. » — Pour recueillir les fruits de sa gloire, — il lui faudrait faire comme certains marchands, — et s'appeler à l'avenir M. S — z, dit Sedlitz, — ou se faire annoncer ainsi : — M. S—z, celui qu'on a mal à propos désigné sous le nom de Sedlitz.

Peut-être se décidera-t-il à quitter son vrai nom et à porter à l'avenir celui qu'il a rendu illustre.

Tout bonheur se compose de deux sensations tristes : — le souvenir de la privation dans le passé, — et la crainte de perdre dans l'avenir.

Voici le printemps; — l'air qu'on respire est imprégné

de lilas. — Ce matin chaque brin d'herbe avait sur sa pointe une transparente perle de rosée, — les unes blanches, les autres rouges comme des rubis, — d'autres vertes comme des émeraudes, — puis à chaque instant l'émeraude devenait un rubis, — le rubis une topaze ou un saphir. C'est une riche parure qui tombe tous les matins du ciel, — qui la prête à la terre pour une demi-heure, — et que le soleil remporte au ciel sur ses premiers rayons, — à l'heure à laquelle la terre est livrée au travail, — à la haine, — à l'ambition *réveillés*.

L'âme s'épanouit, — une foule de petits bonheurs purs fleurit dans le cœur.

LES COURSES AU CLOCHER. Cela s'appelle encore *steeple-chase*; — comme les journaux racontent ce qui s'y passe avec de grands enthousiasmes, il est bon que je dise à ce sujet la vérité ; — on trouvera un jour dans les *Guêpes*, — le plus petit livre qui se soit jamais fait, le mot de toutes les énigmes et de tous les mensonges de ce temps-ci.

Ces courses se font d'ordinaire à la Croix de Berny, sur un terrain fangeux, — où les chevaux à chaque temps de galop enfoncent jusque par-dessus le sabot. Après divers obstacles factices, tels que des haies à franchir, etc., les chevaux et les cavaliers épuisés doivent franchir la Bièvre.

La Bièvre est une rivière qui roule une boue noire et infecte.

Il est grave de s'exposer à tomber dans ce marais fétide.

On ne s'y expose pas, — il n'y a pas là de chance à courir : — on y tombe certainement.

L'expérience de plusieurs années a démontré que les choses se passent toujours ainsi.

Arrivé à la Bièvre, — le cheval, fatigué par le terrain sur lequel il a couru et sauté, et se sentant sans point d'appui, résiste et refuse, le cavalier insiste, le cheval saute, — tombe au milieu ou sur l'autre bord, où il glisse et retombe dans la mare — d'où on le sort avec ou sans le cavalier qu'on repêche, —

tous deux noirs, sales, infects, et cela si invariablement, qu'on croirait que c'est le but réel de la chose.

C'est le délassement le plus élégant de la plus élégante jeunesse, — et on ne néglige rien pour être regardé par les femmes les plus belles et les plus à la mode.

Le prétexte est l'amélioration des races de chevaux en France. — Jusqu'ici on n'a fait, pour l'amélioration de la race, — qu'estropier et tuer les individus.

J'ai reçu un prospectus annonçant un ouvrage parlementaire — et qui commence ainsi :

*A une époque où la parole gouverne tout.*

C'est plus vrai, — hélas ! — que ne le croit le brave homme, auteur du prospectus ; — mais ledit brave homme paraît trouver cela charmant, — c'est en quoi nous ne sommes plus du même avis.

Il n'y a que les comédies et les tragédies faites par les hommes dont le commencement fasse deviner la fin ; — la Providence est plus mystérieuse dans ses voies, — ses ressorts sont plus cachés, ses péripéties plus imprévues ; — le plus souvent, dans la ville réelle, les romans n'ont pas de second volume, — les drames n'ont pas de cinquième acte.

Un mari a quelque chance de voir que l'on fait la cour à sa femme ; mais, une fois que l'on est d'accord avec elle, — tout semble s'entendre pour le tromper et pour lui cacher ce qui se passe. C'est seulement lorsque Thésée devient négligent ou infidèle — et qu'Ariane, à son tour, rend de soins, de chagrins, de concessions et d'humilité — tout ce qu'elle en a fait payer avant de répondre à une flamme dont elle s'aperçoit qu'elle brûle seule, — que les imprudences, les mauvaises humeurs de la femme lui font soupçonner qu'il se passe quelque chose,—qu'il se dit : — « Mais,— mais,— mais monsieur un tel fait, je crois, la cour à ma femme ; » — et il met à la porte l'amant, qui depuis six mois cherchait à avoir un prétexte et un expédient pour s'en aller, pour qu'il ne soit pas dit qu'il n'ait pas pris soin de préparer toutes les phases de son infortune, — et qu'il ait cessé d'être au dénoûment la providence de l'amant comme il l'a été pendant tout le cours du roman.

🐜 M. LEHON. On s'est naturellement beaucoup occupé de la déconfiture de M. Lehon, le notaire; — beaucoup de gens veulent qu'on fasse de nouvelles lois à ce sujet.

Hélas! — ce n'est pas de lois que nous manquons : — nous avons à la Chambre quatre cent cinquante faiseurs de lois en permanence, — qui en font Dieu sait combien, — comme si on changeait de lois comme de gants, — et je ne m'aperçois pas que les choses pour cela en aillent beaucoup mieux. On aura beau faire des lois, — on ne décrétera jamais l'honneur, — la probité et le désintéressement; — une loi de plus n'empêchera pas un crime, — et fera seulement que ce sera une façon prévue de le commettre, et, cette façon, on saura bien l'éluder pour en prendre une autre.

Prenez-vous-en à cette agitation — qu'on a jetée dans tous les esprits, — à cette prétendue égalité qui n'est que le désir de primer sur les autres, — qui fait que personne ne veut rester dans sa sphère; — que personne n'acceptera pour but de sa vie — de mettre ses pieds dans les traces des pieds de son père, — et de ne le reconnaître autrement que comme point de départ.

🐜 LES GANTS JAUNES. A ce propos, il me revient une chose à l'esprit; je ne m'amuse guère à répondre aux attaques variées dont je suis parfois l'objet de la part de certaines gens, au bas de certains journaux et ailleurs; — les pages dont se composent les *Guêpes* n'y suffiraient pas; — et, d'ailleurs, je serais bien vengé si ces pauvres gens pouvaient savoir à quel point tout cela m'est égal.

Il arrive cependant quelquefois qu'une attaque à laquelle

je ne ferais aucune attention me donne un prétexte raisonnable de traiter un sujet qui me convient, — c'est ce qui arrive à une sorte de recueil à couverture verte, — auquel je ferai d'abord le chagrin de ne pas le nommer.

Ces messieurs, en parlant d'une soirée, — veulent bien y mentionner ma présence, — et disent à ce sujet :

— « On a remarqué que ce *critique* portait des gants noirs. — Est-ce par économie ? »

D'abord, — messieurs, — pour faire semblant d'ignorer que je fais des livres, il faudrait que les premières pages de votre brochure ne fussent pas occupées par une espèce de récit qu'un de vous a bien voulu copier dans un roman de moi, qui s'appelle *Geneviève*, et signer de son nom.

Il viendra, je l'espère, un jour — où, les hommes n'étant pas tout à fait fous, il deviendra impossible de comprendre l'importance qu'on attache de ce temps à la couleur des gants.

J'ai déjà eu occasion de le dire,—l'ancienne aristocratie tenait à la beauté des mains.— La nouvelle tient à la beauté des gants.

Certaines conditions de l'aristocratie étaient un peu difficiles à atteindre.

Il fallait de la naissance, de l'esprit, du savoir,—du courage, — de l'élégance, de l'honneur.

On a changé tout cela au bénéfice de cette grosse bêtise qu'on appelle égalité. — Tout cela est remplacé avantageusement par des gants jaunes.

Il n'y a plus que deux classes d'hommes en France :

Non pas les honnêtes gens et les fripons ;

Non pas les gens d'esprit et les sots ;

Non pas les hommes de cœur et les lâches ;

Non pas les savants et les ignorants ;

Non pas les hommes élégants et les rustres.

Il n'y a que les hommes qui portent des gants jaunes et les hommes qui n'en portent pas.

Quand on dit d'un homme qu'il porte des gants jaunes, — qu'on l'appelle un gant jaune, — c'est une manière concise de dire un homme comme il faut. — C'est en effet tout ce qu'on exige pour qu'un homme soit réputé homme comme il faut.

Comme, par les raisons que j'ai déduites plus haut, il n'était pas aisé de parvenir à l'aristocratie, on a fait descendre l'aristocratie à la portée du plus grand nombre, — à une paire de gants de cinquante sous.

Mais ce privilége, déjà fort modifié, — ce monopole déjà bien partagé, a fait crier les gens qui n'y atteignaient pas encore, — et on a demandé l'abolissement de l'aristocratie comme on demande à présent l'abaissement du cens électoral.

Le besoin de gants jaunes à vingt-neuf sous se faisait trop généralement sentir pour que l'industrie ne vînt pas au secours des victimes du monopole.

PARENTHÈSE. — Je ne veux pas perdre ceci, qui me vient à propos de l'abaissement du cens électoral.

Vous, messieurs, qui demandez cet abaissement, — vous trouvez sans doute mauvais que l'échelle de l'argent soit celle sur laquelle on mesure les capacités électorales et gouvernementales.

Pensez-vous atteindre votre but de corriger cette sottise en faisant qu'un plus grand nombre arrive aux affaires par cette voie que vous blâmez ? — Croyez-vous la rendre meilleure en l'élargissant ? — Croyez-vous qu'un abus soit détruit parce qu'un plus grand nombre en profite ?

On a donc fait des gants à vingt-neuf sous ; — et les gants jaunes sont restés plus que jamais la première, — la seule condition d'admission et de considération dans le monde.

Je répondrai, messieurs, à la question que vous voulez bien m'adresser : « Est-ce par économie ? »

Pourquoi pas, — messieurs ? — et si je vous disais tout ce que je n'ai pas été obligé de faire dans ma vie au moyen de semblables économies, — c'est-à-dire par le mépris de certaines vanités, —

en ne désirant jamais paraître riche, — en étant plus fier de ma pauvreté et de mon indépendance mille fois que vous ne l'êtes de vos fausses élégances, — qui vous donnent tant de tourments, — qui vous obligent à des luttes si acharnées, qu'elles sont devenues le but de votre vie, et qu'elles vous forcent, tant le superflu vous est devenu nécessaire, à traiter le nécessaire en superflu !

Non, je ne suis pas dupe de cette prétendue égalité des gens de lettres avec les gens du monde, ce qui ne les a amenés qu'à l'égalité des dépenses sans les faire arriver à l'égalité des recettes. — Je n'ai pas voulu prendre un rôle dans cette sotte comédie, — où tout le monde veut tromper tout le monde sans que personne soit trompé ; — où l'on est ridicule quand on ne réussit pas, et odieux quand on réussit.

Nous voici déjà un peu loin des gants jaunes.

CHOSES DIVERSES. — Il y a des honneurs bizarres ; — ce qu'un marchand appelle son honneur, c'est de payer ses billets, — parce que c'est seulement ainsi qu'il a du crédit, c'est-à-dire qu'il peut remuer une somme d'argent plus que décuple de celle qu'il possède en réalité ; mais, une fois un billet protesté, un marchand est capable de tout.

Un juge d'instruction ne reçoit que douze — quinze ou dix-huit cents francs : — c'est une sottise. — La magistrature, en général, n'est pas payée, — il n'y a pas un chanteur de province qui se contenterait des appointements d'un président de cour royale.—Eh bien ! à ce juge d'instruction qui reçoit quinze cents francs,—offrez cent mille francs pour qu'il trahisse son devoir, — il les repoussera avec indignation, — mais rien ne l'arrêtera s'il s'agit de son avancement — qui peut-être augmentera son revenu de cent écus.

LES AMIS.—Un ami, c'est un homme armé contre lequel on combat sans armes.

— C'est un homme qui sait sur quel coup précisément il vous prendra en tirant l'épée.

— C'est un homme qui connaît l'escalier qui conduit chez votre femme ; qui sait les moments de froideur et les instants où vous êtes dehors et l'heure précise à laquelle vous rentrerez.

— Un ami, c'est Judith qui vous assoupit dans ses bras et vous tue au milieu des songes agréables qu'elle vous fait faire.

— C'est Dalilah qui connaît le secret de votre force et de votre faiblesse.

— Quand un homme a deux amis, ce n'est que pour se plaindre alternativement de chacun d'eux à l'autre.

— On prend des amis comme un joueur prend des cartes ; on les garde tant qu'on espère gagner.

— L'homme qui a un ami, qui s'assimile un autre homme, présente une surface double aux coups du malheur. On peut lui casser quatre bras et lui fendre deux têtes ; il portera le deuil de deux pères : il aura le tracas de deux femmes.

— Entre deux amis, il n'y en a qu'un qui soit l'ami de l'autre.

— Entre tous les ennemis, le plus dangereux est celui dont on est l'ami.

— A la fin de sa vie, on découvre qu'on n'a jamais autant souffert de personne que de son ami.

— Ce serait pourtant une belle et sainte chose que l'amitié. Mais qui comprend l'amitié? Chacun veut avoir un ami, mais personne ne veut être l'ami d'un autre. On emprisonne ce qu'on appelle son ami dans ses propres idées à soi, dans ses goûts : on lui trace la route qu'il doit suivre. Il y a des limites où l'amitié cesse. Si votre ami prend un parti, avant de le suivre, vous examinerez s'il a tort ou raison. Ce serait là ce qu'on devrait faire pour un indifférent; mais un ami ! s'il est malheureux, on doit être malheureux avec lui ; criminel, on doit être criminel avec lui. Tout ce qu'il fait, on en doit supporter la responsabilité comme on supporte celle de ses propres actions; deux amis doivent se suivre dans la vie comme s'ils ne faisaient qu'un;

L'amitié ne doit pas être un pacte, mais une assimilation ; on ne doit pas prendre un ami, on doit devenir lui.

UN PROVERBE. — J'ai connu un homme, jeune, bien fait, à moitié spirituel, passablement brave, riche ; en un mot, fort disposé à être heureux. Pour y parvenir, il résolut de mettre en pratique cet aphorisme : *Il faut avoir des amis partout.*

Il donnait à dîner, prêtait de l'argent, sacrifiait ses maîtresses, permettait à qui voulait de rendre ses chevaux poussifs ; la bienveillance générale était une des conditions de son existence. Il jouait aux échecs et perdait ; il dansait, et dansait gauchement ; enfin, il n'avait de supériorité dans aucun genre, et ne pouvait exciter l'envie, si ce n'est par sa fortune ; mais sa fortune n'était pas à lui.

Tout le monde était son ami ; tout le monde le tutoyait : il était enchanté. Peut-être, s'il eût regardé d'un peu près les bénéfices de cette amitié universelle, eût-il vu que les gens qui ne chantaient jamais, parce qu'ils avaient la voix fausse, ne s'en faisaient aucun scrupule devant lui. L'hiver, on le mettait loin du feu pour donner la meilleure place à un étranger. On lui donnait à dîner avec la soupe et le bouilli : *on ne se gêne pas avec ses amis ;* — on servait tout le monde avant lui, et les enfants essuyaient leurs tartines sur ses vêtements.

Un jour, un de ses *amis* lui écrivit une lettre en ces termes :

« Sauve-toi ; je suis entré dans une conspiration qui vient d'être découverte ; on a saisi mes papiers. Comme tu es *mon ami*, comme je sais que l'on peut compter sur toi, je t'avais mis un des premiers sur la liste des conjurés. Notre affaire est certaine ; nous serons tous condamnés à mort. Fuis sans perdre un instant. »

Hermann demeurait dans un quartier de la ville assez éloigné ; l'homme chargé de la distribution des lettres s'aperçut que la lettre destinée à Hermann était la seule à porter dans son quartier ; il pensa ne pas devoir se gêner avec un *ami* ; il remit au lendemain pour porter la lettre, en même temps que les autres qui ne pouvaient manquer de venir pour le même quartier; il ne porta la lettre que le surlendemain. Derrière lui arrivaient les soldats chargés d'arrêter Hermann.

Le chef de la troupe était *un ami* d'Hermann, il ne voulut pas avoir la douleur de l'arrêter lui-même, et resta à la porte; les soldats, sans chef pour les réprimer, maltraitèrent fort le prisonnier.

Néanmoins, sous prétexte de s'habiller, il passa dans un cabinet et sauta par la fenêtre.

Il tomba précisément sur *son ami*, que sa sensibilité retenait malheureusement à la porte; l'ami jeta un cri qui donna l'alarme; il fut repris et conduit en prison.

On instruisit son procès; toute la ville était convaincue de son innocence; mais la plupart des juges se récusèrent pour ne pas avoir, en aucun cas, à condamner *un ami*.

L'accusateur, qui était *son ami*, comprit que sa réputation d'impartialité se trouvait singulièrement compromise par sa liaison connue avec l'accusé; pour combattre cette prévention, il se vit forcé de le charger plus qu'il n'avait jamais fait aucun autre. Son avocat était tellement ému, — car *il le chérissait,* — que, lorsqu'il voulut parler, sa voix fut étouffée par ses sanglots; il reprit un peu courage, mais sa mémoire était troublée; les arguments sur lesquels il avait le plus compté ne se présentaient plus qu'à travers un nuage; sa voix était faible et mal accentuée. Hermann fut condamné à l'unanimité.

L'autorité, vu le nombre infini de *ses amis*, redoutait un coup de main pour forcer la prison et l'enlever; aussi fut-il mis aux fers, et ne lui laissa-t-on la consolation de voir personne. Le jour de son supplice arriva; un moment, le désespoir lui prêta des forces; il se débarrassa de ses liens, échappa aux soldats, et se serait enfui, si la foule immense des gens qui *lui étaient attachés* eût pu s'ouvrir assez vite pour lui livrer passage; il fut rattrapé et garrotté. Le bourreau, qui l'avait *beaucoup aimé*, avait peine à contenir sa douloureuse émotion; sa main, mal assurée, ne put séparer la tête du tronc qu'au cinquième coup.

---

Juin 1841.

Fragments d'une belle réponse de l'auteur des *Guêpes* à un homme étonné. — Les philanthropes. — Les prisons. — Les fêtes. — Question des hannetons. — M. Basin de Rocou. — Quelques citations de M. de Lamennais. — Une singulière oraison funèbre. — Les médailles de baptême. — De M. Dugabé et d'un nouveau théâtre. — Un mot du roi. — Véritable histoire de l'infante. — Comme quoi un jeune Polonais est devenu neveu de la reine de France. — Des cheveux roux. — M. Villemain. —Mademoiselle Fitzjames.—On oublie M. Molé.—Humbles remontrances à monseigneur l'archevêque de Paris. — Question sérieuse traitée de la façon la moins ennuyeuse qu'il a été possible à l'auteur. — M. Duchâtel. — Économies de M. Auguis. — Le parti des pharmaciens. — L'inconvénient d'avoir un frère célèbre. — Un danseur de l'Opéra au couvent. — Repos du roi. — M. Thorn. — Un parapluie vert. — Un voisin de campagne. — De quelques carrés de papier.

FÊTES DE MAI. — Comme je quittais Paris, le dernier jour du mois d'avril, un homme de ma connaissance me rencontra qui parut m'examiner avec étonnement. — « Comment, *mon cher*, me dit-il, les gros souliers et les guêtres de cuir ! Vous quittez Paris — la veille des fêtes de mai? — Est-ce que vous comptez n'en pas parler dans votre volume du mois prochain? »

Je fis alors à cet homme une réponse si belle, que j'eus regret quand elle fut finie, — ce qui n'eut pas lieu tout de suite, —

de ne pas l'avoir réservée pour un auditoire plus distingué et surtout plus nombreux, — et qu'aujourd'hui encore je ne puis me résigner à la voir perdue pour mes contemporains et pour la postérité, — ce qui fait que je vais m'efforcer de m'en rappeler quelques fragments, — sauf à prétendre, si on ne partage pas l'admiration qu'elle m'a inspirée, que j'en ai oublié les morceaux les plus saillants.

Mon bon ami, lui dis-je, — les philanthropes, — qu'à une époque d'injustice et de passion on avait appelés *filous en troupe*, — ont amélioré bien des choses.

Ils ont inventé deux manières de compatir à l'infortune des prisonniers :

PREMIÈRE MANIÈRE. — Pour ceux qui ont commis de grands crimes, — tels que d'avoir assassiné leur père à coups de hache, — coupé leur sœur en petits morceaux, — empoisonné leur mère — ou noyé leur cousin, — et qui ont eu le malheur de rencontrer des jurés assez indulgents pour voir là des circonstances atténuantes et ne les faire condamner qu'à la prison, — les philanthropes les ont jugés d'autant plus à plaindre qu'ils étaient plus criminels; et, pensant qu'ils avaient besoin de grandes consolations, — ils se sont occupés de leur rendre la vie agréable; — ils ont amélioré leur potage, — assaini leurs prisons, planté leurs jardins d'arbres d'agrément, — en un mot, convaincus de l'âpreté de leurs remords, ils ont fait en sorte qu'ils n'en pussent être distraits par aucun autre chagrin et qu'ils y fussent livrés tout entiers.

DEUXIÈME MANIÈRE. — Mais pour ceux qui se sont laissé aveugler par la lecture de certains carrés de papier, où on répète les saugrenuités emphatiques que le gouvernement actuel disait contre son prédécesseur, alors qu'il n'était pas encore gouvernement, — pour ceux qui ont tenté sans succès contre ledit gouvernement actuel ce qui a si bien réussi audit gouvernement actuel en juillet 1830,

Les philanthropes ont arbitré — qu'il était difficile d'être plus sévère contre eux qu'un père, ancien mauvais sujet, ne l'est pour son fils, à l'égard des fautes qu'il a commises autrefois, jusqu'à ce que l'âge soit venu lui apprendre à traiter de vices les plaisirs qu'il ne peut plus prendre, et à ériger en vertus les infirmités qui lui arrivent ;

Que le monde n'attache aucune idée de déshonneur aux crimes politiques ;

Qu'en un mot, les condamnés politiques étant moins malheureux que les autres, — on peut sans scrupule faire sur eux des essais philanthropiques variés, tels que le régime cellulaire, — l'isolement, — et une foule de tortures morales, — par suite de quoi la plupart de ces pauvres diables — meurent furieux ou vivent fous et idiots.

⁂ Les philanthropes, — pendant longtemps, — ne s'occupèrent de l'homme qu'à son entrée en prison, — ne faisant pas la moindre attention à lui tant qu'il n'est que misérable et dans la longue route de privations, d'abstinence et de douleurs qu'il parcourt avant d'arriver au crime.

Ils ont craint, un moment, de voir manquer les occasions de s'attendrir, — et, perfectionnant leur industrie, — ils ont imaginé de donner aux enfants une éducation toute littéraire et républicaine, — éducation qui, sous le premier point de vue, les détourne des métiers utiles et productifs, et, sous le second, les élève dans l'admiration d'une foule de vertus d'une autre époque, vertus toutes prévues par le Code pénal, — et dont la moindre envoie celui qui la pratique faire, à Brest ou à Toulon, un voyage de cinq ou six années.

⁂ D'où vient que pas un de ces braves philanthropes, — aujourd'hui que plusieurs d'entre eux sont fort bien vus au château, — n'a imaginé de rendre un peu plus amusantes les fêtes que l'on donne au peuple à certains anniversaires ?

D'où vient que pas un des grands poëtes, — des romanciers

distingués, — des dramaturges célèbres, — des écrivains de tous genres, qui depuis dix ans se sont succédé au pouvoir, — n'a trouvé dans sa cervelle la moindre variété à apporter aux *quatre orchestres de danse du carré Marigny,* — aux mâts de cocagne, etc., etc.?

Quelque chose, — il faut le dire, — car, si je vaux un peu, c'est par mon impartialité, qui vient de mon indifférence — quelque chose a été tenté à l'égard du feu d'artifice : — on l'a fait tirer sur le pont Louis XV, — au lieu du rond-point des Champs-Élysées, — mais cela avait déjà été osé par le gouvernement de la Restauration, — ce qui ne l'a pas empêché d'être renversé.

🐜 J'ai vu quelques-unes de ces fêtes quand j'étais enfant, — depuis j'ai lu le récit de beaucoup d'autres dans les journaux. — Quand une succession naturelle, une invasion, une restauration, une révolution, — ou toute autre cause, nous a amené un nouveau gouvernement, je me suis dit chaque fois : — « Ah! on va peut-être donner d'autres fêtes. » — Sous ce rapport-là, comme sous beaucoup d'autres, je ne me suis pas aperçu que les changements de gouvernement aient apporté rien de nouveau. — Depuis une trentaine d'années que je suis spectateur des choses que font les autres, — j'ai vu les partis tour à tour vaincus et triomphants, se fusiller, — se guillotiner, — s'emprisonner, — s'exiler, — etc.

🐜 Mais aucun n'a osé changer ni la forme des ifs des illuminations publiques, ni ces ifs eux-mêmes, qui ont porté tour à tour le suif officiel, que le peuple a le droit de voir brûler à certaines époques pour augmenter la joie qu'il est censé ressentir des naissances, fêtes ou avénements variés.

Aussi m'a-t-il semblé voir — que, dans ce cas, le peuple n'accepte de tout cela qu'un jour de loisir, et se donne à lui-même le choix de ses divertissements, — lesquels ne sont pas non plus très-variés, et consistent à aller boire aux barrières le petit vin, que si bêtement et si odieusement on lui charge dans la ville d'impôts égaux à ceux que payent les vins fins qui se servent sur la table des gens riches.

Il n'y a moyen de distinguer ces fêtes les unes des autres que par le nombre des accidents qui y arrivent ; — il n'y a eu cette fois qu'un cuirassier de tué ; — la précédente avait coûté la vie à deux hommes.

QUESTION DES HANNETONS. — De toutes les parties de la France — on écrit : « Les arbres sont dépouillés par les hannetons, que depuis bien longtemps on n'avait vus en nombre aussi formidable. » — Suivent les lamentations.

En effet, — en plein mois de mai, — on voit des arbres aussi dépouillés de feuilles que l'hiver. Le soir, les hannetons volent en si grande quantité, que le bruit de leur vol force d'élever la voix pour causer.

Certains arbres en sont tellement couverts, — ils s'y pendent si pressés en forme de feuillage brun, qu'un homme étranger à la campagne, au lieu de dire : « C'est un prunier, c'est un hêtre, — c'est un chêne, » — dirait : « C'est un hannetonnier. »

Cela me rappelle un pauvre diable que l'on mit une fois en route pour l'Italie. — Après lui avoir persuadé que la végétation était sur cette terre bénie toute différente de ce qu'elle est dans les autres pays, que les arbres y produisent naturellement une foule d'objets qui ne naissent en France qu'à force de travail et de main-d'œuvre : « Tu y verras, lui disait-on, — le saucissonnier, c'est-à-dire l'arbre qui produit des saucissons, — la variété à l'ail est fort rare ; — tu y verras le bretellier, c'est-à-dire l'arbre à bretelles, elles sont mûres vers la fin de septembre, — tu m'en rapporteras une paire ; — mais ne va pas prendre des bretelles sauvages qui ne durent rien. »

— Toujours est-il qu'il en devint fou.

N'ai-je pas quelque part déjà fait cette remarque qu'une branche de commerce s'est perdue en France ?

Je me rappelle avoir vu des enfants déguenillés courir les rues, ayant à la main des hannetons pleins un bas bleu, — et sur l'épaule une branche d'orme femelle, — et ameutant autour d'eux de jeunes chalands empressés au cri de : « V'là d'zhann'-tons, d'zhann'tons pour un yard. »

Cela vient de ce qu'il n'y a plus d'enfants. — A l'âge où on faisait voler des hannetons avec un fil à la patte, au son de cette romance que nous avons peut-être chantée les derniers : « Hanneton, vole, vole, vole ! » à cet âge aujourd'hui — on fume, — on a une canne, — on lit le journal, — on boit de l'eau-de-vie, — et on *demande* au Palais-Royal — les pièces où mademoiselle Déjazet joue les rôles les plus voisins de la nudité absolue.

AUTRES CONSIDÉRATIONS SUR LES HANNETONS. — Il y a quelques années, M. Romieu — préfet de la Dordogne — songea à détruire, du moins en partie, ce terrible coléoptère, — et donna une somme par chaque boisseau de hannetons. — C'était une mesure sage dans l'intérêt de l'agriculture ; car chaque hanneton tué aurait produit plusieurs centaines de *vers blancs* ou *mans*, qui, l'année d'après, métamorphosés en hannetons, auraient donné quelques milliers de vers blancs.

On plaisanta fort M. Romieu à ce sujet, — on en fit plusieurs caricatures — la peinture et la sculpture ont laissé des monuments de la façon dont fut appréciée cette mesure utile.

Et beaucoup de gens — de cette classe si nombreuse — qui aiment trouver de l'esprit tout fait, et qui répètent avec une charmante naïveté ce qu'ils ont entendu donner comme plaisant, — quand même, pour leur part, ils n'y comprennent absolument rien, — beaucoup de ces braves gens, s'ils entendaient nommer M. Romieu, s'écrieraient : « Ah ! oui, Romieu — hannetons — hi, hi, hi, — hé, hé, hé ! » — sans savoir à quel propos le nom de M. Romieu s'est trouvé accolé aux hannetons ; — et leurs auditeurs se mettraient à rire, sans comprendre plus qu'eux, et s'empresseraient à la première occasion de répéter la plaisanterie, qui ne manquerait pas d'avoir encore le même succès.

❦ UNE ILLUSTRATION. — Je trouve dans le *Moniteur* un sujet de se féliciter pour ceux qui aiment la gloire de leur pays : — le roi vient de nommer chevalier de l'ordre royal de la Légion d'honneur — M. Basin de Rocou — *homme de lettres.* Cette distinction nous révèle un écrivain sans contredit supérieur à mon ex-ami M. de Balzac — puisque celui-ci n'est pas encore décoré, sans quoi il faudrait douter de la sagesse du roi en fait de littérature et de décorations. — Je ne sais seulement pas quelle fatalité, humiliante pour moi, je me trouve ne rien connaître absolument de M. Basin de Rocou — si ce n'est qu'il vient d'être nommé par le roi chevalier de l'ordre royal de la Légion d'honneur.

❦ M. DE LAMENNAIS. — J'ai déjà reçu beaucoup d'injures et de menaces à propos de M. de Lamennais. — On sait le cas que je fais des unes et des autres. — Je me permettrai donc encore cette fois de citer ces paroles d'un prêtre chrétien que je trouve dans un nouveau livre de M. de Lamennais.

Après une appréciation dure, — exagérée, ridiculement emphatique des hommes aujourd'hui au pouvoir, — appréciation cependant juste sous quelques rapports, il s'écrie :

« Et le peuple livré à cette race d'hommes, — le peuple qui la souffre, qu'en dire ?

» M. de Bonald parle beaucoup de résistance passive, il ne permet que celle-là. — La résistance passive est la résistance du cou à la hache qui tombe dessus.

» Peut-être l'emploi de la force est-il nécessaire aujourd'hui, car on ne doit pas la laisser à jamais du côté du mal. »

Puis, quand il a jeté ces paroles provocantes, ces paroles d'insurrection, de haine et de sang, — à une époque agitée comme celle-ci, à une époque où tout cela germe si vite et si cruellement dans les cerveaux qui, faisant leur éducation politique dans les estaminets, arrosent chaque pensée de ce genre d'une gorgée de café et d'eau-de-vie, il ajoute avec une hypocrisie jésuitique :

« Mais il faut que ce soit la miséricorde qui tienne l'épée. »

J'ai trouvé dans ce livre, entre autres choses contre lesquelles j'aurais un blâme bien plus sévère encore, si M. de Lamennais, ce prêtre qui n'est ni catholique ni chrétien, n'était pas en prison, — une pensée juste et bien exprimée que voici :

« Il y a des esprits si stériles, qu'il n'y pousse pas même de bêtises ; — il s'y en trouve cependant, mais elles y ont été transplantées. »

En voici une autre assez belle, — si ce n'est qu'elle devient un non-sens, appliquée à l'époque d'aujourd'hui, où il n'y a plus de pouvoir et où le prêtre écrit des livres pareils à ceux de M. de Lamennais :

« L'histoire, qu'est-ce? le long procès-verbal du supplice de l'humanité : — le pouvoir tient la hache, et le prêtre exhorte le patient. »

Disons encore à ce sujet que, s'il est une chose bêtement immorale, — c'est le prestige dont on entoure de ce temps-ci tout homme qui subit les rigueurs de la justice, dès l'instant qu'on peut donner à sa condamnation une couleur quelque peu politique.

On envoie des adresses à M. Lamennais, et M. Lamennais répond : » La prison m'était due pour avoir défendu les cœurs justes. — J'y suis entré avec une grande joie. »

Je lis dans le *Siècle* un éloge funèbre ainsi conçu : « M. Jules Olivier, juge au tribunal de Grenoble, vient de mourir dans un âge peu avancé. M. Jules Olivier avait été tout récemment en butte aux rigueurs du gouvernement. »

On ne se donne même plus la peine d'arguer lesdites rigueurs d'injustice ; — non, il suffit pour la gloire d'un homme qu'il ait été en prison.

Que pensez-vous qu'il arrive de cette glorification de la prison?

STEEPLE-CHASE. — Voici quelques phrases que je copie dans un journal français, relativement à une course faite en France et par des chevaux appartenant à des Français : — « New betting room stakes. — Two years old atakes. — Les sportmen — le stud-book. — Les gentlemen riders turf — sport — STEEPLE-CHASE. »

Tout homme qui a un cheval, un tiers de cheval, — car il y a des gens qui ont un tiers de cheval de course, comme un tiers de charge d'agent de change, — tout homme qui parie, tout homme qui veut faire semblant d'avoir un cheval, tout homme qui veut faire semblant de parier, s'efforce de ne parler qu'anglais. — C'est un ridicule qui passera comme passent les ridicules, — quand il sera détrôné par un autre.

MM. LES DÉPUTÉS. — A propos du baptême du comte de Paris, — déjà flagorné et insulté par les journaux selon leur couleur, — le ministre de l'intérieur a fait frapper des médailles : quelques-unes en or pour la famille royale ; d'autres en argent pour quelques hauts dignitaires. — Celles de MM. les députés étaient en bronze, économie suffisamment expliquée par leur nombre de plus de quatre cent cinquante.

Beaucoup d'entre eux, — considérant que la médaille en argent, qui coûte au ministère vingt-cinq francs, pouvait avoir une valeur intrinsèque d'une dizaine de francs, — se sont agités jusqu'à ce qu'on leur ait donné une médaille d'argent.

Du reste, la session est finie de fait, et MM. les députés assiègent les ministères de demandes de toutes sortes; et on se tromperait fort si on croyait que les députés des oppositions sont les moins âpres à cette curée.

Voici, à ce sujet, une petite anecdote :

M. Dugabé est gendre de madame..., propriétaire de la cité Berryer, passage situé à côté de l'église de la Madeleine. Madame..., pour donner un peu de mouvement à sa cité, a pensé qu'il serait excellent d'y construire un théâtre. — Elle a fait demander le privilége avec beaucoup d'instances par M. Dugabé, se contentant, dit-on, du bénéfice apporté à son quartier, et abandonnant à son gendre le produit du théâtre, qu'on devait louer quinze mille francs. — On assure que M. Berryer en a dit quelques mots, et que l'importance du pétitionnaire avait rendu tout d'abord le ministre très-favorable à la demande ; — mais on a ensuite pensé que, lors de l'ouverture de l'église, le curé ne manquerait pas de trouver inconvenant le voisinage aussi proche d'un théâtre, et que, si on s'avisait alors de supprimer le théâtre, on crierait au jésuitisme, au parti prêtre, etc.; c'est pourquoi on a refusé le privilége, c'est pourquoi — M. Dugabé a prononcé à la Chambre deux discours contre l'administration.

UN MOT DU ROI. — Voici un mot du roi Louis-Philippe, qui est plus juste que constitutionnel : — « MM. les députés sont quatre cent cinquante ; — mais j'ai pour moi l'unité. »

VÉRITABLE HISTOIRE DE L'INFANTE ISABELLE. — *Comme quoi un jeune Polonais est devenu neveu de la reine de France et de la reine Christine.* — On a souvent plaisanté amèrement dans plusieurs journaux légitimistes et républicains sur les difficultés que rencontrait le roi Louis-Philippe pour l'établissement de sa nombreuse famille. Voici cependant une nouvelle alliance qui s'est faite et conclue non-seulement sans qu'il se soit donné pour cela aucune peine, mais encore à peu près malgré lui.

M. le comte ....ski, — j'espère que ces trois lettres sont fort discrètes, attendu qu'elles appartiennent aux deux tiers des Polonais, — était connu dans le monde comme un assez joli homme, élégant et *comme il faut*, et ami de M. le marquis de C\*\*\*. Rien jusque-là n'avait fait présager qu'il dût devenir aussi prochainement neveu de deux reines, d'autant qu'il passait pour avoir peu de penchant au mariage.

L'infante dont on a tant parlé par ces derniers temps — est fille de don François de Paule, infant d'Espagne, domicilié à Paris, hôtel Galiffet ; — et, par suite d'une généalogie aussi longue que celle de la Genèse, nièce de la reine Amélie de France, et de la reine Christine d'Espagne. — Aussitôt l'enlèvement connu, on mit à la poursuite de la princesse le gouverneur des infants, qui rejoignit le couple à Namur, où il trouva l'appui des autorités prévenues par le télégraphe. — On laissa, ou plutôt on fit échapper le comte ...ski ; — et le gouverneur annonça à l'infante qu'il allait la ramener à Paris.

— Monsieur, lui dit-elle avec beaucoup de calme et d'autorité, je ne pense pas que vous ayez l'intention de porter la main sur moi. — Eh bien ! je ne vous suivrai qu'après que vous m'aurez donné votre parole d'honneur de respecter une condition que je mets à mon obéissance.

— Quelle est cette condition, mademoiselle?

— Monsieur, je suis comtesse ....ski ; — ma condition est celle-ci : vous me reconduirez directement chez mon père, — et vous ne me renverrez pas au couvent.

— Je vous le promets.

— C'est bien, partons.

On part, on arrive ; l'infant refuse de recevoir sa fille.

— Que faire? Si vous vouliez retourner au couvent?

— Non, monsieur, je ne retournerai pas au couvent.

— Mais où voulez-vous aller?

— Cela m'est égal, pourvu que ce ne soit pas au couvent.

— Je suis fort inquiet.

— Moi, je suis fort tranquille, j'ai votre parole que vous ne me renverrez pas au couvent.

— Ma foi, je ne vois qu'une chose : c'est de vous conduire au ministère de l'intérieur, puisque c'est du ministère de l'intérieur qu'est venu l'ordre de vous arrêter.

— Comme vous voudrez.

On arrive au ministère de l'intérieur. — M. Duchâtel est à Chantilly — ou ailleurs ; — le sous-secrétaire d'État est également absent ; — il n'y a absolument que M. Mallac, secrétaire particulier de M. Duchâtel. Le gouverneur lui expose son embarras.

M. Mallac n'est pas moins embarrassé.

— Que voulez-vous que je fasse de l'infante? dit-il au gouverneur.

— C'est justement la question que je viens vous faire pour mon compte, répond le gouverneur.

— Il faut que vous retourniez près de don François de Paule.

— Je le veux bien.

M. Mallac fait ouvrir à l'infante les appartements de madame Duchâtel, qui est à la campagne avec son mari, et la confie aux soins de mademoiselle \*\*\*, amie de pension de madame Duchâtel, qui l'a gardée auprès d'elle, se réservant ceux de faire fermer les *portes* et les *fenêtres*. Le gouverneur revient avec un nouveau refus de l'infant.

— Allons, — allons, — dit M. Mallac, il faut la décider à retourner au couvent.

— Mademoiselle, lui dit-il, votre père refuse de vous recevoir ; — dans cette situation, vous n'avez d'autre asile convenable que le couvent.

— Vous vous trompez, monsieur, répondit l'infante avec dignité, j'ai un asile sûr et honorable auprès de mon mari, — M. le comte ....ski.

— Mais, mademoiselle, vous savez bien que votre mariage...

— Monsieur, quelques heures après mon évasion, nous avons trouvé, dans un village, un prêtre qui nous a mariés.

— Ce mariage manque de toutes les formalités, mademoiselle.

— Monsieur, je suis au moins mariée devant Dieu ; — je suis comtesse ....ski, et vous m'obligerez en m'appelant ainsi. — On a beaucoup parlé de mon aventure, n'est-ce pas ?

— Je ne vous cache pas, madame...

— Je le savais, il y a eu du scandale ; j'en suis désolée, mais c'était le seul moyen d'arriver à mon but ; — ma mère savait que j'aimais M. le comte ....ski, — je le dis sans rougir, parce que je suis sa femme maintenant. — C'est pour cela qu'elle m'a mise dans cet affreux couvent, d'où j'ai risqué ma vie pour m'échapper, car j'ai descendu d'une fenêtre de trente pieds de haut avec des draps et des serviettes ; — je n'y retournerai pas, parce que j'y mourrais. — Qu'y a-t-il de nouveau en Espagne, monsieur ?

— Madame, Espartero est régent.

— Cela va désoler ma mère ; elle avait rêvé la régence pour mon père ; — pauvre femme ! elle s'aveuglait, cela lui irait si peu. — Ma tante Amélie a dû être bien fâchée contre moi ?

— On dit qu'elle a été fort triste de ce qui est arrivé.

— J'en suis désolée. Et ma tante Christine ?

— Elle est arrivée à Paris.

— Monsieur, faites-moi, je vous prie, donner un mouchoir.

M. Mallac s'empresse d'obéir à l'infante.

— Savez-vous, monsieur, ce qui m'a trahie et ce qui m'a fait reconnaître ? — rien autre chose que mes maudits cheveux roux ; — si je pouvais au moins en accuser quelque chose de moins laid ; — n'est-ce pas que c'est affreux ?

M. Mallac cita Rubens, qui aimait à donner cette nuance aux cheveux de ses héroïnes, et la plupart des peintres, qui, plus justes appréciateurs de la beauté que le vulgaire, ont pour les cheveux ardents une affection particulière.

Sur ces entrefaites, M. Duchâtel arrive ; — on demande M. Mallac ; — M. Mallac va lui raconter la chose.

— Il faut la décider à retourner au couvent.

— C'est impossible.

— Il faut la renvoyer chez le père.

On envoie encore le précepteur, plus que jamais dans l'embarras.

Il revient avec un nouveau refus de recevoir l'infante, mais avec un consentement formel à son mariage avec le comte ....ski.

— L'infante, à cette nouvelle, saute de joie.

— Je vais donc être rendue à mon mari.—Allons, monsieur, donnez-moi mes passe-ports — et demandez des chevaux.

Mais il n'y a point de passe-ports au ministère de l'intérieur ; on va prendre les ordres du roi ; le roi répond : « Donnez-lui ses passe-ports, — mais je ne veux pas qu'ils partent du ministère de l'intérieur : j'aurais l'air d'avoir donné mon approbation à ce singulier mariage ; envoyez le passe-port chez don François, c'est lui qui le fera donner à sa fille. »

L'infante s'est mise en route.

La reine Amélie a dit, dans sa naïveté de femme simple, honnête et bonne qu'elle est : « Ce qui me console, c'est qu'il y avait deux lits dans la chambre où on les a arrêtés. »

Dans ce roman réel, — si rare dans la vie, où les romans n'ont qu'un premier volume, — ce n'est pas le Polonais qui est mon héros. — Tout mon intérêt se porte sur la jeune femme animée d'une passion si vraie et si profonde, d'une croyance si absolue ; si forte de son amour. — Et je songe avec tristesse que tout cela doit finir par un cruel désillusionnement. — Don François n'est pas riche, et d'ailleurs ne paraît pas disposé à négliger un des plus magnifiques prétextes que puisse trouver un père pour marier sa fille sans dot. On pense que le comte ....ski va aller offrir à Espartero les services du neveu de la reine Christine et de la reine Amélie.

La question adressée à M. Mallac par l'infante d'Espagne me rappelle une mésaventure arrivée à un dramaturge obscur à propos d'une cantatrice de second ordre, qui a les cheveux roux, — mais qui n'en convient pas. — Le pauvre diable avait fait laborieusement un éloge des cheveux roux.

« Apollon, — dit-il dans sa lettre, — avait les cheveux roux comme Jésus-Christ et comme sainte Magdeleine. — La nature avare, qui a caché les pierreries dans le sein de la terre et les perles au fond des mers, a rendu rares les plus belles choses. — La rareté des cheveux roux en signale le mérite. — Il n'y a que deux couleurs de cheveux : — le noir et le roux. — Le blond est au roux ce que le châtain est au noir ; le blond est un roux incomplet et manqué.

» Le roux est de la couleur de l'or et du feu, — de l'or, le plus précieux des métaux ; — du feu, le plus puissant des éléments, » etc., etc.

Il y en avait sept ou huit pages, que je veux bien vous épargner.

La dame répondit : « Il est possible, monsieur, que votre lettre soit spirituelle et qu'elle soit agréable à quelque femme, si vous en connaissez qui ait les cheveux de la couleur que vous préconisez si fort. ✳✳✳ »

« *P. S.* Je ne pourrai me trouver au souper auquel vous m'aviez invitée, — j'ai m'a migraine. »

M. VILLEMAIN. — « Que l'on est donc méchant dans le monde ! disait l'autre jour M. Villemain : voilà déjà que l'on veut nuire à mes pauvres petites filles : on répand le bruit qu'elles me ressemblent. »

MADEMOISELLE FITZJAMES. — Mademoiselle Fitzjames est une danseuse très-maigre, qui a une plus grande influence politique qu'on ne le croit généralement. — L'autre soir, en la voyant danser avec une écharpe de gaze, — quelqu'un a dit : « On dirait une araignée qui danse avec sa toile. »

M. MOLÉ. — Le jour du grand dîner de trois cents couverts donné pour le baptême du comte de Paris, — on a oublié d'inviter M. Molé, — qui a cependant donné à dîner au roi, à Champlâtreux.

**HUMBLES REMONTRANCES A MONSEIGNEUR DE PARIS. —** C'est une bizarre chose aujourd'hui qu'une promenade du roi au travers de ce peuple qui a laissé dire pendant tant de temps à ses poëtes qu'il adorait ses rois. L'art militaire n'a pas d'études, la stratégie n'a pas de secrets qu'on n'emploie pour protéger la rentrée et la sortie de Louis-Philippe ; — les sentinelles avancées, les marches, les contre-marches, toutes les ruses de guerre sont mises en usage pour faire prendre l'air à Sa Majesté. — Je ne sais si Turenne ou Napoléon, s'ils étaient encore de ce monde, deux hommes qui en leur temps passaient pour entendre quelque chose à l'art de la guerre, — j'en parle par ouï-dire, je ne m'y connais pas ; — je ne sais s'ils se chargeraient sur leur tête de faire, sans danger, promener le roi de France pendant une heure au milieu de son peuple. Quand le roi doit sortir, on fait maintenant une haie de soldats du côté opposé à celui qu'il doit prendre, puis on change brusquement de route.

On lit dans les journaux :

« Après la cérémonie, vers midi et demi, au moment du retour, les gardes municipaux et les sergents de ville ont ouvert le passage sur le quai aux Fleurs, le pont au Change et les quais de la rive droite, en forçant la foule à reculer. Le public, pensant alors que le cortége suivait ce chemin, s'est porté de ce côté ; mais alors le cortége a passé devant la Morgue ; il a suivi le quai des Orfévres, le pont Neuf, les quais de la Monnaie et Malaquais, le pont du Carrousel et le quai des Tuileries. A une heure, le roi était rentré au château. »

On a remarqué que la voiture du roi n'était traînée que par deux chevaux.

C'est ce moment que monseigneur l'archevêque de Paris a pris pour prononcer un discours, qui aurait été fort convenable adressé à Louis XIV, mais qui a l'air aujourd'hui d'une sanglante ironie : — « Sire, a dit monseigneur Affre, — *Jésus-Christ, par le premier de ses sacrements, impose le même caractère au descendant des rois et au fils du citoyen le plus obscur.* »

Vraiment, monsieur Affre, — vous n'y pensez pas, — de venir ainsi, comme Bossuet, rappeler les rois au souvenir de la condition humaine, la même pour tous ; — de leur rappeler par des paroles sévères qu'ils ne doivent pas se laisser éblouir par la splendeur de leur rang, ni enivrer par l'encens qu'on leur prodigue ;

De les prier ainsi de se souvenir des autres hommes, et de les vouloir prendre en compassion et en miséricorde.

O saint homme ! qui traversez ainsi la vie, les yeux sur la pointe de vos souliers, sans regarder ni devant vous, ni à droite ni à gauche, — et ne vous apercevant, dans votre pieuse contemplation, de rien de ce qui se passe, de rien de ce qui s'est passé depuis cinquante ans.

Ce n'est plus le temps où les rois étaient adorés, et où La Bruyère lui-même, — ce moraliste frondeur, disait de Louis XIV « Le roi n'a pas dédaigné d'être beau, afin de réunir en lui toutes les perfections. »

Votre discours, monseigneur, ressemble singulièrement à un vieux cantique à la Vierge que chantent encore aujourd'hui les marins de nos côtes de Normandie :

> Quelqu'effort que le *Turc* fasse,
> Nous nous moquerons de lui,
> Et braverons son audace
> Par votre invincible appui.

Vous n'avez donc pas compris, — monseigneur, — cet abaissement où est tombée la royauté aujourd'hui, tel que vous auriez dû retourner vos paroles, — et recommander les rois à la clémence et à la merci des peuples.

Est-il un homme qui chaque jour soit aussi cruellement et aussi impunément insulté que le roi de France? — ne savez-vous pas qu'au moment où vous parliez on jugeait le quatrième assassin du roi? — et l'enfant que vous baptisiez, tandis que quelques journaux le traitaient assez ridiculement de monseigneur, presque tous ne lui donnaient-ils pas déjà aussi comme un baptême de railleries et d'invectives?

Demandez à vos vicaires moins distraits, monseigneur, et ils vous diront que la royauté est aujourd'hui la royauté insultante dont on aggrava le supplice de Jésus-Christ, — une couronne d'épines sur la tête, — un roseau pour sceptre, — et des soufflets sur le visage.

Il faut absolument, monseigneur, faire aujourd'hui soi-même ses discours; — et, quelque beaux que soient les modèles de l'éloquence de la chaire, il les faut abandonner, car ils parlaient de choses qui ne sont plus.

Les temps sont accomplis, — monseigneur; — les opprimés ont escompté les consolations de l'Évangile : *les derniers sont devenus les premiers*, sans attendre pour cela la vie future; — et les *pauvres d'esprit*, auxquels on avait promis le *royaume du ciel*, l'ont vendu — comme Ésaü son droit d'aînesse pour un plat de lentilles, — et se sont emparés des royaumes de la terre, où ils s'en donnent à cœur joie.

LES LIVRES. — La longue plaisanterie du gouvernement représentatif suit toujours son cours. — Les fortifications votées sont en pleine activité. — M. Thiers, qui ne trouvait rien de si facile que de nourrir Paris assiégé avec le double de sa population ordinaire, — devrait bien se charger en ce moment de résoudre une question de quelque gravité, sur laquelle M. de Lespinasse et un ou deux de ses collègues ont essayé inutilement d'attirer l'attention de la Chambre.

## JUIN 1841.

Depuis plusieurs années, la consommation de la viande diminue à Paris dans une proportion d'autant plus remarquable, que la population a, au contraire, considérablement augmenté. — La viande est arrivée à un prix tellement exorbitant, que les ouvriers qui, plus que personne, auraient besoin d'une nourriture forte et substantielle, — sont obligés de s'en abstenir presque entièrement, et qu'il a été découvert qu'il se mangeait à Paris une horrible quantité de viande de cheval.

Je suis peu indulgent pour les prétentions sottement encouragées par une partie de la presse, — qui pousse les ouvriers à demander des droits politiques ou d'injustes augmentations de salaires : — mais j'ai toujours élevé la voix plus haut qu'aucun de ces estimables carrés de papier — quand il s'est agi de souffrances réelles.

※ Sous prétexte d'encourager et de soutenir l'agriculture en France, — on grève de droits si énormes les blés et les bestiaux étrangers, — qu'il n'y en peut entrer, parce que, dit-on, les éleveurs et les cultivateurs français ne pourraient soutenir la concurrence. — J'ai entendu M. Bugeaud, agriculteur distingué, dire à la Chambre des députés : « J'aimerais mieux voir entrer en France une armée de Cosaques qu'un troupeau de bœufs étrangers. » — Et personne n'a dit à M. Bugeaud : — « Parce que c'est à la fois pour vous un métier profitable, et d'aller vous battre contre les Cosaques, et de vendre cher les bœufs de vos prairies de la Dordogne ! »

※ Je comprendrais, — à la rigueur, — s'il s'agissait de quelque industrie dans l'enfance, que l'on voudrait acclimater dans le pays, que l'on pût, *pendant un nombre d'années limité*, protéger les efforts encore incertains de cette industrie, jusqu'à ce que nos compatriotes eussent acquis l'expérience et l'habileté nécessaires pour produire avec les mêmes avantages que les étrangers. — Mais, le temps fixé écoulé, il faudrait dire aux gens : — « Le pays ne peut pas prolonger davantage ses sacrifices ; — si vous n'êtes pas arrivés au même degré que vos concurrents de l'étranger, tant pis pour vous : — c'est que vous avez manqué d'intelligence ou d'activité, — ou que le pays manque des éléments nécessaires. »

Mais l'agriculture n'est pas, que je sache, une invention nouvelle, — pas plus que la viande n'est une nourriture récemment découverte.

Si nos éleveurs ne peuvent donner leurs produits au même prix que les étrangers, — on ne peut sacrifier, non pas seulement les intérêts, mais la santé de toute la classe ouvrière et de toute la classe pauvre, aux intérêts des éleveurs.

Cette protection, qui consiste à payer plus cher les produits du pays qu'on ne payerait ceux de l'étranger, et à ne pas profiter de ceux-ci, — n'a de prétexte qu'autant que cela ne durerait que pendant un temps limité, — et que cela aurait pour but d'arriver à pouvoir donner les produits indigènes à un prix inférieur à celui des produits exotiques ; — car, si le prix n'était qu'égal, on serait en perte de tout ce qu'on aurait payé de trop pendant tout le temps de l'apprentissage de l'industrie protégée.

Et peut-être, dans ce cas-là, — serait-il plus sage et plus honnête de donner aux éleveurs des encouragements en argent pris sur d'autres impôts, pour compenser la perte momentanée qu'ils éprouveraient en donnant leurs produits aux mêmes prix que ceux des étrangers.

Mais quand cette situation devient permanente ; quand il faut payer dix sous de plus par livre la gloire de manger le bœuf de sa patrie, au lieu de manger le bœuf de l'étranger ; — quand, surtout, plusieurs générations d'ouvriers et de pauvres doivent ne pas manger de viande, s'étioler et souffrir, et n'avoir pour consolation que la pensée que leurs compatriotes plus riches mangent de la viande française, — je trouve cela un fricot médiocre, et je ne puis m'empêcher de dire que ce système de protection est une monstrueuse sottise et une niaiserie infâme.

Mais les choses seront ainsi, ou pis encore, tant qu'on n'aura pas compris que les impôts devraient peser, non pas sur les choses de première nécessité, mais sur tous les luxes, quels qu'ils soient ; — que le pain, — la viande, — les vins du peuple, devraient en être exempts, — et qu'on devrait en grever les vins fins, — les voitures, — les chevaux de luxe, — que ce serait un impôt raisonnable que celui qui s'établirait sur les gants, sur certaines étoffes, — sur les chapeaux, etc.

Je sais qu'il y a eu autrefois en Angleterre, — et je ne sais si cela existe encore, — un impôt sur la poudre à poudrer, qui était d'un assez grand produit, parce qu'on tirait à vanité de faire poudrer les domestiques.

Une loi qui établirait qu'on peut porter gratuitement une veste, — mais que, si on y ajoute derrière deux pans pour en faire un habit, on sera soumis à un impôt de tant par année, — suffirait pour remplir les coffres de l'État.

Et au moins une partie du peuple cesserait de payer sa part d'impôts en abstinence, en jeûne et en maigreur.

Cette question, la plus grave, sans contredit, de la session, — n'a pas obtenu un quart d'heure d'attention ; — le ministère a dit : « Nous verrons plus tard, »—et tout a été fini.

Il n'y a de questions réellement graves à la Chambre que celles qui peuvent ramener ou renverser un ministère.

Mais nos représentants ne sont occupés en ce moment que de retourner dans leurs foyers, suffisamment munis des bureaux de tabac, — des ponts, — des routes, — des bourses dans les colléges, — des priviléges de toutes sortes que leurs électeurs leur ont fait promettre pour prix de leur voix, — et tout en leur recommandant l'indépendance et l'incorruptibilité.

Et la question si importante de la subsistance est ajournée ; — tout ce que MM. les députés vont faire pour le peuple en cette occurrence — sera de bien boire et de bien manger dans divers gueuletons dits patriotiques, et de porter des toasts à son affranchissement et à l'extension de nos droits politiques.

— Je voudrais bien qu'on y comprît le droit de manger — autrement que par représentants.

LES JOURNAUX. — M. Duchâtel a dit à la Chambre : — « Tout le monde convient que le gouvernement a besoin d'un journal. »

Je suis, à ce sujet, parfaitement de l'avis de M. Duchâtel; seulement, je crains bien que nous n'entendions pas ce besoin tout à fait de la même manière.

Outre la faveur qui s'attache en France à tout ce qui est contre le pouvoir, — outre l'esprit fanfaron du plus grand nombre des gens qui se croient braves et audacieux de lire sans danger, au coin du feu, un journal qui attaque le gouvernement, — la presse systématiquement opposante et dissolvante se répand sous toutes les formes, se glisse dans les masses par le bon marché.

Pendant ce temps, le gouvernement actuel, inventé par le journalisme et perpétuellement menacé dans son existence par celui qui l'a créé, — sent le besoin d'avoir *un* journal; — il en a trois : — le *Moniteur*, — le *Journal des Débats* et le *Messager*. — L'un des trois est le plus cher et le moins répandu de tous les journaux; — les deux autres sont entre les plus chers après lui et les moins répandus.

Ces trois journaux ne sont lus que par des gens qui, par leurs idées, leur position et leurs intérêts, appartiennent au gouvernement. — Ils ne parlent qu'à des gens d'avance convaincus; — ils y lisent les réponses à des attaques contre le gouvernement, qu'ils n'avaient pas lues et qu'ils apprennent par là; — tandis que ceux qui ont lu ces attaques dans les journaux de l'opposition ne lisent jamais une ligne des journaux du gouvernement.

Cela fait un jeu peu divertissant et ressemblant beaucoup à ce qui arrive aux gens qui mangent de ces bonbons appelés *demandes et réponses*, — que l'on vend au poids et au hasard, —

de telle sorte qu'une personne a quelquefois toutes les *demandes*, et que c'est une autre qui a toutes les *réponses*.

Certes, le gouvernement, au lieu de payer clandestinement certaines plumes et certains journaux plus ou moins indépendants, pourrait avoir un journal à lui, un journal le plus riche, le plus répandu, le plus recherché de tous, avec les sommes qu'il jette honteusement dans la presse. — On a vu le succès de la presse à bon marché : les journaux à quarante francs se partagent plus d'un million de lecteurs. Pourquoi le journal du gouvernement n'est-il pas à vingt francs? — pourquoi n'attache-t-on pas par des liens avoués et honorables à sa rédaction les écrivains les plus habiles et les plus aimés du public?

Tout cela serait facile, — mais *quos vult perdere Jupiter dementat.*

Ainsi, dans l'affaire des lettres attribuées au roi — tous les journaux en ont produit des extraits ; — des brochures de toutes sortes ont circulé en grand nombre dans les départements; — la défense du roi a été mise — dans un des deux journaux que personne ne lit.

A la Chambre, on avait annoncé que M. Guizot parlerait des fameuses lettres ; — il a parlé à côté.

Le bon M. Auguis — a principalement séduit ses électeurs par la simplicité qui préside habituellement à sa toilette — et ils l'envoient à la Chambre pour appliquer au gouvernement de la France l'économie qu'il apporte dans son extérieur. La session presque finie, il a cru devoir faire son examen de conscience et s'est demandé à lui-même contre quel luxe abusif il s'était élevé; — il a alors songé à son embarras quand ses électeurs, à l'époque des gueuletons représentatifs, l'appelleraient comme Dieu appela Adam après sa faute, — Adam, *ubi es?* — et lui demanderaient compte des économies qu'ils l'ont envoyé faire à la Chambre basse.

Il a vu avec terreur qu'il avait laissé passer les meilleures occasions ; et cependant, décidé à demander une économie sur n'importe quoi, il est monté à la tribune et a déclaré à la face de la France que les animaux du Jardin des Plantes mangeaient trop.

Il a demandé positivement qu'on les fît empailler, par économie, — attendu que c'est une dépense une fois faite. Dans sa farouche indépendance, M. Auguis a déjà bien des fois attaqué l'existence d'autres hôtes du Jardin des Plantes, et on n'a pas oublié ses violentes philippiques contre les singes et contre leur *palais*.

Voici le dénombrement des partis qui existent en Espagne : parti libéral, — parti carliste, — parti exalté, — modéré, — progressiste, — rétrograde, — monarchiste, — républicain, — catholique, — fanatique, — sanguinaire, — constitutionnel soi-disant, — unitaire, — trinitaire, — chaussé, — déchaussé — absolutiste illustré, — absolutiste ténébreux, — etc.

Il faut y joindre encore le parti des apothicaires ; car, dans la Chambre des députés de Madrid, sur deux cent quarante membres, on compte quatorze pharmaciens.

Je suppose que vous avez un frère illustre par ses vertus, par ses talents, ou sans qu'on sache pourquoi. — Comme beaucoup d'autres, — ce frère s'appelle François Tartempiou. Vous vous nommez Alfred ou Edgard Tartempiou.

Vous vous présentez ou l'on vous présente dans une maison.

On annonce M. Tartempiou. A ce nom européen de Tartempiou, tout le monde se retourne ; — le quadrille commencé s'arrête ; un beau danseur manque son *cavalier seul*. — On murmure le nom de Tartempiou. « Ah ! Tartempiou vient ici ? » Les femmes jettent un regard de côté dans une glace.

Mais un monsieur dit :

— Ce n'est pas là Tartempiou. Je le connais beaucoup. — J'ai dîné avec lui avant-hier. — On a cependant annoncé M. Tartempiou.

— Oui, mais c'est son frère!

— Ah! ce n'est que son frère?

— Ce n'est rien, c'est son frère.

— Et tout le monde est déjà mal disposé pour vous. — Il semble que vous les avez attrapés. — Ils vous siffleraient volontiers.

Le *public* est irrité comme celui d'un théâtre de province sur les portes duquel on avait affiché : « La *Dame blanche*, opéra en trois actes; paroles de M. Scribe, musique de Boieldieu. »

On entre en foule. On lève le rideau. Un acteur s'avance et dit : « Que les cors se fassent entendre! Chez les montagnards écossais on donne volontiers l'hospitalité. »

Un peu après, un autre personnage dit : « C'est réellement un état fort agréable que l'état militaire. »

— Ah ça! dit un spectateur qui avait entendu la pièce à Paris, il y avait des couplets : « Ah! quel plaisir! ah! quel plaisir d'être soldat! »

La remarque circule; on siffle, on crie, on hurle, on demande le régisseur. Le régisseur s'avance, fait ses trois saluts et dit :

— Que veulent ces messieurs?

— La musique!

— Pardon, vous n'avez pas lu l'affiche; elle porte ceci, en caractères un peu fins, il est vrai : « Un dialogue vif et spirituel remplacera la musique, qui nuit à l'action. »

Le public du salon où vous entrez est trompé : il croyait avoir un personnage illustre, et ce n'est que son nom, ce n'est que vous.

Un peu décontenancé d'abord, vous vous remettez cependant bientôt; vous invitez une femme à danser, vous dansez de votre mieux; elle vous dit :

— Votre frère ne danse pas, n'est-ce pas?

— Non, madame.

— J'en étais sûre : les hommes supérieurs n'aiment pas la danse.

La contrariété vous anime, vous êtes plus spirituel que d'ordinaire, vous trouvez des mots heureux, vous les dites sans en trop rire vous-même : vous croyez vous être réhabilité. — La maîtresse de la maison vous dit :

— Ah! monsieur; monsieur votre frère a bien de l'esprit. Il n'a donc pas pu venir?

— Non, madame.

— Je comprends, — ses moments sont précieux; il n'a pas voulu venir s'ennuyer ici.

— Eh bien! et moi, — pensez-vous, — et mes moments donc : ils ne sont donc pas précieux? — Ce qui ennuierait mon frère est donc trop bon pour moi?

Vous prenez un fiacre, le cocher vous rançonne.

Vous raisonnez, il vous bat; vous prenez son numéro, le citez chez un commissaire; — le commissaire demande le nom du plaignant.

— Tartempiou.

Le commissaire sourit et s'incline.

— Ah! ah! le grand Tartempiou! — donnez-vous la p....
Il avance un siége.

— Non, monsieur; son frère.

— Ah! très-bien!

Et il retire son siége. Le cocher réclame cinq francs.

— Monsieur, je ne serais pas venu ici pour cinq francs; mais il faut cependant punir ces gens-là; c'est cinq francs qu'il veut me voler.

— Ah! monsieur, dit le commissaire, pour cinq francs, vous ne voudrez pas compromettre le beau nom que vous portez; donnez, donnez cinq francs, et n'en parlons plus.

Un matin, votre frère daigne arriver chez vous.

— Ah! te voilà!

— Oui, monsieur.
— Oh! monsieur...qu'est-ce qu'il y a?
— Il y a que vous me déshonorez.
— Moi!
— Oui...vous avez accompagné au théâtre une femme...
— Parbleu, oui; c'est ma maîtresse.
— On vous a vu.
— Je ne me cachais pas; elle est charmante.
— On a dit et répété votre nom, mon nom.
— Ah!
— Croyez-vous que cela me soit agréable?
— Mais, mon frère, cela me l'est beaucoup à moi.
— Ne plaisantons pas. Quand on est porteur d'un nom honorable, il faut l'honorer; il ne faut plus qu'on vous voie avec cette femme.
— Tu es fou! c'est ma maîtresse; elle est jolie; je l'aime.
— Alors vous m'obligerez de ne plus venir chez moi.

Un autre jour, votre frère revient.

— Eh bien! j'en apprends de belles. Vous allez prendre une boutique?
— Ma foi, mon frère, c'est ma seule ressource : la famille a tout dépensé pour toi, personne ne m'a aidé, je veux essayer de l'industrie.
— Fi!
— Fi plutôt de la misère et de la faim! Si tu veux me donner de l'argent, je ne me ferai pas boutiquier.
— Je n'en ai pas.
— Alors laisse-moi en gagner, — ou plutôt aide-moi; — si tu veux, en me recommandant à M...., tu peux faire presque ma fortune.
— Du tout, je n'avouerai pas que j'ai un frère qui porte mon nom, un frère boutiquier, fi!

Ce nom, ce terrible nom, — illustré quelquefois par un

faquin adroit et intrigant, — c'est pour vous la robe de Nessus; — ou plutôt c'est comme un habit qu'un ami vous aurait prêté; — l'ami est derrière vous qui vous dit à chaque instant :

« Prends garde, tu vas verser du punch *sur ton habit.*

» Ne lève donc pas les bras comme cela, — tu vas faire craquer les entournures de l'*habit.*

» Je t'avais dit de ne pas le boutonner, — tu vas déformer mon habit.

» Ne mets donc pas la main dedans pour te poser à la Chateaubriand, — tu vas m'arracher un bouton.

» N'oublie pas de prendre une voiture, — il pleut, tu gâterais mon habit. »

Vous finissez par dire à l'ami : « Eh bien ! reprends ton habit. »

De même, un matin, vous dites à votre illustre frère — « O mon illustre frère! tu m'ennuies considérablement avec ton nom de Tartempiou ; tu seras désormais le seul Tartempiou, tu porteras uniquement ce nom devenu trop grand et trop lourd pour moi : je ne m'appelle plus Tartempiou, je puis faire ce que je veux. — Je m'appelle Tartempioux ; l'$x$ me rend la liberté et mon bonheur, et de nous sortiront deux races distinctes : les Tartempiou dont tu seras l'origine, et les Tartempioux dont je serai la souche ; et si, dans cinq mille ans d'ici, ces deux races, devenues ennemies, s'entre-déchirent ; si nos neveux, oubliant qu'ils sont cousins, s'avisent de se manger à des sauces variées, sur toi seul en retombera le crime. *Vade retro,* Tartempiou! Tartempioux n'a plus rien de commun avec toi.

Un égoïste de nos amis, — qui se croit à la fois le centre, le but et la cause de tout ce qui est et de tout ce qui arrive, disait avant-hier :

— Il n'y a qu'à moi qu'il arrive de ces choses-là !

— Qu'avez-vous donc ?

— Vous voyez bien, il pleut.

🐜 Dernièrement le danseur Barré a été mandé au couvent des Augustins, où il a été introduit chez la supérieure, où il a appris pourquoi on le faisait venir.

On venait de renvoyer le maître de danse de la maison, — parce qu'il n'avait pas su montrer aux jeunes élèves, — demoiselles comme il faut, — la danse à la mode aujourd'hui parmi les femmes élégantes, — le *cancan*; — et on priait Barré de vouloir bien le remplacer.

Il faut avouer qu'aujourd'hui l'éducation des femmes est étrangement perfectionnée, et que les femmes savantes de Molière auraient beaucoup à apprendre auprès des petites pensionnaires d'aujourd'hui.

🐜 Depuis que le roi Louis-Philippe a obtenu ses fortifications tant désirées, — il ne prend plus aucune part aux affaires et ne s'occupe de rien : il est comme un académicien qui a enfin attrapé son fauteuil et qui s'y repose.

🐜 Aux fêtes de Chantilly, les légitimistes ont pris parti avec fureur contre les chevaux du duc d'Orléans engagés sous le nom de M. de Cambis; — ils applaudissaient avec frénésie quand le prix était gagné par un cheval de lord Seymour — ou de tout autre, — et restaient tristement silencieux quand le vainqueur appartenait au prince royal.

🐜 La lutte établie contre les fêtes de Chantilly par le parti légitimiste n'a pas été heureuse. — Le soin de paraître s'amuser plus que les invités du château a beaucoup nui au plaisir qu'on a éprouvé réellement.

🐜 On a répandu le bruit que les fêtes de M. Thorn sont le résultat d'une souscription mystérieuse du faubourg Saint-Germain, qui se cotise pour avoir une sorte de club dansant. — C'est fort bête, mais cela fâche beaucoup M. Thorn.

🐜 On rencontre souvent par les rues — un dragon ou un cuirassier au grand trot. — Les fers de son cheval font jaillir du pavé des milliers d'étincelles. — Son sabre résonne dans le fourreau. — On se range en toute hâte sur son passage. — Les mères se serrent contre les murailles avec leurs enfants.

Où vas-tu, guerrier? — Où s'arrêtera ton coursier écumant? Vas-tu sur un champ de bataille, rejoindre ton drapeau, — donner ou recevoir la mort?

Ou, simple messager, apportes-tu la nouvelle d'une victoire ou d'une défaite? — Demain les cloches des églises appelleront-elles les hommes pieux et les hommes curieux à un *De profundis* ou à un *Te Deum*?

Quelque malheur public va-t-il réjouir les employés, les ouvriers et les lycéens, en fermant les bureaux, les ateliers et les classes pour vingt-quatre heures? — En te voyant passer si rapidement on s'interroge, et plus d'une portière songe à retirer son argent de la caisse d'épargne.

Où vas-tu, guerrier, et d'où viens-tu?

Es-tu un messager de crainte ou d'espérance, de joie ou de deuil?

Non, le guerrier est une estafette envoyée du ministère des finances à la rue de la Tour-d'Auvergne, par mon ami***, employé audit établissement, pour me demander s'il n'aurait pas par hasard laissé chez moi un parapluie vert.

Darmès, — qui a tiré sur le roi, vient d'être, par la Cour des pairs, condamné à la peine des parricides, — c'est-à-dire à être conduit sur le lieu du supplice et à avoir le poing coupé, puis la tête tranchée.

MM. les pairs ont, en cette circonstance, un peu agi comme les architectes qui, sachant qu'on leur diminuera un quart ou un cinquième en réglant leur mémoire, mettent sur ledit mémoire un cinquième ou un quart de plus qu'ils ne veulent avoir.

Darmès a été exécuté deux jours après son jugement.

Le roi a, dit-on, fait grâce des accessoires, c'est-à-dire de la chemise blanche et du poing.

## JUIN 1841.

**UN VOISIN DE CAMPAGNE.** — Le roi Louis-Philippe avait près de Neuilly un voisin fort incommode. C'était un citoyen ennemi des rois en général, et du roi de Juillet en particulier, — qui offrait à la patrie toutes les tribulations qu'il trouvait moyen de faire subir au malheureux monarque.

Sa propriété, contiguë à celle du roi, consistait en un petit terrain, sur lequel il se plaisait à rassembler tous les chiens morts repêchés dans la rivière, et en général tout ce qui pouvait offenser l'odorat. — Le roi s'en plaignit à M. de Montalivet, qui prit sur lui de délivrer le parc de Neuilly de cet inconvénient ; — il alla trouver le voisin, et lui demanda s'il voudrait vendre son petit terrain.

— Non, répondit le voisin.

— Parce que ?

— Parce que j'aime mieux le garder.

— Mais si on vous en offrait un bon prix ?

— Je ne le donnerais pas.

— Le double, le triple de sa valeur ?

— Nullement.

M. de Montalivet revint tristement rendre compte au roi du mauvais succès de sa démarche. — Le roi n'osait employer contre son voisin les moyens judiciaires qui eussent servi au dernier de ses sujets. — Il fit venir M. Legrand, directeur des ponts et chaussées, et lui fit part de son embarras. — M. Legrand y rêva un peu et trouva le projet d'une route royale que l'on fit passer au milieu du carré de terre du voisin, que l'on *expropria pour cause d'utilité publique*, — ce qui força le roi d'abandonner, de son côté, à la route, un petit coin de terre.

On lisait, ces jours derniers, dans le *National*, dans le *Journal du Peuple*, etc., etc., un article ainsi conçu :

« Avant nous, M. Alphonse Karr, *ami du château*, qui fait appeler par le roi *des choses assez singulières* les choses contenues dans les lettres de 1808 et 1809, avait inséré dans ses

*Guêpes* que « si le roi avait écrit les lettres qu'on lui impute, il
» n'aurait plus qu'à s'en aller. »

Il a paru à quelques personnes assez bizarre que ces estimables carrés de papier prissent précisément, pour m'intituler *ami du château*, le moment où, selon eux, — je les ai *prévenus*, eux, qui sont les *ennemis du château*, dans leur appréciation des lettres attribuées au roi.

Cela me rappelle une mésaventure arrivée, en une autre circonstance, à un autre carré de papier appelé le *Pilote du Calvados* ; — ledit carré de papier s'était donné plusieurs fois la distraction innocente de me dénoncer comme *vendu au pouvoir*, — ce qui avait fait rire assez fort les gens qui avaient l'extrême bonté de nous lire tous les deux.

Un jour, je ne sais comment il se fit que le carré de papier en question imagina de transcrire dans ses colonnes un article que j'avais fait pour blâmer avec quelque sévérité une mesure du gouvernement. Mon carré de papier du Calvados est saisi à la requête du procureur du roi du département, — moins indulgent que celui du parquet de Paris, — et on lui fait tranquillement un bon petit procès par suite duquel il est condamné à une bonne petite amende et à trois bons petits mois de prison.

La probité, l'impartialité et l'indépendance sont donc des choses bien étranges en ce temps-ci, qu'on n'y croie pas, même en les voyant, — et que leur apparition soit passée à l'état de miracles contestés par les esprits forts !

Faut-il donc que je fasse remarquer aujourd'hui à mes lecteurs, après bientôt deux ans que je cause avec eux, que je dis à chacun son fait dans l'occasion, — que je n'appartiens à aucun parti ni à aucune coterie, — que je ne suis ami que du juste, du vrai, de l'honnête et du grand, — que je ne suis l'ennemi que de l'injustice, de l'hypocrisie, de l'absurdité, de la sottise et des platitudes.

Je n'ai gagné guère à cela que d'être fort mal vu de tous les partis et de toutes les coteries, — de n'avoir l'appui de personne et de combattre seul dans la mêlée.

Je suis bien heureux, vraiment, de mon indifférence pour les clapotements que font dans les coins obscurs quelques langues contre quelques palais. — Voici, maintenant, qu'on dit et qu'on imprime que j'ai amassé des sommes énormes, que j'ai acheté un château, et que je cesse de publier les *Guêpes*.

D'ordinaire, je demeure assez sur les chemins, n'ayant pas grand'chose à faire à Paris, que je n'aime guère. — Avant cette invention, chaque fois que je quittais Paris, on racontait que j'étais en prison pour dettes. — En vain, quelque ami disait : — « Mais il est à Étretat, je l'ai mis en voiture. — Bah ! répondait-on, vous ne nous en ferez pas accroire, on sait où il est.

— Mais voilà une lettre que je reçois de lui avec le timbre de Montivilliers, qui est le bureau de poste d'Étretat.

— Allons donc, on connaît ces ruses-là.

— Mais il revient demain.

— Tarare ! »

Cette fois, tout cela est changé. — Quand je m'absente, c'est pour aller acheter un château ou une terre. — Je joue le rôle du marquis de Carabas, — et j'éblouis les gens par une fortune scandaleuse.

Tout ceci n'empêchera pas les *Guêpes* de continuer à prendre leur vol chaque mois, qu'elles sortent des roses de mon jardin de la rue de la Tour-d'Auvergne, ou des joncs qui couvrent d'un tapis d'or les côtes d'Étretat et de Sainte-Adresse.

**FIN DU DEUXIÈME VOLUME.**

# TABLE DES MATIERES

## 1840

AOUT. — Les tailleurs abandonnent Paris. — Les feuilles de vigne. — Une fourmi aux guêpes. — On prend l'auteur en flagrant délit d'ignorance. — Il se défend assez mal. — M. Orfila. — Les banquets. — M. Desmortiers. — M. Plougoulm. — Situation impossible du gouvernement de Juillet. — Le peuple veut se représenter lui-même. — M. de Rémusat. — Danton. — Les cordonniers. — Les boulangers. — M. Arnal. — M. Bouffé. — M. Rubini. — M. Samson. — M. Simon. — M. Alcide Tousez. — M. Mathieu de la Redorte et le coiffeur Armand. — La presse vertueuse et la presse corrompue. — M. Thiers. — Le duc d'Orléans. — M. E. Leroy. — Le cheval de Tata. — Un bourreau. — M. Baudin. — M. Mackau. — Le Mapah. — M. V. Hugo. — M. Jules Sandeau. — Les bains de Dieppe. — Mme *** et la douane. — M. Coraly prévu par Racine. — M. Conte. — M. Cousin et M. Molé. — Une fournée. — Mademoiselle Taglioni et M. V. de Lapelouze. — Coups de bourse. — M. de Pontois. — Plusieurs noms barbares. — M. de Woulvère. — M. de Ségur. — Naïveté des journaux ministériels. — Un ministère vertueux et parlementaire. — Chagrins d'icelui. — M. Chambolle s'en va-t-en guerre. — MM. Jay et de Lapelouze le suivent. — Situation. — *Am Rauchen.* . . . . . . . . . . . . . . . . . . . 1

# TABLE DES MATIÈRES.

SEPTEMBRE.—Prohibition de l'amour.—Le pain et les boulangers.—Injustices de la justice.— La paix et la guerre.— La feuille de chou de M. Villemain.— Le roi sans-culotte.— M. Cousin.— M. de Sainte-Beuve.— La pauvreté est le plus grand des crimes.— Les circonstances atténuantes et le jury. — La morale du théâtre. — M. Scribe. — La distribution des prix à la Sorbonne. — L'éducation en France. — Naïvetés de M. Cousin.— M. Aug. Nisard. — Ce que M. Thiers laisse au roi. — M. Hugo. — Monseigneur Affre. — M. Roosman. — M. Gerain. — Les voleurs avec ou sans effraction. — Le roi et les douaniers. — Un chiffre à deux fins. — Comme quoi c'est une dot d'être le gendre d'un homme vertueux. — M. Renauld de Barbarin, — M. Gisquet et ses Mémoires. — M. de Montalivet. — M. de Lamartine. — M. Étienne. — La Bourse. — M. Dosne. — M. Thiers. — La vérité sur la Bourse. — Une petite querelle aux femmes. — Un malheur arrivé à M. Chambolle. — Aphorisme. —Coquetterie des *Débats*.— Mot de M. Thiers.—La curée au chenil. 28

OCTOBRE.—Mort de Samson.—M. Joubert.—M. Gannal veut *empailler* les *cendres* de l'empereur. — M. Ganneron économise une croix. — Une belle action. — Une vieille flatterie. — M. de Balzac et M. Roger de Beauvoir. —Madame Decaze au Luxembourg. — Contre les voyages. — Une guêpe exécutée au Jockey-Club. — Un mot de mademoiselle ***. — Les ouvriers, le gouvernement et les journaux. — A propos de l'Académie française. — M. Cousin. — M. Révoil.—Notes de quelques inspecteurs généraux sur quelques officiers. — M. Desmortiers placé sous la surveillance de Grimalkin.— Attentat contre le papier blanc. — M. Michel (de Bourges). — M. Thiers. — M. Arago. — M. Chambolle. — M. de Rémusat. — Question d'Orient. — De l'homme considéré comme engrais. — M. Delessert. — M. Méry. — Lettres anonymes. — On découvre que l'auteur des *Guêpes* est vendu à M. Thiers. — L'auteur en prison. — M. Richard. — Avis aux prisonniers. — M. Jacqueminot. — Aux amoureux de madame Laffarge. — Les jurés limousins. — M. Orfila. — M. Raspail. — Le petit Martin et M. Martinet. — On abuse de Napoléon. — Idée singulière d'un *Sportman*. . . . . . . . . . . . 48

NOVEMBRE. — Les *Guêpes*. — Un tombeau. — La justice. — Ugolin, Agamemnon, Jephté et M. Alphonse Karr. — Le nouveau ministère. — M. Soult.—M. Martin (du Nord).— M. Guizot. — M. Duchâtel.—M. Cunin-Gridaine — M. Teste. — M. Villemain. — M. Duperré. — M. Humann.—L'auteur se livre à un légitime sentiment d'orgueil. — Départ de M. Thiers. — Madame Dosne. — M. Dosne. — M. Roussin. —M. de Cubières, — M. Pelet (de la Lozère). — M. Vivien. — Lettres de grâce. — M. Marrast. — M. Buloz. — M. de Rambuteau. — M. de Bondy. — M. Jaubert. — M. Lavenay. — M. de Rémusat. — M. Delavergne. — Le sergent de ville Petit. — Le garde municipal Lafontaine. —Darmès. — Mademoiselle Albertine et Fénélon. — M. Célestin Nan-

# TABLE DES MATIÈRES.

teuil. — M. Giraud. — M. Gouin et les falaises du Havre. — M. de Mornay. — La prison de Chartres. — Nouvel usage du poivre. — La *Marseillaise*. — La guerre. — Un réfractaire. — M. Chalander. — Les soldats de plomb. — Un bal au profit des pauvres. — Les fortifications de Paris. — Les pistolets du grand homme. — M. Mathieu de la Redorte. — M. Boilay. — M. et madame Jacques Coste. — M. et madame Léon Faucher. — M. et madame Léon Pillet. — Madame la comtesse de Flahaut. — Madame la comtesse d'Argout. — On continue à demander ce qu'est devenue la fameuse enquête sur les affaires de la Bourse. — M. Dosne se livre à de nouveaux exercices. — M. de Balzac. — Une gageure proposée au préfet de police. — M. Berlioz. — M. Barbier. — M. L. de Vailly. — M. de Vigny. — M. Armand Bertin. — M. Habeneck. — Le *Journal des Débats* porte bonheur. — Richesses des pauvres. — Subvention que je reçois. — On demande l'adresse des oreilles de M. E. Bouchereau . . . . . . . . . . . . . . . . 79

DÉCEMBRE. — Rançon et retour des *Guêpes*. — Le cheval Ibrahim. — Un mot de M. Vivien. — Mot de M. Pelet (de la Lozère). — M. Griel. — M. Dosne considéré comme péripatéticien. — La mare d'Auteuil. — Comment se fait le discours du roi. — Un mot de M. Énouf. — Les échecs. — Un mot de M. Lherbette. — M. Barrot. — M. Guizot. — M. de Rémusat. — M. Jaubert. — Les vaudevilles de M. Duvergier de Hauranne. — Deux lanternes. — Le roi et M. de Cormenin. — Naissance du duc de Chartres. — M. de Chateaubriand. — La reine Christine. — Le général d'Houdetot. — Bureau de l'esprit public. — M. Malacq et mademoiselle Rachel. — M. Lerminier et M. Villemain. — Une guêpe de la Malouine. — M. A. Dumas. — Forts non détachés. — Mot de M. Barrot revendiqué par les *Guêpes*. — M. Cochelet. — M. Drovetti. — M. Marochetti. — Une messe d'occasion. — *Obolum Belisario*. — MM. Hugo, — de Saint-Aulaire, — Berryer, — Casimir Bonjour. — M. Legrand (de l'Oise). — M. Jourdan. — Un logogriphe de M. Delessert. — Dénonciation contre les conservateurs du musée. — M. Ganneron mécontent. — M. E. Sue et monseigneur Affre. — Les fourreurs de Paris et les marchands de rubans de Saint Étienne. — M. Bouchereau paraît. — Les inondations. — Le maire de Saint-Christophe . . . . . . . . . . 109

## 1841

JANVIER. — Sur Paris. — La neige et le préfet de police. — Il manque **vingt**-neuf mille deux cent cinquante tombereaux. — Deux classes de portiers. — Le timbre et les *Guêpes*. — Le gouvernement sauvé par lesdits insectes. — M. Thiers et M. Humann. — M. le directeur du Timor. — Une question des fortifications. — Saint-Simon et M. Thiers. — Vauban, Napoléon et Louis XIV. — Les forts détachés et l'enceinte continue. — Retour de l'empereur. — Le ver du tombeau et les vers de M. Delavigne. — Indépendance du *Constitutionnel*. — Un écheveau de fil en fureur. — Napoléon à la pompe à feu. — Le maréchal Soult. — M. Guizot. — M. Villemain. — La gloire. — Les hommes sérieux. — M. de Montholon. — Le prince de Joinville et lady ***. — M. Cavé. — Vivent la joie et les pommes de terre! — Les vaudevillistes invalides. — M. de Rémusat. — M. Étienne. — M. Salverte. — M. Duvergier de Hauranne. — M. Empis. — M. Mazère. — De M. Gabrie, maire de Meulan, et de Denys, le tyran de Syracuse. — Le charpentier. — *Doré* en cuivre. — Le cheval de bataille. — M. ***. — M. le duc de Vicence. — Le roi Louis-Philippe a un cheval de l'empereur tué sous lui. — M. Kausmann. — Aboukir. — M. le général Saint-Michel. — Le cheval blanc et les vieilles filles.— Quatre Anglais. — M. Dejean. — L'Académie. — Le parti Joconde. — M. de Saint-Aulaire. — M. Ancelot. — M. Bonjour veut triompher en fuyant. — Chances du maréchal Sébastiani. — Réception de M. Molé. — M. Dupin, ancêtre. — Mot du prince de L***. — Mot de M. Royer-Collard. — M. de Quélen. — Le *National*. — Mot de M. de Pongerville. — Histoire des ouvrages de M. Empis.— Le dogue d'un mort.— MM. Baude et Audry de Puyraveau. — M. de Montalivet.— Le roi considéré comme propriétaire. — M. Vedel. — M. Buloz. — Un vice-président de la vertu. — La Favorite — Un bal à Notre-Dame. — École de danses inconvenantes. — M. D*** et le pape. — M. Adam. — M. Sauzet. — J. J. — Les receveurs de Rouen. — La princesse Czartoriska. — Madame Lehon. — Madame Hugo. — Madame Friand. — Madame de Remy et mademoiselle Dangeville. — Madame de Radepont. — Lettre de M. Ganneron. — M. Albert, député de la Charente. — M. Séguier. — Les vertus privées. — La garde nationale de Carcassonne. — Le général Bugeaud. — Correspondance. — Fureurs d'un monsieur de Mulhouse . . . . . . . 137

FÉVRIER. — Nouveau canard. — L'auteur des *Guêpes* est mort. — Les Parisiens à la Bastille. — Scène de haut comique. — Les fortifications. — M. Thiers. — M. Dufaure. — M. Barrot. — Influence des synonymes. — Les soldats de lettres. — Le lieutenant général Ganneron. — Tous ces messieurs sont prévus par Molière. — Chodruc-Duclos. — Alcide Tousez. — Madame Deshoulières. — M. de Lamartine. — M. Garnier-Pagès. — Les fortifications et les fraises. — Ceux qui se battront. — Ceux qui ne se battront pas. — Invasion des avocats. — Les hauts barons du mètre. — Les gentilshommes et les vilains hommes. — Cassandre aux Cassandres. — La tour de Babel. — Avénement de messeigneurs les marchands bonnetiers. — Le bal de l'ancienne liste civile. — Costume exact de mesdames Martin (du Nord), Lebœuf et Barthe. — Costume de MM. Gentil, — de Rambuteau, — Gouin, — Roger (du Nord), etc., autres talons rouges. — Méhémet-Ali. — Le bal au profit des inondés de Lyon. — On apporte de la neige rue Laffitte. — M. Batta. — M. Artot. — Relations de madame Chevet et d'un employé de la liste civile. — M. de Lamartine et les nouvelles mesures. — La protection de madame Adélaïde. — Les lettres du roi. — M. A. Karr bâtonné par la livrée de M. Thiers. — Envoi à S. M. Louis-Philippe . . . . . . 170

MARS. — L'auteur au Havre. — La ville en belle humeur. — Popularité de M. Fulchiron. — Ressemblance dudit avec Racine. — La Chambre des pairs. — Le duc d'Orléans. — Le roi et M. Pasquier. — M. Bourgogne et madame Trubert. — Les femmes *gênées* dans leurs corsets par la *liberté* de la presse. — M. Sauzet invente un mot. — M. Mermilliod en imagine un autre. — Les masques. — Lord Seymour. — Mésaventure du préfet de police. — Histoire de François. — Sur les dîners. — La liste civile fait tout ce qui concerne l'état des autres. — A M. le comte de Montalivet. — Le roi jardinier et maraîcher. — Plaintes de ses confrères. — Les *Guêpes* n'ont pas de couleur. — Un poëme épique. — Un bienfaiteur à bon marché. — Une croix d'honneur. — La propriété littéraire. — Une prétention nouvelle du peuple français. — M. Lacordaire et mademoiselle Georges. — Les princes et les sergents de ville. — Une anecdote du général Clary. — M. Taschereau. — M. Molé. — M. Mounier. — M. de la Riboissière. — M. Tirlet. — M. Ancelot. — M. de Chateaubriand. 196

AVRIL. — Histoire d'un monsieur auquel il manquait trente-quatre sous. — Sur la propriété littéraire. — M. Berville. — M. Chaix d'Est-Ange. — M. Lherbette. — M. Durand de Romorantin. — M. Hugo. — M. de Lamartine. — Histoire de M. M*** et d'un commissaire de police. — Un mot d'ami sur M. Villemain. — De la valse à deux temps. — Des miracles du puits de Grenelle. — Une histoire d'un voleur. — Sur les fortifications. — A quoi tient un vote. — M. Thorn. — Les fleurs des critiques et des romanciers, et, en particulier, de quelques fleurs de M. Eugène Sue. — Un œillet. — Un mot d'amie. — Un distique sur un avocat. — De la tyrannie et de l'inviolabilité de MM. les comédiens. — La vérité sur mademoiselle Elssler aux Etats-Unis. — Le timbre, les *Guêpes* et les cachemires. — De l'éloquence du palais. — M. Léon Bertrand. — Deux nouvelles étoffes. — L'exposition de peinture. . . . . . . . . 228

MAI. — Les lettres attribuées au roi. — M. Partarrieu-Lafosse patauge. — Me Berryer. — Embarras où me met le verdict du jury. — Opinion de saint Paul sur ce sujet. — La Contemporaine. — Une heureuse idée de M. Gabriel Delessert. — Sangfroid de M. Soumet. — M. Passy (Hippolyte-Philibert). — Un mot de l'archevêque de Paris. — Le faubourg Saint-Germain et un employé de la préfecture de la Seine. — De M. Grandin, député, et de son magnifique discours. — J'ai la douleur de n'être pas de son avis. — M. Hortensius de Saint-Albin. — Deux petites filles. — Une singularité du roi. — Réalisation du rêve d'Henry Monnier. — Paris malade. — Vertus parlementaires. — A mes lecteurs. — Une église par la diligence. — Récompense honnête. — Récompense moins honnête. — Pensées diverses de M. C.-M.-A. Dugrivel. — Les concerts. — De M. S*** improprement appelé *Sedlitz*. — Steeple-chase. — Choses diverses. — M. Lehon. — Les gants jaunes. — Des amis. — Un proverbe. . . . 255

JUIN. — Fragments d'une belle réponse de l'auteur des *Guêpes* à un homme étonné. — Les philanthropes. — Les prisons. — Les fêtes. — Question des hannetons. — M. Bazin de Rocou. — Quelques citations de M. de Lamennais. — Une singulière oraison funèbre. — Les médailles de baptême. — De M. Dugabé et d'un nouveau théâtre. — Un mot du roi. — Véritable histoire de l'infante. — Comme quoi un jeune Polonais est devenu neveu de la reine de France. — Des cheveux roux. — M. Villemain. — Mademoiselle Fitzjames. — On oublie M. Molé. — Humbles remontrances à monseigneur l'archevêque de Paris. — Question sérieuse traitée de la façon la moins ennuyeuse qu'il a été possible à l'auteur. — M. Duchâtel. — Économies de M. Auguis. — Le parti des pharmaciens. — L'inconvénient d'avoir un frère célèbre. — Un danseur de l'Opéra au couvent. — Repos du roi. — M. Thorn. — Un parapluie vert. — Un voisin de campagne. — De quelques carrés de papier . . . . . . 283

FIN DE LA TABLE DU DEUXIÈME VOLUME.

www.ingramcontent.com/pod-product-compliance
Lightning Source LLC
Chambersburg PA
CBHW060647170426
43199CB00012B/1701